# GRAMMAIRE LATINE

Pour toute information sur notre fonds, consultez notre site web: **www.education.deboeck.com**


Editions De Boeck
Rue des Minimes 39, B-1000 Bruxelles

14e édition
7e tirage 2006



*Printed in Belgium*

ISBN13 978-2-8041-1657-6

D 1992/0074/133

ISBN 2-8041-1657-3

M. de GIVE

# GRAMMAIRE LATINE

QUATORZIÈME ÉDITION

de boeck

L'illustration de la couverture est due au talent du Père R. De Backer. Le nouvel exposé des corrélatifs s'inspire de la méthode du Père L. Derbaix.

Les remarques judicieuses du Père B. Clarot ont permis d'apporter à cette grammaire bien des améliorations. Ce fut un encouragement pour l'auteur de voir son travail revu de près, avec sympathie, par le Père L. Renard.

Les Éditions de l'École (11, rue de Sèvres, Paris) nous ont aimablement autorisé à reproduire le graphique de concordance des heures qui figure dans la *Grammaire latine* de Gautreau et Rosset.

Le tableau des prépositions, emprunté à la *Grammaire élémentaire du latin* de M. Rousselet, est reproduit avec la gracieuse autorisation de la Librairie Hachette.

Il serait trop long d'énumérer tous ceux qui nous ont aidé de leurs conseils. Un nom pourtant ne peut être omis, celui du Père R. de le Court, sans qui ce livre ne serait pas.

A tous et à chacun, un cordial merci !

## *Comment utiliser cette grammaire ?*

*Autant que la matière le permet, chaque page est divisée en* DEUX REGISTRES. *Songe aux bas-reliefs, aux peintures des vases grecs. Ou aux partitions de piano : en haut la mélodie, en bas l'accompagnement.*

*Le* **registre supérieur,** *en plus gros caractères, contient l'essentiel, la règle, ce qu'il faut bien savoir en sixième et en cinquième. C'est aussi ce qu'il importe d'appliquer dans les thèmes et de revoir avant un examen.*

*Le* **registre inférieur** *groupe ce qui est moins important : des remarques de détail, des emplois particuliers, des constructions plus rares. En principe, ce registre ne sera guère utilisé avant la quatrième.*
*Il doit surtout servir à expliquer les difficultés qu'on rencontre en lisant les auteurs.*

*On réserve au haut de la page les numéros* **impairs,** *au bas de la page les numéros* **pairs.**
*Ce procédé très simple permet une numérotation continue et aide à trouver tout de suite les « remarques » d'une règle : elles sont toujours au numéro pair suivant.*

*Tel livre d'exercices, telle préparation d'auteur se réfèrent continuellement à la grammaire* VAN DE VORST.
*Tu passeras aisément d'une numérotation à l'autre grâce à la* **Concordance** *qui se trouve à la fin du volume.*

# INTRODUCTION

1 **Qu'est-ce que le latin ?**

Primitivement, un des *dialectes* de l'Italie centrale, celui du Latium (Rome et environs).

Avec l'expansion de la *conquête romaine,* il s'étendit aux territoires soumis à Rome :
l'Italie d'abord, puis tout le bassin de la Méditerranée
et jusqu'aux confins de l'Empire.

Il a donné naissance aux *langues romanes,* parmi lesquelles le français.

---

2 D'autres *dialectes de l'Italie* étaient l'osque et l'ombrien.

Les *langues romanes* (italien, espagnol, portugais, français, roumain) ne sont qu'un des groupes de la *famille des langues indo-européennes ;*
à cette famille appartiennent la plupart des langues de l'Inde et de l'Europe.

Sans avoir les nuances délicates du grec pour l'expression de la pensée et du sentiment, sans égaler sa sonorité musicale, le latin, un peu lourd parfois, l'emporte sur la plupart des langues par la *vigueur,* la *concision,* l'*énergie.*

Sur les lèvres de CICÉRON, il acquiert une ampleur et une souplesse admirables. Des poètes comme VIRGILE en feront l'instrument de la poésie la plus variée et la plus prenante.

Ses qualités en font la langue par excellence du *Droit.*

La *littérature chrétienne* (S. AUGUSTIN, S. BERNARD) lui donna un accent nouveau, plus proche de nous.

Dominant le *Moyen Age* et sa théologie, il était encore écrit et parlé par les humanistes de la *Renaissance* (ÉRASME).

Le latin couvrit ainsi toutes les étapes de notre histoire occidentale et tous les genres littéraires, religieux et profanes. Il est *à la base de l'Europe.*

Et il se prolonge à travers le monde par les langues auxquelles il a donné naissance.

De nos pays, plusieurs langues romanes (l'espagnol, le portugais, le français) ont *franchi les océans* et gagné à la culture latine de vastes territoires, notamment en Amérique et en Afrique.

Le latin a le même **alphabet** que le français, 3
sauf **j, v** et **w.**

1. Les **voyelles** peuvent être *longues* ou *brèves.* 5

2. Les **diphtongues** sont **ae, oe, au** et **eu** (rare).

3. Parmi les **consonnes,** il faut distinguer :

les *liquides* **l, r**
les *nasales* **m, n**
les *occlusives :*

| | | Labiales | Dentales | Gutturales |
|---|---|---|---|---|
| OCCLUSIVES | *sonores*<br>*sourdes* | b<br>p | d<br>t | g<br>c, q, k |
| NASALES | | m | n | |

---

1. La lettre **i** représentait { tantôt **i** voyelle / tantôt **i** consonne. 4
De même, **u** représentait { tantôt **u** voyelle / tantôt **u** consonne.

Pour éviter des confusions
nous représenterons **u** consonne par **v.**

2. Le **k** ne se rencontre guère
que dans le mot Kalendae, *les calendes.*

On indique { par le signe ˘ une voyelle brève. / par le signe ¯ une voyelle longue. 6

## 7 Prononciation

1. TOUTES les lettres se prononcent.

2. VOYELLES

| | |
|---|---|
| *u* | = ou |
| *a, i, o* | comme en français |
| *e* | n'est jamais muet |
| | = é à la fin d'une syllabe (*le-ge-re* = léguéré) |
| | = è à l'intérieur d'une syllabe (*es-set* = èssèt). |

3. DIPHTONGUES

Faire entendre deux sons de suite, mais d'une manière continue :

| | |
|---|---|
| *ae* = aï | *au* = aou |
| *œ* = oï | *eu* = eou. |

4. CONSONNES

| | |
|---|---|
| *c, g, t, s* | ont toujours le son dur |
| | ne se prononcent jamais ch, j, s, z. |
| *m, n* | se prononcent distinctement |
| | ne nasalisent jamais la voyelle précédente. |

*v* = w
*qu* = qw
*gu* = gw.

---

**8** Ces règles sont celles de la prononciation **restituée**, la plus proche de la prononciation réelle des Romains. L'élève connaît par ailleurs une prononciation **liturgique**, imitant celle de l'italien.

## Comment partager les syllabes ? 9

1. Dans les mots COMPOSÉS,
on sépare les éléments :
ab-ūtor, ad-sum, ob-lātum, sub-eo.

2. Dans les mots SIMPLES, à l'intérieur du mot :

a) une consonne *seule* appartient à la syllabe suivante :
ma-ter, fa-ce-re.

b) s'il y a *plusieurs* consonnes,
seule la dernière se rattache à la syllabe qui suit :
in-ter, sic-cus, scrip-tus, sanc-tus.

## Quantité des syllabes 11

1. Elles sont **longues** lorsqu'elles renferment :

a) une voyelle longue ou une diphtongue :
mā-ter, cae-lum.

b) une voyelle brève suivie de deux consonnes
ou d'une consonne double (x) : le-gunt, dux.

2. Elles sont **brèves** dans les autres cas,
c'est-à-dire quand la voyelle brève :

a) n'est pas suivie d'une consonne : ro-să, pĭ-us.

b) n'est suivie que d'une consonne simple : le-gĭt.

---

Le groupe : **occlusive** + *l* ou *r* 10
se comporte comme s'il ne formait *qu'une* consonne.
Il se rattache donc à la syllabe qui suit :
pu-blicus, pa-tris, mem-brum, cas-tra.

1. Pour la **quantité** également, le groupe : **occlusive** + *l* ou *r* 12
compte pour *une seule* consonne.
Il n'allonge donc pas la voyelle brève qui le précède : pă-tris.

2. Des règles plus détaillées se trouvent
à la Cinquième Partie : *Prosodie et Métrique.*

## 13 Accent tonique

Une des syllabes du mot se détache avec plus d'*intensité* ; elle porte l'accent.

1. Les mots de *deux syllabes* ont l'accent sur la première.

2. Les mots qui ont *plus de deux syllabes* ont l'accent

   a) sur l'avant-dernière (pénultième), si elle est longue : diērum, supérbus.

   b) sur la précédente (antépénultième), si la pénultième est brève : régibus, redúcibus.

> L'élève doit s'habituer, dès les débuts, à *bien marquer l'accent.* C'est *l'âme du mot,* sa vie.
>
> Sans lui, aucun relief dans une phrase latine.
>
> Une fois connues les règles précédentes, un seul doute subsiste.
>
> *Quelle est la quantité* de telle pénultième, dont la voyelle est simple et suivie d'une seule consonne ?
>
> Si elle est *longue,* nous la marquerons d'un trait horizontal ¯ : cubīle.

**14** On ajoute parfois à la fin d'un mot les

| | | |
|---|---|---|
| monosyllabes : | **-que** | *et* |
| | **-ve** | *ou* |
| | **-ne** | *est-ce que ?* |

qu'on appelle **enclitiques.**

Ils *attirent l'accent* sur la dernière syllabe de ce mot,

même quand elle est brève :

| | |
|---|---|
| Musáque | *et la Muse* |
| mariáve | *ou les mers.* |

PREMIÈRE PARTIE

# MORPHOLOGIE

## Divisions de la grammaire 15

1. La **morphologie** (science des formes)
étudie les diverses formes qu'un mot peut revêtir.

2. La **syntaxe** (mise en ordre d'un ensemble) règle les rapports
des mots entre eux : syntaxe *des cas*
et des propositions entre elles : syntaxe *des modes.*

## Du français au latin 16

En français, un nom s'écrit différemment
selon qu'il représente *un seul objet* ou *plusieurs :*

| | | |
|---|---|---|
| une table | un cheval | — Singulier |
| des tables | des chevaux | — Pluriel. |

En latin, l'orthographe d'un nom varie aussi
selon **la fonction grammaticale**
que ce nom remplit dans la phrase :
sujet, complément d'objet direct, etc.

| | |
|---|---|
| La *rose* est une belle fleur : sujet | ros **a** |
| Cueille-moi une *rose* : complément d'objet direct | ros **am** |
| Le parfum *de la rose* : complément déterminatif | ros **ae.** |

Dans chaque nom latin il y a donc *deux parties :*

— une partie **invariable,**
qui dit ce que ce nom représente (rosa) :
c'est le *radical.*

— une partie **variable,**
qui indique la fonction de ce nom dans la phrase
(-a, -am, -ae, etc.) : c'est la *terminaison.*

**17** En français, on reconnaît la fonction d'un nom
à **la place** qu'il occupe **dans la phrase :**

Le paysan tue l'ours.

L'ours tue le paysan.

En latin, on reconnaît la fonction d'un nom à **sa terminaison.**

On pourra donc changer l'ordre des mots sans changer le sens de la phrase :

Agricola necat ursum.

Ursum agricola necat.

Agricola ursum necat.

Par conséquent, pour découvrir le sens d'une phrase latine,
il faut **avant tout** observer **le cas** de chaque mot,
c'est-à-dire sa *terminaison*.

---

**18** 1. La *terminaison* ou **désinence**

est la lettre ou les lettres placées à la fin d'un mot
pour marquer { le cas des noms
{ la personne des verbes.

2. Le **radical** ou *thème* est ce qui reste du mot
quand on en a retranché la désinence.

3. La **racine** est un élément simple
qui est commun à un groupe de mots
et exprime leur sens fondamental.
Ainsi la racine **can-** exprime la notion de *chanter*
et se retrouve dans { can-o *je chante*
{ can-tor *chantre*
{ can-tus *chant.*

1. Chaque manière d'écrire un nom s'appelle un **cas.** **19**
Il y en a *six* en latin. Ce sont :

| | CAS DU |
|---|---|
| le **Nominatif** | sujet |
| le **Vocatif** | mot mis en apostrophe |
| l' **Accusatif** | complément d'objet direct |
| le **Génitif** | complément déterminatif |
| le **Datif** | complément d'objet indirect |
| l' **Ablatif** | complément circonstanciel. |

2. La série des cas d'un même nom s'appelle sa **déclinaison.**
C'est donc l'ensemble des façons d'écrire un nom
d'après les fonctions grammaticales qu'il peut remplir.

3. Ceci vaut pour tous les mots **déclinables :**
   noms
   adjectifs
   pronoms
   adjectifs numéraux
   participes
   adjectifs verbaux.

4. Remarquer que, même **en français,**
il y a des restes de *déclinaisons.*
Ainsi les pronoms : qui, que, dont
tu, te, toi
il, le, lui etc.

1. Le latin n'a **pas d'article.** **21**
Le mot **rosa** se traduira : *la rose* ou *une rose*
suivant la phrase où il se trouve.

2. Le latin a deux **nombres** singulier
pluriel
trois **genres** masculin
féminin
neutre.

---

1. On trouve en latin la trace d'un ancien **locatif,** cas du lieu où l'on est. **20**
2. L'**instrumental,** cas du moyen, a été absorbé par l'ablatif.

## 23 L'ordre des mots dans la phrase

Il est beaucoup **plus libre** qu'en français.
Mais pour donner un tour latin à ta phrase,
tu feras bien de suivre ces deux règles :

1. La *construction normale* suit cet ordre :

   a) le sujet avec ses dépendances

   b) les compléments du verbe

   c) **le verbe à la fin** (sauf esse).

2. **Le déterminant précède** en général le déterminé.

   On mettra donc le plus souvent :

   a) l'*adjectif épithète* avant le nom

   b) un *complément* avant le mot dont il dépend.

Des règles plus développées se trouvent
à la Quatrième Partie : **Stylistique.**

---

**24** 1. Hi omnes linguā, institūtis, legibus inter se differunt (CAES. b. g. 1,1,2).
*Tous ces peuples diffèrent entre eux par le langage, les coutumes, les lois.*

Helvetii, omnium rerum inopiā adducti, legātos de deditiōne ad eum misērunt (id. 1,27,1).
*Les Helvètes, privés de tout* (amenés par l'indigence de toutes choses), *lui envoyèrent des députés pour traiter de leur reddition.*

2. Helvetii quoque reliquos Gallos virtūte praecēdunt, quod fere cotidiānis proeliis cum Germānis contendunt, cum aut suis finibus eos prohibent, aut ipsi in eōrum finibus bellum gerunt (id. 1,1,4).
*Les Helvètes aussi surpassent en valeur guerrière les autres Gaulois : des combats presque quotidiens les mettent aux prises avec les Germains, soit qu'ils leur interdisent l'accès de leur territoire, soit qu'ils les attaquent chez eux* (qu'ils fassent la guerre sur le territoire des Germains).

Labiēnus, cum et loci natūra et manu munitissimis castris sese tenēret, de suo ac legiōnis periculo nihil timēbat (id. 5,57,1).
*Labiénus, qui se tenait à l'abri d'un camp très bien situé et non moins bien fortifié* (très bien fortifié par la nature du lieu et par la main), *ne craignait rien pour lui et sa légion* (pour son propre péril et celui de sa légion).

**Règles générales des déclinaisons** 25

1. Dans les mots **neutres, trois cas** sont toujours **semblables :**

   *nominatif*
   *vocatif*
   *accusatif.*

   Au pluriel, ces cas sont terminés en **-a.**

2. Le **vocatif** est semblable au **nominatif**
   sauf à la deuxième déclinaison en **-us**
   où le vocatif singulier est en **-e.**

3. Le **datif** et l'**ablatif pluriels** sont toujours semblables.

---

1. Il faut *grouper ces cas semblables.* 26

   C'est pourquoi l'usage a prévalu
   d'adopter **dans la déclinaison l'ordre** suivant :

   Nominatif
   Vocatif
   Accusatif
   Génitif
   Datif
   Ablatif.

   L'effort de mémorisation est ainsi grandement facilité.

2. Le fait qu'une même forme, par exemple **rosae,**
   a **plusieurs emplois possibles :**

   Gén. Dat. singuliers
   Nom. Voc. pluriels

   constitue pour la version une des difficultés principales des débutants.
   Pour la résoudre il faut
   dans chaque phrase **chercher le verbe**
   et la **fonction grammaticale** de chaque mot.
   Il faut toujours observer la **terminaison** des mots déclinables,
   faire parfois plusieurs essais de regroupement
   et ne s'arrêter qu'une fois obtenu **un sens** vraiment satisfaisant.
   Pareil exercice suppose,
   outre une bonne connaissance de l'*analyse,*
   un certain *esprit de finesse,*
   que la version latine vise à développer.

# LE NOM

27 1. Le **genre** des noms se reconnaît souvent à leur **terminaison.**

A chaque déclinaison on l'indiquera.

2. Le **sens** l'emporte sur la terminaison dans les catégories suivantes.

Seront toujours :

| | |
|---|---|
| MASCULINS | hommes<br>vents<br>fleuves<br>mois |
| FÉMININS | femmes<br>arbres<br>pays<br>îles |
| NEUTRES | indéclinables<br>infinitifs |

29 Il y a **cinq déclinaisons,**
qu'on reconnaît à la désinence du **génitif singulier.**

| | | | |
|---|---|---|---|
| 1re déclinaison : | génitif | **-ae** |
| 2me | » | » | **-i** |
| 3me | » | » | **-is** |
| 4me | » | » | **-us** |
| 5me | » | » | **-ei.** |

## PREMIÈRE DÉCLINAISON : génitif -AE

**Rosa,** f. *la rose* ou *une rose.* 31

| | SINGULIER | PLURIEL |
|---|---|---|
| *N.* | ros **ă** | ros **ae** |
| *V.* | ros **ă** | ros **ae** |
| *Acc.* | ros **am** | ros **as** |
| *G.* | ros **ae** | ros **ārum** |
| *D.* | ros **ae** | ros **is** |
| *Abl.* | ros **ā** | ros **is** |

| | | |
|---|---|---|
| *N.* | ros **ă** | La rose est belle — Sujet |
| *V.* | ros **ă** | Oh ! ma rose, que tu sens bon ! — Apostrophe |
| *Acc.* | ros **am** | Cueille-moi une rose — Complém. d'objet direct |
| *G.* | ros **ae** | Le parfum de ma rose... — Complém. déterminatif |
| *D.* | ros **ae** | Il faut donner de l'eau à ma rose — C. d'objet indirect |
| *Abl.* | ros **ā** | J'ai garni d'une rose ma boutonnière — C. circonstanciel |

1. Les noms de la première déclinaison sont FÉMININS, sauf les *noms d'hommes.*

   Exemple : nauta, *le marin.*

2. La désinence est **-ă** aux nominatif et vocatif singuliers. Elle est **-ā** à l'ablatif.

3. Le féminin des *adjectifs* de la première classe (n. 65) suit la déclinaison de rosa.

---

1. Au lieu du génitif *familiae* on trouve aussi le génitif en **-as** dans les expressions : 32

| | |
|---|---|
| pater famili**as** | *père de famille* |
| mater famili**as** | *mère de famille.* |

2. Au datif et à l'ablatif pluriels, dea, *déesse* et filia, *fille,* ont de**ābus** et fili**ābus**, pour se distinguer du masculin.

| | |
|---|---|
| deis et de**ābus** | *aux dieux et aux déesses.* |
| filiis et fili**ābus** | *aux fils et aux filles.* |

## DEUXIÈME DÉCLINAISON : génitif -I

33 **Animus,** m. *âme, esprit, caractère, courage* — **Bellum,** n. *guerre.*

| | SINGULIER | PLURIEL | SINGULIER | PLURIEL |
|---|---|---|---|---|
| *N.* | anim **us** | anim **i** | bell **um** | bell **a** |
| *V.* | anim **e** | anim **i** | bell **um** | bell **a** |
| *Acc.* | anim **um** | anim **os** | bell **um** | bell **a** |
| *G.* | anim **i** | anim **ōrum** | bell **i** | **bell ōrum** |
| *D.* | anim **o** | anim **is** | bell **o** | bell **is** |
| *Abl.* | anim **o** | anim **is** | bell **o** | bell **is** |

1. Les noms en **-us,** presque tous *masculins,* se déclinent sur **animus.** De même les *adjectifs* masculins de la première classe (n. 65).
2. Tous les noms en **-um** sont *neutres* et se déclinent sur **bellum.** De même les *adjectifs* neutres de la première classe.
3. Remarquer l'application des *règles du n. 25.*

---

34 1. Sont **féminins** :
les noms d'arbres, de pays, d'îles (n. 27, 2)
humus *terre, sol.*
2. Sont **neutres** et n'ont pas de pluriel :
pelagus *mer*
vulgus *foule.*
3. **caelum,** *ciel,* n'a qu'un pluriel masculin *caeli,* inusité à l'époque classique.
4. **locus,** m. *lieu* a deux pluriels :
loca, n. *lieux, endroits*
loci, m. *passages d'auteurs.*
5. **deus,** *dieu.*

| | SINGULIER | PLURIEL |
|---|---|---|
| *N.* | deus | dei, dii, dī |
| *V.* | deus | dei, dii, dī |
| *Acc.* | deum | deos |
| *G.* | dei | deōrum, deum |
| *D.* | deo | deis, diis, dīs |
| *Abl.* | deo | deis, diis, dīs |

**Ager,** m. *champ* — **Puer,** m. *enfant.* **35**

| | SINGULIER | PLURIEL | SINGULIER | PLURIEL |
|---|---|---|---|---|
| *N.* | ag**er** | agr **i** | pu**er** | puer **i** |
| *V.* | ag**er** | agr **i** | pu**er** | puer **i** |
| *Acc.* | agr **um** | agr **os** | puer **um** | puer **os** |
| *G.* | agr **i** | agr **ōrum** | puer **i** | puer **ōrum** |
| *D.* | agr **o** | agr **is** | puer **o** | puer **is** |
| *Abl.* | agr **o** | agr **is** | puer **o** | puer **is** |

1. Tous les noms en **-er** sont *masculins.*
2. La plupart se déclinent sur *ager.*
3. Quelques-uns gardent le **e** du radical à tous les cas, comme *puer* :
   gener *gendre* — vesper *soir*
   socer *beau-père* — liberi *enfants.*
   Se décline de même : vir *homme.*
4. Les **adjectifs** en **-er** de la première classe (n. 65, 66) se répartissent de même en deux catégories, l'une perdant le **e** du radical, l'autre le gardant.
5. **Ne pas confondre :**
   noms { liber, libri, m. — *livre* (sur ager)
   { liberi, liberōrum, plur. — *enfants* (sur puer)
   adjectif : liber, libera, liberum — *libre* (n. 65-66).

---

1. Ont le **vocatif singulier** en **-ī** : **36**
   filius, *fils* et les noms propres romains en **-ius** (-aius, -eius) :
   filī, Vergilī, Pompēī.
2. On contracte souvent en **-ī** le **génitif singulier** des noms en **-ius** et **-ium** :
   Pompēī, consilī, ingenī.
3. Ont le **génitif pluriel** en **-um** au lieu de **-ōrum** :

   a) les noms de monnaies et de mesures :
   sestertius *sesterce* — G. pl. sestertium
   modius *boisseau* — » modium
   talentum *talent* — » talentum.

   b) triumvir, decemvir.

   c) praefectus socium — *commandant des alliés*
   praefectus fabrum — *commandant des soldats du génie.*

## TROISIÈME DÉCLINAISON : génitif -IS

### 1. NEUTRES

37 **Tempus,** n. *temps* — **Mare,** n. *mer.*

| | SINGULIER | PLURIEL | SINGULIER | PLURIEL |
|---|---|---|---|---|
| *N.* | tempus | tempor **a** | mar **e** | mar **ia** |
| *V.* | tempus | tempor **a** | mar **e** | mar **ia** |
| *Acc.* | tempus | tempor **a** | mar **e** | mar **ia** |
| *G.* | tempor **is** | tempor **um** | mar **is** | mar **ium** |
| *D.* | tempor **i** | tempor **ibus** | mar **i** | mar **ibus** |
| *Abl.* | tempor **e** | tempor **ibus** | mar **i** | mar **ibus** |

1. Les noms neutres terminés en ***-e, -al, -ar*** se déclinent sur *mare.*
   Ils ont { l'ablatif singulier en **-i**
   { le génitif pluriel en **-ium.**
2. **Tous les autres** noms neutres se déclinent sur *tempus.*
   Ils ont { l'ablatif singulier en **-e**
   { le génitif pluriel en **-um.**
3. **os,** ossis — *os* — Gén. plur. oss**ium**
   **cor,** cordis — *cœur* — » **cordium.**
   Pour le reste ils se déclinent sur *tempus.*

---

38 1. Dans l'étude du vocabulaire, il faut apprendre en même temps le nominatif et **le génitif.** Car des transformations diverses empêchent souvent le *radical* d'apparaître au nominatif :

| | | | |
|---|---|---|---|
| lac, lact-is, n. | *lait* | grex, greg-is, m. | *troupeau* |
| robur, robor-is, n. | *force* | miles, milit-is, m. | *soldat.* |

2. Pour repérer les noms **neutres,** voir le tableau des genres (n. 49-50).
3. Remarquer l'application des *règles du n. 25.*
4. L'*accent* distingue { mária *les mers.*
   { Marīa *Marie.*

## 2. MASCULINS ET FÉMININS

Il faut ici distinguer nettement **deux catégories** : 39

1. Les noms qui ont au génitif singulier
*une syllabe de plus* qu'au nominatif :

| | | | |
|---|---|---|---|
| N. | rex | con-sul | mul-ti-tū-do |
| G. | re-gis | con-su-lis | mul-ti-tu-di-nis |
| | m. *roi* | m. *consul* | f. *multitude, foule.* |

On les appelle **imparisyllabiques**

parce qu'ils n'ont pas (*im-*)
le même (*pari-*)
nombre de syllabes
au génitif qu'au nominatif.

2. Les noms qui ont au génitif singulier
*le même nombre de syllabes* qu'au nominatif
s'appellent **parisyllabiques.**

| | | | |
|---|---|---|---|
| N. | hostis | navis | caedes |
| G. | hostis | navis | caedis |
| | m. *ennemi* | f. *navire* | f. *meurtre.* |

41 **Homo,** m. *homme.*

| | SINGULIER | PLURIEL |
|---|---|---|
| *N.* | homo | homin **es** |
| *V.* | homo | homin **es** |
| *Acc.* | homin **em** | homin **es** |
| *G.* | homin **is** | homin **um** |
| *D.* | homin **i** | homin **ibus** |
| *Abl.* | homin **e** | homin **ibus** |

1. La plupart des noms de la troisième déclinaison suivent ce modèle. Ils sont *imparisyllabiques* et n'ont *qu'une consonne* devant la désinence **-is** du génitif singulier.
2. Remarquer { l'ablatif singulier en **-e**
   { le génitif pluriel en **-um.**
3. Cependant quelques noms de cette catégorie ont le génitif pluriel en **-ium :**

| | | |
|---|---|---|
| fraus, fraudis, f. | *fraude* | fraud**ium** |
| fauces, f. plur. | *gorge, défilé* | **faucium.** |

43 Bien qu'étant **parisyllabiques,** certains noms se déclinent exactement comme *homo.*

**Pater,** m. *père.*

| | SINGULIER | PLURIEL |
|---|---|---|
| *N.* | pater | patr **es** |
| *V.* | pater | patr **es** |
| *Acc.* | patr **em** | patr **es** |
| *G.* | patr **is** | patr **um** |
| *D.* | patr **i** | patr **ibus** |
| *Abl.* | patr **e** | patr **ibus** |

Se déclinent ainsi

1. **La famille :**

| | | | |
|---|---|---|---|
| pater, patris, m. | *père* | senex, senis, m. | *vieillard* |
| mater, matris, f. | *mère* | iuvenis, iuvenis, m. | *jeune homme* |
| frater, fratris, m. | *frère* | canis, canis, m. | *chien* |

2. sedes, sedis, f. *siège* vates, vatis, m. *devin.*

## B. PARISYLLABIQUES

**Navis**, f. *navire*. **45**

| | SINGULIER | PLURIEL |
|---|---|---|
| *N.* | nav **is** | nav **es** |
| *V.* | **nav is** | nav **es** |
| *Acc.* | nav **em** | nav **es** |
| *G.* | nav **is** | nav **ium** |
| *D.* | nav **i** | nav **ibus** |
| *Abl.* | nav **e** | nav **ibus** |

Remarquer { l'ablatif singulier en **-e**
le génitif pluriel en **-ium.**

Tous les noms *parisyllabiques* se déclinent sur **navis,** sauf ceux qui suivent la déclinaison de **pater** (n. 43).

**Pars**, f. *partie, part.* **47**

| | SINGULIER | PLURIEL |
|---|---|---|
| *N.* | par **s** | part **es** |
| *V.* | par **s** | part **es** |
| *Acc.* | part **em** | part **es** |
| *G.* | part **is** | **part ium** |
| *D.* | part **i** | part **ibus** |
| *Abl.* | part **e** | part **ibus** |

1. Cette déclinaison correspond à celle de **navis :**
   ablatif singulier en **-e**
   génitif pluriel en **-ium.**

2. Se déclinent ainsi les noms **imparisyllabiques** qui ont *deux ou plusieurs consonnes* devant la désinence **-is** du génitif singulier :

   **urbs, urbis,** f. *ville*
   **mens, mentis,** f. *esprit, pensée.*

3. Toutefois **parentes,** *parents,* a le génitif pluriel paren**tum.**

## GENRE DES NOMS DE LA TROISIÈME DÉCLINAISON

49 1. D'après leur **sens.**
Observe **d'abord** les règles du n. 27.

Seront donc

| | | | |
|---|---|---|---|
| MASCULINS : | civis, is | *citoyen* | nom d'homme |
| | aquilo, ōnis | *aquilon* | nom de vent. |
| FÉMININS : | uxor, ōris | *épouse* | noms de femmes |
| | soror, ōris | *sœur* | |
| | abies, etis | *sapin* | nom d'arbre. |

2. D'après leur **terminaison :**

| | |
|---|---|
| MASCULINS | ***er, or, os*** |
| FÉMININS | ***as, aus, es***<br>***is, o, x***<br>***consonne + s*** |
| NEUTRES | ***a, e, c***<br>***l, n, t***<br>***ar, ur, us*** |

## I. Exceptions aux règles du *masculin* 50

a) Sont **féminins** :

| | |
|---|---|
| arbor, oris | *arbre* |
| dos, dotis | *dot.* |

b) Sont **neutres** :

| | | | | | |
|---|---|---|---|---|---|
| cadāver, eris | *cadavre* | cor, cordis | *cœur* | os, oris | *bouche* |
| iter, itineris | *voyage* | marmor, oris | *marbre* | os, ossis | *os.* |
| ver, veris | *printemps* | aequor, oris | *plaine, mer* | | |

## II. Exceptions aux règles du *féminin*

a) Sont **masculins** :

| | | | |
|---|---|---|---|
| 1. as, assis | *as* (monnaie) | pes, pedis | *pied* |
| aries, etis | *bélier* | calix, icis | *calice* |
| paries, etis | *mur* | grex, gregis | *troupeau.* |
| 2. collis, is | *colline* | fascis, is | *faisceau* |
| lapis, idis | *pierre* | orbis, is | *cercle* |
| pulvis, eris | *poussière* | mensis, is | *mois.* |
| piscis, is | *poisson* | | |
| 3. finis, is | *limite* | ignis, is | *feu* |
| amnis, is | *fleuve* | sanguis, inis | *sang.* |
| 4. leo, ōnis | *lion* | ordo, inis | *ordre* |
| sermo, ōnis | *discours* | turbo, inis | *tourbillon.* |
| 5. mons, montis | *montagne* | pons, pontis | *pont* |
| fons, fontis | *source* | dens, dentis | *dent.* |

b) Sont **neutres** :

| | |
|---|---|
| vas, vasis | *vase* |
| aes, aeris | *airain.* |

## III. Exceptions aux règles du *neutre*

a) Sont **masculins** :

| | | | | | |
|---|---|---|---|---|---|
| sol, solis | *soleil* | mus, muris | *souris* | vultur, uris | *vautour.* |
| sal, salis | *sel* | lepus, oris | *lièvre* | | |

b) Sont **féminins** : les noms en { **-us, -ūtis** / **-us, -ūdis.** }

## REMARQUES SUR LA TROISIÈME DÉCLINAISON

**52** **Accusatif et ablatif singuliers**

1. Quelques noms *parisyllabiques* en **-is** ont l'accusatif singulier en **-im** et l'ablatif en **-i.**

a) 

| | | | |
|---|---|---|---|
| febris, is, f. | *fièvre* | turris, is, f | *tour* |
| sitis, is, f. | *soif* | puppis, is, f. | *poupe* |
| tussis, is, f. | *toux* | secūris, is, f. | *hache.* |

b) Les noms { de *villes :* Neapolis, is, f. *Naples*; de *fleuves :* Tiberis, is, m. *le Tibre.*

2. Ont l'ablatif en **-i** *ou* en **-e** :

| | | | |
|---|---|---|---|
| ignis, is, m. | *feu* | navis, is, f. | *navire* |
| imber, bris, m. | *averse* | amnis, is, m. | *fleuve.* |

**54** Les noms et les adjectifs qui ont le génitif pluriel en **-ium** ont parfois l'ancienne désinence **-is** au lieu de **-es** à l'**accusatif pluriel** :

*navis, civis, omnis* pour naves, cives, omnes.

**56** **Noms irréguliers**

| | | |
|---|---|---|
| **bos** | G. bovis, m. f. | *bœuf, vache* — **Pluriel :** { N. V. Acc. boves; G. boum; D. Abl. bobus et bubus. |
| **iter** | G. itineris, n. | *voyage.* |
| **iugerum** | G. iugeri, n. | *arpent.* Singulier : 2me déclinaison<br>Pluriel : 3me décl. { N. V. Acc. iugera; G. iugerum; D. Abl. iugeribus. |
| **Iuppiter** | G. Iovis, m. | *Jupiter :* Iovem, Iovi, Iove. |
| **requies** | G. requiētis, f. | *repos* { Acc. requiētem et requiem; Abl. requiēte et requie. |
| **vas** | G. vasis, n. | *vase.* Singulier : 3me **déclinaison**<br>Plur. 2me **décl.** : vasa, **vasōrum,** vasis. |

**58** On appelle **noms défectifs** les noms auxquels il manque (*deficere*) un ou plusieurs cas.

Les formes mises entre crochets sont inusitées.

| | | |
|---|---|---|
| **fors** | f. *sort* | n'a que l'Abl. forte, *par hasard.* |
| **[ops]** | f. *secours* | opem, opis, ope. |
| | pl. *ressources* | opes, opum, opibus. |
| **[prex]** | f. *prière* | sing. n'a que l'abl. prece<br>plur. preces, precum, precibus. |
| **[spons]** | f. *plein gré* | n'a que l'Abl. sponte, *spontanément*<br>d'ordinaire avec meā, tuā, suā. |
| **vis** | f. *force, violence* | sing. Acc. vim, Abl. vi |
| | pl. *forces, troupes* | vires, virium, viribus. |

## QUATRIÈME DÉCLINAISON : génitif -US

**Fructus,** m. *fruit.* 59

| | SINGULIER | PLURIEL |
|---|---|---|
| *N.* | fruct **us** | fruct **us** |
| *V.* | fruct **us** | fruct **us** |
| *Acc.* | fruct **um** | fruct **us** |
| *G.* | fruct **us** | fruct **uum** |
| *D.* | fruct **ui** | fruct **ibus** |
| *Abl.* | fruct **u** | fruct **ibus** |

La plupart des noms en **-us** sont **masculins.**

---

1. Il existe quelques **neutres** en **-u** : 60

| | |
|---|---|
| cornu | *corne* |
| genu | *genou.* |

Au singulier, on ne les trouve guère
qu'au nominatif, à l'accusatif et à l'ablatif :
**cornu.**

Au pluriel : corn**ua**
corn**uum**
corn**ibus.**

2. Sont **féminins** (n. 27) :

a) les noms de *femmes :* anus *vieille femme*

b) les noms d' *arbres :* quercus *chêne*

c)

| | | | |
|---|---|---|---|
| manus | *main* | domus | *maison* |
| acus | *aiguille* | porticus | *portique* |
| Idus, plur. | *les ides* | tribus | *tribu.* |

3. **Iesus,** *Jésus*

| | |
|---|---|
| Accusatif | Iesum |
| V. G. D. Abl. | Iesu. |

**61** **Domus,** f. *maison* a quelques formes de la deuxième déclinaison.

| | SINGULIER | PLURIEL |
|---|---|---|
| *N.* | dom **us** | dom **us** |
| *V.* | dom **us** | dom **us** |
| *Acc.* | dom **um** | dom **os** |
| *G.* | dom **us** | dom **uum** / dom **ōrum** |
| *D.* | dom **ui** | dom **ibus** |
| *Abl.* | dom **o** | dom **ibus** |

La forme **domi,** *à la maison, chez soi,* est un ancien *locatif.*

---

**62** 1. On rencontre quelquefois les désinences
a) **-u** au *datif singulier* au lieu de **-ui**
b) **-ubus** aux *datif et ablatif pluriels.*
On dit toujours : tribubus, quercubus.

2. Quelques **noms verbaux** ne se rencontrent qu'à **l'ablatif** accompagné d'un génitif ou d'un possessif.

meo iussu — *sur mon ordre*
eius rogātu — *sur sa demande.*

Natu est employé dans maior natu, *l'aîné.*
minor natu, *le cadet.*

3. Le **supin** des verbes (n. 143) est à l'origine un nom verbal de la quatrième déclinaison.

## CINQUIÈME DÉCLINAISON : génitif -EI

**Res**, f. *chose*. **63**

| | SINGULIER | PLURIEL |
|---|---|---|
| *N.* | r **es** | r **es** |
| *V.* | r **es** | r **es** |
| *Acc.* | r **em** | r **es** |
| *G.* | r **ei** | r **erum** |
| *D.* | r **ei** | r **ebus** |
| *Abl.* | r **e** | r **ebus** |

1. Seuls **res,** *chose* et **dies,** *jour* ont une déclinaison complète au **pluriel.**

2. **Dies,** *jour* est **masculin**
   ainsi que meridies, *midi.*
   Tous les autres noms en **-es** sont **féminins.**

3. **Dies est féminin seulement dans l'expression :**
   dies dicta (certa, constitūta), *jour fixé, échéance.*

---

## PARTICULARITÉS DE LA DÉCLINAISON DES NOMS

I. Plusieurs noms, comme le vocabulaire l'apprendra, n'ont **pas de singulier.** **64**

| | | |
|---|---|---|
| divitiae, ārum | *richesses* | |
| arma, ōrum | *armes* | |
| mœnia, ium | *remparts* | etc. |

II. D'autres **changent de sens au pluriel.**

| | | | |
|---|---|---|---|
| auxilium | *secours* | auxilia, ōrum | *troupes auxiliaires* |
| copia | *abondance* | copiae | *provisions, troupes* |
| **finis,** m. | *limite* | fines, ium | *limites, territoire* |
| fortūna | *sort* | fortūnae | *biens* |
| impedimentum | *obstacle* | impedimenta | *obstacles, bagages* |
| littera | *lettre* (de l'alphabet) | litterae | *lettres* (alphabet)<br>*lettre* (courrier)<br>*littérature* |
| pars, f. | *partie* | partes | *parties, rôle*<br>*parti* (politique). |

III. Les **noms empruntés au grec** suivent d'ordinaire la *déclinaison latine.* Ils conservent parfois *quelques formes grecques,* surtout les noms propres en poésie. L'usage permettra de les reconnaître facilement.

# L'ADJECTIF

## DÉCLINAISON

### I. Adjectifs de la première classe

**65** Ils suivent les deux premières déclinaisons :

le *masculin* se décline sur animus, ager, puer (n. 33, 35)
le *féminin* se décline sur rosa (n. 31)
le *neutre* se décline sur bellum (n. 33).

**Bonus,** *bon* — **Pulcher,** *beau* — **Miser,** *malheureux.*

| | SINGULIER | | | PLURIEL | | |
|---|---|---|---|---|---|---|
| | *masc.* | *fém.* | *neut.* | *masc.* | *fém.* | *neut.* |
| *N.* | bon **us** | bon **ă** | bon **um** | bon **i** | bon **ae** | bon **a** |
| *V.* | bon **e** | bon **ă** | bon **um** | bon **i** | bon **ae** | bon **a** |
| *Acc.* | bon **um** | bon **am** | bon **um** | bon **os** | bon **as** | bon **a** |
| *G.* | bon **i** | bon **ae** | bon **i** | bon **ōrum** | bon **ārum** | bon **ōrum** |
| *D.* | bon **o** | bon **ae** | bon **o** | bon **is** | bon **is** | bon **is** |
| *Abl.* | bon **o** | bon **ā** | bon **o** | bon **is** | bon **is** | bon **is** |
| *N.* | pulch**er** | pulchr **ă** | pulchr **um** | pulchr **i** | pulchr **ae** | pulchr **a** |
| *V.* | pulch**er** | pulchr **ă** | pulchr **um** | pulchr **i** | pulchr **ae** | pulchr **a** |
| *Acc.* | pulchr **um** | pulchr **am** | pulchr **um** | pulchr **os** | pulchr **as** | pulchr **a** |
| *G.* | pulchr **i** | pulchr **ae** | pulchr **i** | pulchr **ōrum** | pulchr **ārum** | pulchr **ōrum** |
| *D.* | pulchr **o** | pulchr **ae** | pulchr **o** | pulchr **is** | pulchr **is** | pulchr **is** |
| *Abl.* | pulchr **o** | pulchr **ā** | pulchr **o** | pulchr **is** | pulchr **is** | pulchr **is** |
| *N.* | mis**er** | miser **ă** | miser **um** | miser **i** | miser **ae** | miser **a** |
| *V.* | mis**er** | miser **ă** | miser **um** | miser **i** | miser **ae** | miser **a** |
| *Acc.* | miser **um** | miser **am** | miser **um** | miser **os** | miser **as** | miser **a** |
| *G.* | miser **i** | miser **ae** | miser **i** | miser **ōrum** | miser **ārum** | miser **ōrum** |
| *D.* | miser **o** | miser **ae** | miser **o** | miser **is** | miser **is** | miser **is** |
| *Abl.* | miser **o** | miser **ā** | miser **o** | miser **is** | miser **is** | miser **is** |

**66** 1. Peu d'adjectifs se déclinent sur miser.

liber *libre*
asper *âpre.*

2. **dexter,** *droit* (à droite) fait également

dextra dextrum
dextera dexterum.

## II. Adjectifs de la seconde classe

Ils suivent la troisième déclinaison. 67

1. Ceux qui sont terminés en **-er** se déclinent sur **acer.**
2. Ceux qui sont terminés en **-is** se déclinent sur **omnis.**
3. **Tous les autres** se déclinent sur **ingens.**

Ils ont **tous** { l'ablatif singulier en **-i**
{ le génitif pluriel en **-ium.**

Font seuls exception : **vetus** et son groupe (n. 69).

**Acer,** *vif, violent* — **Omnis,** *tout* — **Ingens,** *grand, immense.*

| | SINGULIER | | | PLURIEL | | |
|---|---|---|---|---|---|---|
| | *masc.* | *fém.* | *neut.* | *masc.* | *fém.* | *neut.* |
| *N.* | ac**er** | acr **is** | acr **e** | acr **es** | acr **es** | acr **ia** |
| *V.* | ac**er** | acr **is** | acr **e** | acr **es** | acr **es** | acr **ia** |
| *Acc.* | acr **em** | acr **em** | acr **e** | acr **es** | acr **es** | acr **ia** |
| *G.* | acr **is** | acr **is** | acr **is** | acr **ium** | acr **ium** | acr **ium** |
| *D.* | acr **i** | acr **i** | acr **i** | acr **ibus** | acr **ibus** | acr **ibus** |
| *Abl.* | acr **i** | acr **i** | acr **i** | acr **ibus** | acr **ibus** | acr **ibus** |
| *N.* | omn **is** | omn **is** | omn **e** | omn **es** | omn **es** | omn **ia** |
| *V.* | omn **is** | omn **is** | omn **e** | omn **es** | omn **es** | omn **ia** |
| *Acc.* | omn **em** | omn **em** | omn **e** | omn **es** | omn **es** | omn **ia** |
| *G.* | omn **is** | omn **is** | omn **is** | omn **ium** | omn **ium** | omn **ium** |
| *D.* | omn **i** | omn **i** | omn **i** | omn **ibus** | omn **ibus** | omn **ibus** |
| *Abl.* | omn **i** | omn **i** | omn **i** | omn **ibus** | omn **ibus** | omn **ibus** |
| *N.* | ingen **s** | ingen **s** | ingen **s** | ingent **es** | ingent **es** | ingent **ia** |
| *V.* | ingen **s** | ingen **s** | ingen **s** | ingent **es** | ingent **es** | ingent **ia** |
| *Acc.* | ingent **em** | ingent **em** | ingen **s** | ingent **es** | ingent **es** | ingent **ia** |
| *G.* | ingent **is** | ingent **is** | ingent **is** | ingent **ium** | ingent **ium** | ingent **ium** |
| *D.* | ingent **i** | ingent **i** | ingent **i** | ingent **ibus** | ingent **ibus** | ingent **ibus** |
| *Abl.* | ingent **i** | ingent **i** | ingent **i** | ingent **ibus** | ingent **ibus** | ingent **ibus** |

Les **participes présents** se déclinent sur **ingens.** Ils ont l'ablatif 68
en **-i** s'ils sont employés comme *adjectifs*
en **-e** s'ils sont { à l'*ablatif absolu*
{ ou employés comme *noms.*

{ ardenti studio — *avec un zèle ardent*
{ ardente domo — *pendant que la maison brûlait.*

{ sapienti consilio — *par un sage dessein*
{ moneor a sapiente — *je suis averti par un sage.*

## 69 **Vetus**, *vieux, ancien.*

| | SINGULIER | | | PLURIEL | | |
|---|---|---|---|---|---|---|
| | *masc.* | *fém.* | *neut.* | *masc.* | *fém.* | *neut.* |
| *N.* | vetus | vetus | vetus | veter **es** | veter **es** | veter **a** |
| *V.* | vetus | vetus | vetus | veter **es** | veter **es** | veter **a** |
| *Acc.* | veter **em** | veter **em** | vetus | veter **es** | veter **es** | veter **a** |
| *G.* | veter **is** | veter **is** | veter **is** | veter **um** | veter **um** | veter **um** |
| *D.* | veter **i** | veter **i** | veter **i** | veter **ibus** | veter **ibus** | veter **ibus** |
| *Abl.* | veter **e** | veter **e** | veter **e** | veter **ibus** | veter **ibus** | veter **ibus** |

1. { Masculin et féminin = *homo*
   { Neutre = *tempus.*

   { ablatif singulier : **-e**
   { génitif pluriel : **-um.**

2. Se déclinent sur **vetus** :

| | | | |
|---|---|---|---|
| dives, divitis | *riche* | princeps, principis | *premier* |
| pauper, pauperis | *pauvre* | superstes, superstitis | *survivant.* |
| particeps, participis | *participant* | | |

3. Se déclinent aussi sur **vetus** mais ont l'ablatif singulier en **-i** :

| | | |
|---|---|---|
| inops, inopis | *dénué de ressources* | inopi |
| supplex, supplicis | *suppliant* | supplici |
| memor, memoris | *qui se souvient* | memori. |

4. Seul *vetus* a un **neutre pluriel.**

## RÉCAPITULATION : DEUX CAS DIFFICILES

70

| | Ablatif singulier | Génitif pluriel |
|---|---|---|
| tempus | tempor **e** | tempor **um** |
| homo | homin **e** | homin **um** |
| pater | patr **e** | patr **um** |
| vetus | veter **e** | veter **um** |
| fortior | fortiōr **e** | fortiōr **um** |
| navis | nav **e** | nav **ium** |
| pars | part **e** | part **ium** |
| mare | mar **i** | mar **ium** |
| acer | acr **i** | acr **ium** |
| omnis | omn **i** | omn **ium** |
| ingens | ingent **i** | ingent **ium** |
| ardens *adjectif* | ardent **i** | ardent **ium** |
| ardens *ablatif absolu* | ardent **e** | ardent **ium** |
| sapiens *adjectif* | sapient **i** | sapient **ium** |
| sapiens *nom* | sapient **e** | sapient **ium** |
| inops | inop **i** | inop **um** |

## COMPARATIFS ET SUPERLATIFS

**71** Un adjectif, en latin comme en français, peut avoir **trois degrés** :

| | |
|---|---|
| 1. *Positif* | Pierre est *grand.* |
| 2. *Comparatif* | Pierre est *plus grand* que Paul. |
| 3. *Superlatif* | Pierre est *le plus grand* des élèves.<br>Pierre est *très grand.* |

En **latin** :

1. Le *positif* est l'adjectif tel qu'on l'apprend au vocabulaire.

2. Le *comparatif* ne se marque *pas* par un adverbe comme en français (plus), mais en changeant la terminaison de l'adjectif.

3. Le *superlatif* a également sa terminaison propre.
   C'est la *même* forme latine qui traduira { *le plus* grand / *très* grand.

---

**72** 1. D'ordinaire le **comparatif** marque la *supériorité* et a un complément.

Ton cheval est *plus rapide* que le mien.

Mais parfois on trouve en latin un comparatif sans complément, qui doit se traduire par **assez** ou par **trop.**

{ Ce cheval est *assez* rapide.
{ Il est *trop* rapide.

C'est une *même* forme **velocior** qui traduit

{ plus rapide
{ assez rapide
{ trop rapide.

Il faut donc réfléchir pour découvrir le sens qui convient à un comparatif dans une phrase latine.

2. Bien distinguer { *plus* **savant** comparatif / *le plus* **savant** superlatif.

Dans un seul cas *le plus* est un comparatif :
quand on compare *deux* personnes ou *deux* objets.
Voici deux frères, Pierre et Paul.
Paul est le plus savant (des deux) : doctior.

## Formation du comparatif et du superlatif 73

Prends l'adjectif au *génitif singulier*.
Enlève-lui la terminaison **-i** ou **-is.**
Et remplace-la :

1. Pour le **comparatif** — masculin, féminin par **-ior**; neutre par **-ius.**
2. Pour le **superlatif** — masculin par **-issimus**; féminin **-issima**; neutre **-issimum.**

| POSITIF | COMPARATIF | SUPERLATIF |
|---|---|---|
| doctus, G. doct-i<br>*savant* | doct**ior,** doct**ius**<br>*plus savant* | doct**issimus,** issima, issimum<br>*le plus savant, très savant.* |
| fortis, G. fort-is<br>*courageux* | fort**ior,** fort**ius**<br>*plus courageux* | fort**issimus,** issima, issimum<br>*le plus courageux, très courageux.* |
| felix, G. felīc-is<br>*heureux* | felic**ior,** felic**ius**<br>*plus heureux* | felic**issimus,** issima, issimum<br>*le plus heureux, très heureux.* |

1. Les adjectifs en **-eus, -ius, -uus** n'ont pas de formes pour le comparatif et le superlatif. 74

   On fait alors comme en français,

   en mettant **un adverbe** devant l'adjectif :
   - pour le comparatif : **magis** *plus*
   - pour le superlatif : **maxime** *le plus.*

   arduus, *escarpé* — magis arduus — maxime arduus.
   Mais les adjectifs en **-quus** sont réguliers :
   antīquus, *ancien* — antiquior — antiquissimus.

2. Voir en syntaxe comment se construit
   **le complément** du comparatif : n. 229-230
   du superlatif : n. 217-218, I.

3. On peut **renforcer** par un adverbe :

   a) Le *comparatif :*

   | | |
   |---|---|
   | **multo** maior | *beaucoup plus grand.* |

   b) Le *superlatif :*

   | | |
   |---|---|
   | **longe** nobilissimus | *de loin le plus noble* |
   | **vel** maximus | *le plus grand de tous* |
   | **quam** maximus | *le plus grand possible* |
   | **multo** iucundissimus | *de beaucoup le plus agréable.* |

## 75 Déclinaison

1. Le *superlatif* : sur bonus (n. 65).
2. ~~Le *comparatif* : sur vetus (n. 69)~~.

**Fortior**, *plus courageux.*

| | SINGULIER | | | PLURIEL | | |
|---|---|---|---|---|---|---|
| | *masc.* | *fém.* | *neut.* | *masc.* | *fém.* | *neut.* |
| *N.* | fortior | fortior | fortius | fortiōr **es** | fortiōr **es** | fortiōr **a** |
| *V.* | fortior | fortior | fortius | fortiōr **es** | fortiōr **es** | fortiōr **a** |
| *Acc.* | fortiōr **em** | fortiōr **em** | fortius | fortiōr **es** | fortiōr **es** | fortiōr **a** |
| *G.* | fortiōr **is** | fortiōr **is** | fortiōr **is** | fortiōr **um** | fortiōr **um** | fortiōr **um** |
| *D.* | fortiōr **i** | fortiōr **i** | fortiōr **i** | fortior **ibus** | fortior **ibus** | fortior **ibus** |
| *Abl.* | fortiōr **e** | fortiōr **e** | fortiōr **e** | fortior **ibus** | fortior **ibus** | fortior **ibus** |

La plupart des **adjectifs** de 2° classe ont l'ablatif en **-i.**
**Tous** les **comparatifs** ont l'ablatif en **-e.**
↳ ne suivent pas la règle des 3 i.

**76** 1. senex, *vieillard* **senior,** *plus âgé*
iuvenis, *jeune homme* **iunior,** *plus jeune.*

2. **dives,** *riche* { divitior divitissimus / ditior ditissimus.

3.

| | | | |
|---|---|---|---|
| **sacer** | *sacré* | sanctior | sacerrimus |
| **ferus** | *sauvage* | ferocior | ferocissimus |
| **vetus** | *vieux* | vetustior | veterrimus |
| **novus** | *nouveau* | recentior | recentissimus. |

novissimus = *le dernier.*

4. Adjectifs dont le positif est rare ou inusité.
Ils sont **dérivés d'adverbes de lieu.**

| SENS | COMPARATIF | SUPERLATIF |
|---|---|---|
| *à l'extérieur* | exterior | extrēmus |
| *à l'intérieur* | interior | intimus |
| *en haut* | superior | suprēmus |
| *en bas* | inferior | infimus |
| *en avant* | prior | primus |
| *en arrière* | posterior | postrēmus |
| *au delà* | ulterior | ultimus |
| *proche* | propior | proximus. |

**Règles spéciales** 77

1. Les adjectifs en **-er** forment le superlatif en ajoutant **-rimus** au nominatif masculin singulier. Le comparatif est régulier.

| | | | |
|---|---|---|---|
| miser | G. miseri | miser**ior** | miser**rimus** |
| pulcher | G. pulchri | pulchr**ior** | pulcher**rimus** |
| acer | G. acris | acr**ior** | acer**rimus.** |

2. Cinq adjectifs en **-ilis** forment le superlatif en ajoutant **-limus** au l du radical.

| | | | |
|---|---|---|---|
| facilis | *facile* | facilior | facillimus |
| difficilis | *difficile* | difficilior | difficillimus |
| similis | *semblable* | similior | simillimus |
| dissimilis | *dissemblable* | dissimilior | dissimillimus |
| humilis | *humble* | humilior | humillimus. |

3. Cinq adjectifs forment le comparatif et le superlatif de **radicaux différents.**

| | | | |
|---|---|---|---|
| bonus | *bon* | melior | optimus |
| malus | *mauvais* | peior | pessimus |
| magnus | *grand* | maior | maximus |
| parvus | *petit* | minor | minimus |
| { multus | *nombreux* | plus (n.) | plurimus |
| { multi | *beaucoup de* | plures | { plurimi |
| | | | { plerīque. |

---

| | | |
|---|---|---|
| 1. **plus,** n. | *plus de* n'a que { N. et Acc. plus { Gén. pluris. | 78 |
| **plures** | *un plus grand nombre de* { neutre : plura { déclinaison : plures, plurium, pluribus. | |
| **complūres** | *plusieurs* se décline de même. | |
| **plurimi** | *un très grand nombre de.* | |
| **plerīque** | *la plupart.* Gén. plurimōrum, plurimārum. | |

2. Les adjectifs en **-dicus, -ficus, -volus,** formés de
{ dīco, facio, volo
{ *je dis, je fais, je veux,*
reçoivent les désinences **-entior, -entissimus**
comme si le positif était en -ens, -entis.

| | | | |
|---|---|---|---|
| maledicus | *médisant* | maledicentior | maledicentissimus |
| magnificus | *magnifique* | magnificentior | magnificentissimus |
| benevolus | *bienveillant* | benevolentior | benevolentissimus. |

# L'ADVERBE

## DÉRIVATION

79 Les adverbes de **manière** sont généralement **dérivés d'adjectifs.**

I. Aux adjectifs de la **première classe** correspondent

1. Beaucoup d'adverbes en **-e.**
   Ce -e remplace la terminaison -i du génitif.

| | | | |
|---|---|---|---|
| doctus | *savant* | docte | *savamment* |
| aeger | *malade* | aegre | *péniblement, à regret.* |

2. Quelques adverbes en **-o.** C'est l'*ablatif* singulier.

| | | | |
|---|---|---|---|
| falsus | *faux* | falso | *faussement* |
| creber | *fréquent* | crebro | *fréquemment.* |

3. Quelques adverbes en **-um.** C'est l'*accusatif* singulier.
   Surtout les adverbes de **quantité** :

| | | | |
|---|---|---|---|
| multum | *beaucoup* | parum | *trop peu.* |

II. Aux adjectifs de la **seconde classe** correspondent

1. Beaucoup d'adverbes en **-iter.**
   Ce -iter remplace la terminaison -is du génitif.

| | | | |
|---|---|---|---|
| fortis | *courageux* | fortiter | *courageusement* |
| acer | *vif* | acriter | *vivement.* |

2. Beaucoup d'adverbes en **-er.**
   Ce -er remplace la terminaison -is du génitif
   des adjectifs et participes en -ans ou -ens.

| | | | |
|---|---|---|---|
| vehemens | *violent* | vehementer | *violemment* |
| diligens | *soigneux* | diligenter | *soigneusement.* |

3. Quelques adverbes en **-e.** C'est l'accusatif neutre singulier.

| | | | |
|---|---|---|---|
| facilis | *facile* | facile | *facilement.* |

---

80 Quelques adverbes sont formés de **l'ablatif d'un nom.**

| | |
|---|---|
| forte | *par hasard* |
| modo | *seulement* |
| iure | *à bon droit* |
| vulgo | *communément.* |

## COMPARATIFS ET SUPERLATIFS

### Formation régulière 81

*comparatif* de l'adverbe = comparatif **neutre** de l'adjectif.

*superlatif* de l'adverbe = { superlatif de l'adjectif avec désinence **-e** au lieu de **-us.**

| | | | | |
|---|---|---|---|---|
| longus | longe | *loin* | longius | longissime |
| gravis | graviter | *lourdement* | gravius | gravissime |
| acer | acriter | *vivement* | acrius | acerrime |
| facilis | facile | *facilement* | facilius | facillime |
| libens | libenter | *volontiers* | libentius | libentissime. |

### Formations spéciales 82

| | | | |
|---|---|---|---|
| bene | *bien* | melius | optime |
| male | *mal* | peius | pessime |
| magnopere | *beaucoup* | magis | maxime |
| multum | *beaucoup* | plus | plurimum |
| non multum | *peu* | minus | minime |
| diu | *longtemps* | diutius | diutissime |
| saepe | *souvent* | saepius | saepissime |
| nuper | *récemment* | — | nuperrime |
| prope | *près* | propius | proxime |
| — | — | potius, *plutôt* | potissimum, *de préférence.* |

# ADJECTIFS NUMÉRAUX

**83** **Deux catégories,** comme en français : cardinaux et ordinaux.

I. Les **cardinaux** sont *indéclinables,* sauf :

1. unus, duo, tres.
2. le pluriel de mille : milia.
3. les centaines (ducenti etc.), qui se déclinent sur bonus.

| | *masc.* | *fém.* | *neut.* | *masc.* | *fém.* | *neut.* |
|---|---|---|---|---|---|---|
| *N.* | un **us** | un **ă** | un **um** | du **o** | du **ae** | du **o** |
| *Acc.* | un **um** | un **am** | un **um** | du **os** | du **as** | du **o** |
| *G.* | un **īus** | un **īus** | un **īus** | du **ōrum** | du **ārum** | du **ōrum** |
| *D.* | un **i** | un **i** | un **i** | du **ōbus** | du **ābus** | du **ōbus** |
| *Abl.* | un **o** | un **ā** | un **o** | du **ōbus** | du **ābus** | du **ōbus** |

| | *masc.* | *fém.* | *neut.* | *neut.* |
|---|---|---|---|---|
| *N.* | tr **es** | tr **es** | tr **ia** | mil **ia** |
| *Acc.* | tr **es** | tr **es** | tr **ia** | mil **ia** |
| *G.* | tr **ium** | tr **ium** | tr **ium** | mil **ium** |
| *D.* | tr **ibus** | tr **ibus** | tr **ibus** | mil **ibus** |
| *Abl.* | tr **ibus** | tr **ibus** | tr **ibus** | mil **ibus** |

**Mille** au *singulier* est indéclinable : **mille** militestes.
au *pluriel* est un nom qui se décline
et régit le génitif :

duo milia [illegible]m, *deux mille fantassins.*

II. Les **ordinaux** se déclinent sur *bonus* (n. 65).

---

**84** L'emploi de l'adjectif **ordinal** est plus large en latin qu'en français.
C'est l'ordinal qui marque :

| | | |
|---|---|---|
| la page | *page 37* | pagina tricesima septima |
| le rang | *Jean XXIII* | Ioannes vicesimus tertius |
| l'heure | *onze heures* | hora undecima |
| le jour | *le 24 novembre* | die vicesimo quarto Novembris |
| l'année | *en 1962* | anno millesimo nongentesimo sexagesimo secundo. |

## Formation des nombres

1. Les nombres **terminés par 8 et 9** se forment d'ordinaire *par soustraction*. **85**

| | |
|---|---|
| 18 duodeviginti | 18ᵉ duodevicesimus |
| 19 undeviginti | 19ᵉ undevicesimus |
| 28 duodetriginta | 28ᵉ duodetricesimus. |

2. **De 21 à 99,** on a le choix :
   - ou bien le nombre des *dizaines* précède **sans et**
   - ou bien le nombre des *unités* précède **avec et.**

23 { viginti tres / tres et viginti

45ᵉ { quadragesimus quintus / quintus et quadragesimus.

3. **Au delà de 100,** comme en français.
   365 trecenti sexaginta quinque.

---

1. **Duo** a parfois l'accusatif masculin duo. **86**
   **Ambo,** *tous deux* se décline comme duo.

2. Le premier (de deux) = **prior,** prius.
   Le second (de deux) = **alter,** altera, alterum.

3. **Vicesimus** / tricesimus s'écrivent parfois vigesimus / trigesimus.

4. **Sescenti, mille** s'emploient aussi pour un nombre considérable, indéterminé.
   Comme en français { il a fait les cent coups / je lui ferai voir trente-six chandelles.

5. **Les chiffres romains**

| | | | | | |
|---|---|---|---|---|---|
| 1 | I | 11 | XI | 30 | XXX |
| 2 | II | 12 | XII | 40 | XL |
| 3 | III | 13 | XIII | 50 | L |
| 4 | IV | 14 | XIV | 60 | LX |
| 5 | V | 15 | XV | 90 | XC |
| 6 | VI | 16 | XVI | 100 | C |
| 7 | VII | 17 | XVII | 200 | CC |
| 8 | VIII | 18 | XVIII | 500 | D |
| 9 | IX | 19 | XIX | 600 | DC |
| 10 | X | 20 | XX | 1.000 | M |

## Tableau des nombres

87

| | CARDINAUX | ORDINAUX |
|---|---|---|
| 1 | unus | primus |
| 2 | duo | secundus |
| 3 | tres | tertius |
| 4 | quattuor | quartus |
| 5 | quinque | quintus |
| 6 | sex | sextus |
| 7 | septem | septimus |
| 8 | octo | octāvus |
| 9 | novem | nonus |
| 10 | decem | decimus |
| 11 | undecim | undecimus |
| 12 | duodecim | duodecimus |
| 13 | tredecim | tertius decimus |
| 14 | quattuordecim | quartus decimus |
| 15 | quindecim | quintus decimus |
| 16 | sedecim | sextus decimus |
| 17 | septemdecim | septimus decimus |
| 18 | duodeviginti | duodevicesimus |
| 19 | undeviginti | undevicesimus |
| 20 | viginti | vicesimus |
| 21 | { viginti unus | vicesimus primus |
| | { unus et viginti | unus et vicesimus |
| 22 | { viginti duo | vicesimus secundus |
| | { duo et viginti | alter et vicesimus |
| 28 | duodetriginta | duodetricesimus |
| 29 | undetriginta | undetricesimus |
| 30 | triginta | tricesimus |
| 40 | quadraginta | quadragesimus |
| 50 | quinquaginta | quinquagesimus |
| 60 | sexaginta | sexagesimus |
| 70 | septuaginta | septuagesimus |
| 80 | octoginta | octogesimus |
| 90 | nonaginta | nonagesimus |
| 100 | centum | centesimus |

| | CARDINAUX | ORDINAUX |
|---|---|---|
| 200 | ducenti | ducentesimus |
| 300 | trecenti | trecentesimus |
| 400 | quadringenti | quadringentesimus |
| 500 | quingenti | quingentesimus |
| 600 | sescenti | sescentesimus |
| 700 | septingenti | septingentesimus |
| 800 | octingenti | octingentesimus |
| 900 | nongenti | nongentesimus |
| 1.000 | mille | millesimus |
| 2.000 | duo milia | bis millesimus |
| 10.000 | decem milia | decies millesimus |
| 1.000.000 | decies centēna milia | decies centies millesimus |

I. Les **distributifs** correspondent au français *chacun deux, chacun vingt*, etc. **88**
Ils se déclinent sur *bonus*. Voici les plus fréquents :

| | | | |
|---|---|---|---|
| 1 singuli | 6 seni | 11 undēni | 21 vicēni singuli |
| 2 bini | 7 septēni | 12 duodēni | 100 centēni |
| 3 terni | 8 octōni | 18 duodevicēni | 500 quingēni |
| 4 quaterni | 9 novēni | 19 undevicēni | 1.000 singula milia |
| 5 quini | 10 deni | 20 vicēni | 10.000 dena milia. |

Les autres distributifs se forment en substituant la terminaison **-ēni** à celle des ordinaux :

tricesimus **tricēni** *chacun 30.*

Caesar et Ariovistus **denos** comites adduxērunt.
*César et Arioviste amenèrent chacun dix compagnons.*

II. Les **adverbes multiplicatifs** sont terminés en **-ies,** sauf les quatre premiers. Voici les plus fréquents. Ils se traduisent : *une fois, deux fois* etc.

| | | |
|---|---|---|
| 1 semel | 6 sexies | 20 vicies |
| 2 bis | 7 septies | 30 tricies |
| 3 ter | 8 octies | 100 centies |
| 4 quater | 9 novies | 200 ducenties |
| 5 quinquies | 10 decies | 1.000 milies. |

# LE PRONOM

## 1. PRONOMS PERSONNELS

89

| | 1re personne | | 2me personne | |
|---|---|---|---|---|
| | SINGULIER | PLURIEL | SINGULIER | PLURIEL |
| *N.* | ego | nos | tu | vos |
| *V.* | — | — | tu | vos |
| *Acc.* | me | nos | te | vos |
| *G.* | mei | nostri / nostrum | tui | vestri / vestrum |
| *D.* | mihi | nobis | tibi | vobis |
| *Abl.* | me | nobis | te | vobis |

1. En général, le latin *n'exprime pas* le pronom personnel **sujet.** La terminaison du verbe suffit à indiquer qui fait l'action.
   amas, *tu aimes*　　legimus, *nous lisons.*
2. Cependant, on emploiera le pronom personnel sujet si l'on veut le *mettre en relief,* surtout dans les *contrastes.*
   **Vos** divites estis, **nos** pauperes sumus.
   *Vous êtes riches, tandis que nous sommes pauvres.*
3. En latin, on **tutoie tout le monde.**
   On n'emploie pas **vos** au lieu de **tu.**
   Peto a **te** ne me putes obliviōne **tui** rarius ad **te** scribere (Cic. fam. 6,2,1).
   *Je vous prie de croire que, si je vous écris rarement, ce n'est pas parce que je vous oublie.*
4. L'expression **c'est moi qui** est un gallicisme.
   Elle se traduit en latin par le pronom *seul.*
   *C'est moi qui* l'ai dit.　　**Ego** dixi.
   *C'est lui qui* se trompe.　　**Ipse** errat.

---

90 Les deux formes du **génitif** ne peuvent *pas* s'employer l'une pour l'autre.

a) **nostrum, vestrum** sont des génitifs **partitifs.**
   Quis **vestrum** ? *Qui d'entre vous ?*
   C'est aussi la forme qu'on emploie avec **omnium.**
   Patria, commūnis parens omnium **nostrum** (Cic. Cat. 1,17).
   *La patrie, mère commune de nous tous.*

b) **nostri, vestri, sui** servent dans les autres cas.
   Memento **nostri.** *Souviens-toi de nous.*

## 3$^{me}$ personne

91

| | Réfléchi | Non réfléchi | | | | | |
|---|---|---|---|---|---|---|---|
| | SINGULIER et PLURIEL | SINGULIER | | | PLURIEL | | |
| | | *m.* | *f.* | *n.* | *masc.* | *fém.* | *neut.* |
| *N.* | — | is | eă | id | ii, ei | eae | ea |
| *Acc.* | se | eum | eam | id | eos | eas | ea |
| *G.* | sui | eius | eius | eius | eōrum | eārum | eōrum |
| *D.* | sibi | ei | ei | ei | iis, eis | iis, eis | iis, eis |
| *Abl.* | se | eo | eā | eo | iis, eis | iis, eis | iis, eis |

1. On emploie le **réfléchi,** comme en français, pour renvoyer au sujet de la proposition.
   Paulus verberat **se.** *Paul se frappe* (lui-même) — RÉFLÉCHI.
   Paulus verberat **eum.** *Paul le frappe* (un autre) — NON RÉFLÉCHI.

2. La préposition **cum,** *avec* ne forme qu'un seul mot avec l'ablatif dans

   **mecum, tecum, secum** — *avec moi, avec toi, avec lui*
   **nobiscum, vobiscum** — *avec nous, avec vous.*

---

1. Au lieu de **se,** on a souvent la forme redoublée **sese.** 92

2. Les pronoms personnels peuvent être renforcés à la plupart des cas

   par le suffixe **-met**
   auquel on ajoute souvent **ipse** (n. 103).

   egomet — *moi-même*
   tibimet ipsi — *à toi-même*
   semet ipsos — *eux-mêmes* (*acc.*).

## 93 Quatre emplois de IS

1. **Pronom ou adjectif de rappel**
   Il n'est pas un véritable démonstratif.
   Il rappelle une personne ou une chose dont on vient de parler.
   Ce sens *fondamental* de **is** se retrouve dans les deux emplois suivants (2 et 3).
   Pronom : *celui-ci, celle-ci, ceci, ce dernier, il, elle.*
   Adjectif : *ce, cette, le, la.*

2. **Pronom personnel** non réfléchi de la 3e personne
   *il, elle, le, la, lui*
   *ils, elles, les, eux, leur.*

3. **Possessif non réfléchi.** Au génitif :

| | | |
|---|---|---|
| eius | de lui / d'elle | = ***son, sa, ses*** |
| eōrum / eārum | d'eux / d'elles | = ***leur, leurs.*** |

   C'est la façon normale d'exprimer l'adjectif possessif quand le possesseur n'est *pas le sujet.*

4. **Antécédent du relatif QUI** — *celui, celle, ce* / *ceux, celles, ces choses.*

---

**94**

1. Nobilissimus fuit Orgetŏrix. **Is** coniuratiōnem fecit (Caes. b. g. 1,2,1).
   *Orgétorix était le plus noble. Il fit une conjuration.*
   **Ea** res est Helvetiis enuntiāta (id. 1,4,1).
   *Ce projet fut dénoncé aux Helvètes.*

2. Vidit duos fratres et vocāvit **eos.**
   *Il vit les deux frères et les appela.*
   Finitimi cum **iis** proficiscuntur.
   *Leurs voisins partent avec eux.*

3. Helvetii, repentīno **eius** adventu commōti, legātos ad **eum** mittunt (Caes. b. g. 1,13,2).
   *Les Helvètes, bouleversés par son arrivée soudaine, lui envoient des ambassadeurs.*
   Caesar nondum **eōrum** consilia cognoverat (id. 4,31,1).
   *César ne connaissait pas encore leurs projets.*

4. **Ea** quae ad proficiscendum pertinent compărant.
   *Ils préparent tout ce qui intéresse leur départ.*
   **Ii** qui erant trans Mosam profecti nondum redierant (id. 4,12,1).
   *Ceux qui étaient allés au-delà de la Meuse n'étaient pas encore de retour.*

## 2. POSSESSIFS

1. En latin, *le même mot* sert pour 95

   { le **pronom** possessif
   { l'**adjectif** possessif.

   Si l'on excepte les pronoms personnels, cette remarque s'applique à *tous* les pronoms.

2.

| | ADJECTIF | PRONOM |
|---|---|---|
| meus<br>tuus<br>suus | mon<br>ton<br>son | le mien<br>le tien<br>le sien |
| noster<br>vester<br>suus | notre<br>votre<br>leur | le nôtre<br>le vôtre<br>le leur |

3. Ceux en **-us** se déclinent sur *bonus* } n. 65.
   Ceux en **-er** se déclinent sur *pulcher* }

4. **Meus** a le vocatif masc. sing. **mi.**
   Antōni, o fili mi ! *Antoine, mon fils !*

5. Le latin **omet l'adjectif possessif** quand le possesseur est *évident.*
   Lavat manus. *Il se lave les mains.*
   Pater filium amat. *Le père aime son fils.*
   Relictis retibus et patre, secūti sunt eum.
   *Quittant leurs filets et leur père, ils le suivirent.*

6. On l'exprimera seulement si l'on veut **insister.**
   **Meis** oculis vidi. *Je l'ai vu de mes propres yeux.*

## Suus — Eius

97 A la troisième personne, distinguer **deux cas** :

1. Le possesseur est LE SUJET de la proposition.
   On emploie alors **suus,** l'adjectif possessif **réfléchi.**
   Paulus ambulat cum cane **suo.**
   *Paul se promène avec son* (propre) *chien.*
   Le chien appartient au sujet Paul. **Suus** renvoie au sujet.

2. Le possesseur est UN AUTRE que le sujet.

   On emploie alors le génitif du pronom **is** (n. 91) :

   | | |
   |---|---|
   | **eius** | *de lui, d'elle* |
   | **eōrum** | *d'eux* |
   | **eārum** | *d'elles.* |

   Paulus, frater Petri, ambulat cum cane **eius.**
   *Paul se promène avec le chien de son frère Pierre.*

   Le chien n'appartient pas au sujet Paul,
   mais à un autre, à Pierre.

   On trouvera des **règles plus développées** en *Syntaxe* (n. 327-332).

Sorōres meae sunt in horto cum amīcā **suā.** Eam **secum** ducunt.
*Mes sœurs sont au jardin avec leur amie. Elles l'emmènent avec elles.*

**Eārum** amīca vēnit. Cum **eis** ludit.
*Leur amie est venue. Elle joue avec elles.*

Stellae fulgent in caelo. **Eārum** numerus est immensus.
*Les étoiles brillent dans le ciel. Leur nombre est immense.*

Stellae perdunt claritātem **suam.**
*Les étoiles perdent leur clarté.*

---

**Ei** filiam **suam** in matrimonium dat (CAES. b. g. 1,3,5). **98**
*Il lui donne sa fille en mariage.*

Post **eius** mortem, Helvetii e finibus **suis** exeunt.
*Après sa mort, les Helvètes sortent de leur territoire.*

Ambiāni **se suaque** omnia sine morā dedidērunt.
**Eōrum** fines Nervii attingēbant (CAES. b. g. 2,15,2-3).
*Les Ambiens se rendirent sans retard, corps et biens* (eux-mêmes et leurs biens).
*Les Nerviens touchaient leurs frontières.*

Rex cum magno numero equitum **suōrum** ad **eum** pervēnit (id. 7,31,5).
*Le roi avec un grand nombre de ses cavaliers parvint jusqu'à lui.*

## 3. DÉMONSTRATIFS

### Hic — Iste — Ille

Par cœur !

99

| | SINGULIER | | | PLURIEL | | |
|---|---|---|---|---|---|---|
| | *masc.* | *fém.* | *neut.* | *masc.* | *fém.* | *neut.* |
| *N.* | hic | haec | hoc | hi | hae | h **aec** |
| *Acc.* | hunc | hanc | hoc | hos | has | h **aec** |
| *G.* | hu **ius** | hu **ius** | hu **ius** | horum | harum | horum |
| *D.* | hu **ic** | hu **ic** | hu **ic** | his | his | his |
| *Abl.* | hoc | hac | hoc | his | his | his |
| *N.* | iste | istă | ist **ud** | isti | istae | ista |
| *Acc.* | istum | istam | ist **ud** | istos | istas | ista |
| *G.* | ist **īus** | ist **īus** | ist **īus** | istōrum | istārum | istōrum |
| *D.* | ist **i** | ist **i** | ist **i** | istis | istis | istis |
| *Abl.* | isto | istā | isto | istis | istis | istis |
| *N.* | ille | illă | ill **ud** | illi | illae | illa |
| *Acc.* | illum | illam | ill **ud** | illos | illas | illa |
| *G.* | ill **īus** | ill **īus** | ill **īus** | illōrum | illārum | illōrum |
| *D.* | ill **i** | ill **i** | ill **i** | illis | illis | illis |
| *Abl.* | illo | illā | illo | illis | illis | illis |

1. Les démonstratifs peuvent être { **pronoms** : celui-ci, celui-là<br>{ **adjectifs** : ce...-ci, ce...-là.

2. Chacun correspond à **une personne** :

| | | | |
|---|---|---|---|
| **hic** | 1ᵉ personne | celui-ci | *près de moi* |
| **iste** | 2ᵉ personne | celui-là | *près de toi* |
| **ille** | 3ᵉ personne | celui-là | *près de lui.* |

3. D'où le **sens dérivé** :

**hic** {
ce qui me concerne
ce qui est proche de nous
ce dont je viens de parler
ce que je vais dire

**iste** {
ce qui te concerne
l'adversaire au tribunal
souvent nuance de mépris

**ille** {
ce qui concerne un autre
un objet plus éloigné
nuance admirative : ce fameux...

4.

| | | |
|---|---|---|
| **hic** | liber | ce livre que je tiens, mon livre, celui-ci |
| **iste** | liber | le livre que tu as là, ce piètre livre |
| **ille** | liber | ce livre là-bas, cet ouvrage célèbre. |

**101** 1. Les trois démonstratifs servent à marquer **trois degrés d'éloignement**

dans *l'espace*
dans *le temps*
dans *la pensée.*

**hic** est toujours le plus proche
**iste** à une certaine distance
**ille** est le plus éloigné.

2. Quand on les oppose dans une même phrase :

**hic** = le *dernier* objet nommé, le plus rapproché
**ille** = le *premier* objet nommé, le plus éloigné.

3. **Celui de ...**

Contrairement au français, *le latin ne permet pas* d'employer *un démonstratif accompagné d'un complément déterminatif.*

Il faut dans ce cas :

a) ou bien *répéter* le nom que remplaçait le démonstratif.

b) ou bien le *sous-entendre.*

*Le jardin de Pierre est grand ;* **celui de Paul** *est petit.*

a) Hortus Petri est magnus ; **hortus Pauli** parvus.
b) Hortus Petri est magnus, **Pauli** parvus.

| | | |
|---|---|---|
| **Hi** consules | *les consuls actuels* | **102** |
| **Hi** mores | *les mœurs de notre temps* | |
| Ob **hanc** causam | *pour la raison suivante* | |
| In **illo** tempore | *en ce temps-là* | |
| Medēa **illa** | *la fameuse Médée.* | |

lire et comprendre

**Horum** omnium fortissimi sunt Belgae (Caes. b. g. 1,1,3).
*De tous ces peuples les Belges sont les plus braves.*

Muri omnes Gallici **hac** fere formā sunt (id. 7,23,1).
*Voici quelle est à peu près la forme de tous les murs gaulois.*

Ubi sunt **isti** qui iracundiam utilem dicunt ? (Cic. Tusc. 4,79).
*Où sont ces gens qui prétendent que la colère est utile ?*

De te decernunt neque **hi** solum, sed etiam **illi** equites Romāni qui circumstant senātum (id. Cat. 1,21).
*Ceux qui te jugent, ce ne sont pas seulement les sénateurs ici présents, mais aussi ces chevaliers romains qui sont là autour du sénat.*

Une partie des Suèves fait la guerre, l'autre reste à la maison. Mais l'année suivante :

**Hi** rursus in armis sunt ; **illi** domi remanent (Caes. b. g. 4,1,5).
*Ceux-ci prennent les armes à leur tour, tandis que les premiers restent chez eux.*

## 4. IPSE — IDEM

103

| | SINGULIER | | | PLURIEL | | |
|---|---|---|---|---|---|---|
| | *masc.* | *fém.* | *neut.* | *masc.* | *fém.* | *neut.* |
| *N.* | ipse | ipsă | ips **um** | ipsi | ipsae | ipsa |
| *Acc.* | ipsum | ipsam | ips **um** | ipsos | ipsas | ipsa |
| *G.* | ips **īus** | ips **īus** | ips **īus** | ipsōrum | ipsārum | ipsōrum |
| *D.* | ips **i** | ips **i** | ips **i** | ipsis | ipsis | ipsis |
| *Abl.* | ipso | ipsā | ipso | ipsis | ipsis | ipsis |
| *N.* | idem | eădem | idem | { iīdem / eīdem | eaedem | eădem |
| *Acc.* | eu**n**dem | ea**n**dem | idem | eosdem | easdem | eădem |
| *G.* | e**ius**dem | e**ius**dem | e**ius**dem | eoru**n**dem | earu**n**dem | eoru**n**dem |
| *D.* | eīdem | eīdem | eīdem | { iisdem / eisdem | iisdem / eisdem | iisdem / eisdem |
| *Abl.* | eodem | eādem | eodem | { iisdem / eisdem | iisdem / eisdem | iisdem / eisdem |

Tous deux peuvent être *adjectifs* et *pronoms.*

Sens fondamental bien marqué. Ne pas les confondre :

**ipse** = *en personne* **lui-***même* insistance
**idem** = *identique* **le** *même* identité.

**Idem** = { **is** qui se décline (n. 91)
{ **-dem** suffixe invariable.

I. **Ipse** { **insiste** sur une personne, une chose
{ souvent en l'*opposant* à une autre.

ADJECTIF = *même.*
PRONOM = { *en personne*
{ *moi-même, toi-même, lui-même...*

| | |
|---|---|
| In foro **ipso** | *sur la place même, en plein forum.* |
| Venit **ipsa** | *elle est venue en personne.* |
| Vince te **ipsum** | *vaincs-toi toi-même.* |

Castris Labiēnum praefēcit ; **ipse** Romam profectus est.
*Il mit Labiénus à la tête du camp ; lui-même partit pour Rome.*

II. **Idem** exprime l'**identité.**

Lupus et agnus ad **eundem** rivum venerant.
*Le loup et l'agneau étaient venus au même ruisseau.*

---

SENS DÉRIVÉS **104**

I. **Ipse** : *de lui-même, spontanément.*

Valvae se **ipsae** aperuērunt.
*Les portes s'ouvrirent d'elles-mêmes.*

II. **Idem** : *aussi, en même temps.*
Joint deux qualités de la même personne ou de la même chose.

Cicero fuit orātor **idemque** philosophus.
*Cicéron fut orateur et en même temps philosophe.*

## 5. RELATIFS

**105** **Qui,** *qui, lequel.*

| | SINGULIER | | | PLURIEL | | |
|---|---|---|---|---|---|---|
| | *masc.* | *fém.* | *neut.* | *masc.* | *fém.* | *neut.* |
| *N.* | qui | quae | quod | qui | quae | quae |
| *Acc.* | quem | quam | quod | quos | quas | quae |
| *G.* | cu **ius** | cu **ius** | cu **ius** | quorum | quarum | quorum |
| *D.* | cu **i** | cu **i** | cu **i** | quibus | quibus | quibus |
| *Abl.* | quo | quā | quo | quibus | quibus | quibus |

1. On peut dire également :

| | | |
|---|---|---|
| quocum / cum quo | quācum / cum quā | **quibuscum / cum quibus** |
| *avec lequel* | *avec laquelle* | *avec lesquels.* |

2. Le relatif prend le **genre** et le **nombre** de son *antécédent.* Mais il prend le **cas** voulu par *sa propre fonction* dans la proposition relative.
Le relatif et son antécédent ne sont jamais dans la même proposition. Leurs **cas** sont donc **indépendants.**

Civitas **quam** vidi pulcherrima est. *La ville que j'ai vue est très belle.*
Discipuli **quibus** locūtus es pigri sunt.
*Les élèves auxquels tu as parlé sont paresseux.*
Belgae proximi sunt Germānis, **qui** trans Rhenum incolunt (CAES. b. g. 1,1,3).
*Les Belges sont les voisins des Germains, qui habitent au-delà du Rhin.*

3. Le **relatif** n'est jamais sous-entendu.
**L'antécédent** peut être *sous-entendu,* pourvu que :
il soit au même cas que son relatif
et que le sens de la phrase reste clair.

Age quod agis. — *Fais bien ce que tu fais.*
Bis dat qui cito dat. — *Qui donne vite, donne deux fois.*
Qui bene amat, bene castīgat. — *Qui aime bien, châtie bien.*

Ite, renuntiāte Ioanni quae vidistis.
*Allez raconter à Jean ce que vous avez vu.*

## DONT 107

Invariable en français, ce pronom peut correspondre à des formes diverses du relatif en latin :

a) suivant le *genre* et le *nombre* de l'*antécédent*

b) suivant la *fonction du relatif* :
   1. complément déterminatif
   2. complément d'un adjectif
   3. divers compléments du verbe.

| | |
|---|---|
| L'enfant **dont** la mère est malade. | Puer **cuius** mater aegrōtat. |
| Les arbres **dont** tu vois les feuilles. | Arbores **quārum** folia vides. |
| Les soldats **dont** le chef est tué. | Milites **quorum** dux occīsus est. |
| Les noms **dont** je me souviens. | Nomina **quorum** sum memor. |
| La confiance **dont** il est digne. | Fides **quā** dignus est. |
| Le livre **dont** ils se servent. | Liber **quo** utuntur. |
| Le vêtement **dont** il est couvert. | Vestis **quā** indūtus est. |
| Le maître **dont** il est loué. | Magister **a quo** laudātur. |
| Les orateurs **dont** tu parles. | Oratōres **de quibus** loqueris. |
| L'esclavage **dont** tu nous délivres. | Servitus **quā** nos liberas. |

---

### I. Relatif de liaison 108

Il est très fréquent de voir une phrase latine commencer par un relatif. C'est une façon de **relier** cette phrase à ce qui précède. Ce « relatif » n'introduit pas une proposition relative. D'ordinaire il suffit de le traduire comme s'il était le pronom **is** (n. 91,93). Comme il peut faire partie d'une proposition subordonnée, on le verra souvent suivi d'une conjonction.

| | |
|---|---|
| **Cuius** adventu... | *à son arrivée...* |
| **Quo** proelio... | *grâce à ce combat...* |
| **Quae** cum ita sint... | *puisqu'il en est ainsi...* |
| **Quod** cum audivissem... | *ayant appris cette nouvelle...* |

### II. Relatifs indéfinis

1. **quicumque,** *qui que ce soit qui, quiconque.*

   qui = le relatif (n. 105)
   cumque = suffixe invariable.

   quicumque, quaecumque, quodcumque.
   G. cuiuscumque D. cuicumque etc.

2. **quisquis** (m.), quidquid (n.), *qui que ce soit qui.*

   Outre ces deux formes, seul l'ablatif est usité :
   **quoquo** modo, *de quelque façon que ce soit.*

## 6. INTERROGATIFS

109 I. **Quis ?** { pronom : *qui ? lequel ?*
adjectif : *quel ?*

Déclinaison du **singulier** :

| | PRONOM | | | ADJECTIF | | |
|---|---|---|---|---|---|---|
| | *masc.* | *fém.* | *neut.* | *masc.* | *fém.* | *neut.* |
| *N.* | qu **is** | quae | qu **id** | qu **i** | quae | qu **od** |
| *Acc.* | quem | quam | qu **id** | quem | quam | qu **od** |
| *G.* | cu **ius** | cu **ius** | cu **ius** | cu **ius** | cu **ius** | cu **ius** |
| *D.* | cu **i** | cu **i** | cu **i** | cu **i** | cu **i** | cu **i** |
| *Abl.* | quo | quā | quo | quo | quā | quo |

Le **pluriel** = celui du relatif *qui* (n. 105).

| PRONOM | | ADJECTIF | |
|---|---|---|---|
| **quis** venit ? | *qui vient ?* | **qui** discipulus ? | *quel élève ?* |
| **quid** dicit ? | *que dit-il ?* | **quod** verbum ? | *quelle parole ?* |

II. **Uter ?** *qui des deux ? lequel des deux ?* Pronom ou adjectif.

| | *masc.* | *fém.* | *neut.* |
|---|---|---|---|
| *N.* | uter | utră | utrum |
| *Acc.* | utrum | utram | utrum |
| *G.* | utr **īus** | utr **īus** | utr **īus** |
| *D.* | utr **i** | utr **i** | utr **i** |
| *Abl.* | utro | utrā | utro |

Le **pluriel** (rare) se décline sur *pulcher* (n. 65).

III. Pour les autres interrogatifs, voir les **corrélatifs** (n. 125-140).

---

1. Deux composés de **quis** se déclinent de même : **110**

| | |
|---|---|
| **quisnam ?** | *qui donc ?* |
| **ecquis ?** | *y a-t-il quelqu'un qui ?* |

2. **quī** ? (ancien ablatif) = quomodo ? *comment ?*

3. **quid ?** seul devant une interrogation annonce une idée importante.

4. *quid quod ?* *que dire de ce que ?*
*quid si ?* *que serait-ce si ?*

## 7. INDÉFINIS

### Déclinaison

111 **Quatre catégories**
- I. sur *quis*
- II. sur *unus*
- III. sur *uter*
- IV. *défectifs.*

**I. Quis et ses composés**
Se *déclinent* tous sur l'interrogatif *quis* (n. 109).
Les *suffixes* que, quam, dam etc. sont *invariables.*
Les *formes spéciales* seront signalées pour chacun.

1. **Aliquis.** Féminin singulier : aliqu **a**; Neutre pluriel : aliqu **a.**

| | | | | | | |
|---|---|---|---|---|---|---|
| PRON. | aliqu **is** | aliqu **a** | aliqu **id** | aliqu **i** | aliqu **ae** | aliqu **a** |
| ADJ. | aliqu **i** | aliqu **a** | aliqu **od** | aliqu **i** | aliqu **ae** | aliqu **a** |

2. **Quis.** Féminin singulier, Neutre pluriel : qu **ae** *ou* qu **a.**

| | | | | | | |
|---|---|---|---|---|---|---|
| PRON. | qu **is** | qu **ae,** qu **a** | qu **id** | qu **i** | qu **ae** | qu **ae,** qu **a** |
| ADJ. | qu **i** | qu **ae,** qu **a** | qu **od** | qu **i** | qu **ae** | qu **ae,** qu **a** |

3. **Quidam.** Accusatif singulier : qu**en**dam, qu**an**dam; Génitif pluriel : quor**un**dam, quar**un**dam.

| | | | | | | |
|---|---|---|---|---|---|---|
| PRON. | quidam | quaedam | qui**d**dam | quidam | quaedam | quaedam |
| ADJ. | quidam | quaedam | quo**d**dam | quidam | quaedam | quaedam |

4. **Quisquam.**

PRON. masc. quisquam; neutre qui**d**quam *ou* qui**c**quam.

Le féminin, le pluriel : sont suppléés par *ullus* (n. 115,2).

## Sens et emploi

Les indéfinis peuvent être **pronoms** ou **adjectifs** **113**
sauf *quisquam, nemo, nihil,* qui sont seulement *pronoms.*
Des indéfinis de même **sens** ne sont *pas interchangeables.*
Chacun a son **emploi** *particulier,* fixé par des règles.

Les 4 premiers ont le **même sens :**
*quelqu'un, quelque chose, quelque.*
Mais chacun a son **emploi propre.**
De même *quisque* et *unusquisque.*

1. **Aliquis.** Dans les propositions **affirmatives**
personne ou chose **réelle, mais indéterminée.**

| | |
|---|---|
| Mitte ad nos **aliquem.** | *Envoie-nous quelqu'un.* |
| **Aliqui** ex nostris prodeant. | *Que quelques-uns des nôtres s'avancent !* |

2. **Quis** s'emploie au lieu de *aliquis*
**après si, nisi, ne, num.**

Ne **quid** nimis ! (TER. And. 1,1,34).
*Rien de trop !* (pas d'excès !)
Si **quid** in te peccāvi (CIC. Att. 3,15,4).
*Si j'ai eu quelque tort envers toi.*
Si **quis** vult post me venīre.
*Si quelqu'un veut venir à ma suite.*

3. **Quidam** personne ou chose *réelle et déterminée*
mais **qu'on ne nomme pas,**
qu'on ne veut pas préciser.

*Quelqu'un, quelque chose, (un) certain.*
**Quidam** homines invīdent dignitāti tuae.
*Certains hommes sont jaloux de votre grandeur.*
Je sais qui, mais je ne les nomme pas.
**Quodam die,** *un jour, un certain jour.*
Que je sais, mais que je ne précise pas.

4. **Quisquam** (pronom) et **ullus** (adjectif) dans les propositions **négatives** ou interrogatives à sens négatif.

Sine **ullo** timōre. *Sans aucune crainte.*
Nec **quisquam** vēnit, nec **quidquam** vidi.
*Personne n'est venu et je n'ai rien vu.*
Estne **quidquam** patriā carius ?
*Est-il rien de plus cher que la patrie ?*

## Déclinaison

5. **Quisque.**

| | | | |
|---|---|---|---|
| Pron. | quisque | quaeque | quidque |
| Adj. | quisque | quaeque | quodque |

**Unusquisque.** Les deux parties se déclinent.

| | | | |
|---|---|---|---|
| Pron. | unusquisque | unaquaeque | unumquidque |
| Adj. | unusquisque | unaquaeque | unumquodque. |

G. uniuscuiusque
D. unicuīque etc.

6. **Quivis.**

| | | | |
|---|---|---|---|
| Pron. | quivis | quaevis | quidvis. |
| Adj. | quivis | quaevis | quodvis. |

7. **Quilibet.**

| | | | |
|---|---|---|---|
| Pron. | quilibet | quaelibet | quidlibet |
| Adj. | quilibet | quaelibet | quodlibet. |

---

112 1. Les formes **quis** et **qui**
sont parfois employées l'une pour l'autre.

Si **qui** equo deciderat (Caes. b. g. 1,48,6).
*Si quelqu'un était tombé de cheval.*

2. Comme on dit **si quis,** on dit **si quando**
au lieu de si aliquando, *si un jour.*

3. Comme en français, **un certain**
atténue parfois une expression hardie.

Furor **quidam,** *une sorte de folie.*

## Sens et emploi

5. **Quisque** et **unusquisque,** *chacun, chaque chose, chaque.*
**Quisque doit** être employé **après :**

a) Le **réfléchi** de la 3me personne,
pronom personnel ou adjectif possessif.

Pro **se quisque** tribuat.
*Que chacun donne selon ses moyens.*
**Suae quisque** fortūnae faber est.
*Chacun est l'artisan de sa propre fortune.*

b) Un **relatif,** un **interrogatif.**

**Quam quisque** nōrit artem, in hac se exerceat (CIC. Tusc. 1,41).
*Que chacun s'exerce dans l'art qu'il connaît !*
**Quid quisque** eōrum de **quāque** re audierit quaerunt (CAES. b. g. 4,5,2).
*Ils interrogent* (les voyageurs) *sur ce que chacun d'eux a appris de chaque affaire.*

c) Un **superlatif.**

**Optimus** et **gravissimus quisque.**
*Les meilleurs et les plus graves.*

d) Un **nombre ordinal.**

Decimus **quisque.**
*Un sur dix* (chaque fois le dixième).

| | | |
|---|---|---|
| 6. **Quivis** | qui tu veux | *n'importe qui,* |
| 7. **Quilibet** | qui te plaît | *n'importe quel.* |

---

**Récapitulation :** *quelqu'un, quelque chose, quelque.* **114**

| | |
|---|---|
| **aliquis** | réel, mais indéterminé |
| **quis** | hypothétique, après *si, nisi, ne, num* |
| **quidam** | déterminé, mais qu'on ne nomme pas |
| **quisquam** / **ullus** | inexistant, après une négation |

**115** II. **Se déclinent sur unus** (n. 83) et ont donc le génitif en **īus**
le datif en **i** :

| | | |
|---|---|---|
| 1. | unus | *un, un seul.* |
| | solus | *seul.* |
| | totus | *tout, tout entier.* |
| 2. | ullus | *quelque, aucun* (n.113,4). |
| | nullus | *aucun.* |
| | nonnullus | *quelque ; quelques-uns.* |
| 3. | alius | *un autre* (en parlant de plus de deux) |
| | neutre singulier : | ali**ud**. |
| | génitif ordinaire : | alter**ĭus** (emprunté à alter) |
| | alii ... alii ... | *les uns ..., les autres ...* |

**117** III. 1. **Se déclinent sur uter** (n. 109,II) :

| | |
|---|---|
| uter | *l'un ou l'autre.* |
| uterque | *l'un et l'autre.* |
| neuter | *ni l'un ni l'autre.* |

2. **alter** — *l'autre* (de deux)
se décline sur miser (n. 65) sauf le génitif : alter**ĭus**
le datif : alter**i**.

**119** IV. **Défectifs**

**Nemo,** *personne,* emprunte plusieurs cas à *nullus.*

**Nihil,** *rien,* supplée aux cas manquants par *nulla res.*

| | | |
|---|---|---|
| *N.* | nemo | nihil |
| *Acc.* | neminem | nihil |
| *G.* | nullīus | nullīus rei |
| *D.* | nemini | nulli rei |
| *Abl.* | nullo | nullā re |

Après **et,** on ne peut *pas* employer nemo, nihil, nullus.
Il faut traduire :

| | |
|---|---|
| *et personne* | **nec quisquam** |
| *et rien* | **nec quidquam** |
| *et aucun* | **neque ullus.** |

Attention au **génitif** et au **datif** ! **121**

| | | | | | |
|---|---|---|---|---|---|
| iste | ist **īus** | ist **i** | ullus | ull **īus** | ull **i** |
| ille | ill **īus** | ill **i** | nullus | null **īus** | null **i** |
| ipse | ips **īus** | ips **i** | uter | utr **īus** | utr **i** |
| unus | un **īus** | un **i** | uterque | utr **īus**que | utr **ī**que |
| solus | sol **īus** | sol **i** | alter | alter **ĭus** | alter **i** |
| totus | tot **īus** | tot **i** | alius | alter **ĭus** | ali **i** |

En latin, le **pronom réciproque** **122**
*les uns les autres, entre eux*
ne se construit jamais comme le pronom *réfléchi*.
Voici trois façons de le traduire :

1. **inter se.**

Cohortāti **inter se** (Caes. b. g. 4,25,5).
*S'étant encouragés les uns les autres.*
De potentātu **inter se** contendunt.
*Ils se disputent le pouvoir.*

2. **alius alium, alter alterum.**

**Alii alios** intuēri (Liv. 9,5,8).
*Ils se regardaient les uns les autres.*
Cum **aliis alii** subsidium ferrent (Caes. b. g. 2,26,2).
*Comme ils se prêtaient un mutuel secours.*
**Alter alterum** vidimus.
*Nous nous sommes vus l'un l'autre.*

3. **le nom répété.**

**Cives civibus** parcere aequum censēbat (Nep. Thras. 2).
*Il croyait juste que les citoyens s'épargnent les uns les autres.*

## 123 ON

Cinq façons de le traduire en latin :

1. Un **pronom indéfini.**

| | |
|---|---|
| **Aliquis** ostium pulsat. | *On frappe à la porte.* |
| Si **quis** vos interrogat. | *Si l'on vous interroge.* |
| **Nemo** dat quod non habet. | *On ne donne pas ce qu'on n'a pas.* |

2. La **3me personne du pluriel** de certains verbes.

| | |
|---|---|
| **Narrant.** | *On raconte.* |
| **Aiunt, dicunt.** | *On dit.* |
| **Ferunt, tradunt.** | *On rapporte.* |

3. Le **passif impersonnel** (n. 168).

| | |
|---|---|
| **Itur.** | *On va.* |
| Acriter **pugnātum est.** | *On combattit avec acharnement.* |

4. Le **passif personnel.**

| | |
|---|---|
| **Quaeritur** liber. | *On cherche un livre.* |
| **Audītur** strepitus. | *On entend du bruit.* |

Quae communiter **geruntur,** communiter **negleguntur.**
*Ce qu'on gère en commun, on le néglige en commun.*

5. La **2me personne du subjonctif.**

On s'adresse à un interlocuteur imaginaire (n. 337, 2 et 338,1)

**Crederes** victos (Liv. 2,43). *On aurait dit des vaincus.*
Memoria minuitur, nisi eam **exerceas** (Cic. sen. 21).
*La mémoire diminue, si on ne l'exerce pas.*

## 8. CORRÉLATIFS

I. **Notion.** Les corrélatifs sont : **125**

des adjectifs, des pronoms ou des adverbes
**d'espèces différentes :** interrogatifs, démonstr., relatifs, indéfinis
exprimant la **même idée :** qualité, grandeur, nombre, etc.
représentée par une **même racine :** ... *ali* ... *ant* ... *ot* ... etc.
commune à tous les corrélatifs de la même série.

EXEMPLE : la qualité.

| | | | |
|---|---|---|---|
| *Qualis ?* | — *Talis ...* | *qualis ...* | *Qualiscumque.* |
| Quel ? | — Tel ... | que ... | Quel que. |

II. Si l'on te demande l'**analyse** d'un mot,
ne réponds pas : « C'est un corrélatif. »

Et cela pour *deux raisons :*

1. D'abord, **on n'est jamais corrélatif tout seul.**
On ne dit pas : « C'est *un* semblable. »

Il s'agit de **couples** ou de **séries** de mots
qui **se correspondent,** pour le sens et pour la forme.
Ils s'appellent l'un l'autre.
A cause de ces *relations* entre eux,
on les appelle *corrélatifs.*
Mais *isolé,* un mot ne peut pas recevoir cette qualification.

2. D'ailleurs, **chaque mot garde sa valeur propre.**

{ *Tantus* est pronom ou adjectif DÉMONSTRATIF.
{ *Quantus* est pronom ou adjectif RELATIF.

On constate qu'ils *se correspondent* et l'on dit :
« Tantus et quantus sont *corrélatifs.* »

Mais cette qualification qu'on leur donne
ne change rien à **la nature de chacun.**

III. **Aspect matériel.** Le plus souvent :

| | |
|---|---|
| 1. les **démonstratifs** | commencent par **t** ... |
| 2. les **relatifs** | commencent par **qu** ... |
| 3. les **interrogatifs** | sont pareils aux relatifs : **qu ... ?** |
| 4. les **relatifs indéfinis** | = relatifs + cumque : **qu ... cumque.** |

Les adverbes **de lieu** (n. 139-140)
ne suivent pas la première règle
ne suivent pas tous la seconde.

IV. Il faut avoir grand soin de mettre
le **démonstratif,** en **t** ... dans la PRINCIPALE
le **relatif,** en **qu** ... dans la SUBORDONNÉE.

En français également, la subordonnée commence presque toujours par **que.** Regarde la colonne des *relatifs*.

**127** I. Quand le français **répète le même mot**
au début de deux membres de phrase,
c'est **la relative** que le latin met **d'abord.**

| | |
|---|---|
| *Tel* père, *tel* fils. | **Qualis** pater, talis filius. |
| *Autant de* têtes, *autant d'*avis. | **Quot** capita, tot sensus. |
| *Plus* il a soif, *plus* il boit. | **Quo** magis sitit, eo magis bibit. |

C'est logique : le premier membre est la SUBORDONNÉE.
**Parce que** tel est le père, tel sera le fils.
Mets en latin **qu** ... où tu peux dire **parce que.**

II. Les **groupes de corrélatifs**
Un même mot français, par exemple
*quel, combien, tant de, autant*
peut avoir **plusieurs sens différents.**

Ainsi le mot *quel* n'exprime pas souvent la qualité en français. Quel est ton métier ? Quelle heure est-il ?

Avant de traduire en latin de pareils mots :

1. réfléchis à *quel sens* tu as affaire
2. consulte la *première colonne* du tableau
3. choisis *le groupe* qui correspond à ce sens
4. lis alors le tableau *horizontalement.*

| | |
|---|---|
| III. **nombre** | combien de pommes as-tu ? |
| **quantité** | combien d'eau dans le vin ? |
| **intensité** | combien il a changé ! |
| **identité** | quel est ton nom ? |
| **qualité** | quelle sorte de tissu ? |
| **grandeur** | quel courage il a montré ! |

IV. En latin comme en français,
le même mot sert d'interrogatif et d'**exclamatif.**

**Quelle** magnifique auto !
**Combien** je l'ai regretté !

La seconde colonne du tableau pourrait donc s'intituler : INTERROGATIFS et EXCLAMATIFS.

---

**Ne pas confondre :** **128**

| COMPARATIVE | | CONSÉCUTIVE | |
|---|---|---|---|
| verbe à l'**indicatif** (n. 387) | | verbe au **subjonctif** (n. 405) | |
| ita ut | *ainsi que* | ita ut | *tellement que* |
| tantum quantum | *autant que* | tantum ut | *tellement que* |
| tantus quantus | *aussi grand que* | tantus ut | *si grand que.* |
| **Quantum** potes, **tantum** aude. | | **Tantum** comēdit, **ut** aegrōtet. | |
| *Ose autant que tu le peux.* | | *Il a tant mangé qu'il est malade.* | |

## CORRÉLATIFS LES PLUS FRÉQUENTS

### Pronoms et adjectifs

129 Ce tableau doit être lu **horizontalement.**

| | | **Interrogatifs** | **Démonstratifs** | **Relatifs** |
|---|---|---|---|---|
| 1 | Identité | QUIS ?<br>qui ? lequel ? | IS<br>celui | QUI<br>qui |
| 2 | Qualité | QUALIS ?<br>quel ? de quelle sorte ? | TALIS<br>tel | QUALIS<br>que |
| 3 | Grandeur | QUANTUS ?<br>quel ? combien grand ? | TANTUS<br>aussi grand | QUANTUS<br>que |
| 4 | Nombre | QUOT ?<br>combien de ? | TOT<br>autant de | QUOT<br>que de |
| 5 | Quantité | QUANTUM ?<br>combien de ? | TANTUM<br>autant de | QUANTUM<br>que de |

130 I. Les corrélatifs des *trois premiers groupes* **se déclinent.**
Chacun aura donc le *genre*, le *nombre* et le *cas* requis par sa fonction dans la proposition où il se trouve.

**Tantae** sunt eius divitiae **quantas** dixisti.
*Ses richesses sont aussi grandes que tu l'as dit.*

II. Les corrélatifs du *quatrième groupe* (NOMBRE) sont **invariables** :
*Quot ? — Tot ... quot*
et l'indéfini *aliquot*, quelques, quelques-uns.

III. Quant aux corrélatifs du *cinquième groupe* (QUANTITÉ), il s'agit de **pronoms neutres** à l'accusatif. Ils sont **indéclinables.** Ils sont souvent accompagnés d'un *complément déterminatif* au *génitif* (n. 217,5).

**Tantum** aquae **quantum** vini. *Autant d'eau que de vin.*

131

1. **Is** bene amat **qui** bene castīgat.
*Celui-là aime bien, qui châtie bien.*
**Quis** fecit ? — **Is** fecit **cui** prodest.
*Qui a fait cela ? — Celui à qui la chose profite.*

2. **Qualis** pater, **talis** filius. *Tel père, tel fils.*
**Qualis** vita, **talis** mors. *Telle vie, telle mort.*
**Tales** sunt **quales** dicis. *Ils sont tels que tu le dis.*

3. **Quantus** labor, **tanta** merces. *Tel travail, tel salaire.*
**Tanta** est poena **quanta** culpa.
*Le châtiment est aussi grand que la faute.*

4. **Tot** viri **quot** mulieres. *Autant d'hommes que de femmes.*
**Quot** capita, **tot** sensus. *Autant de têtes, autant d'avis.*
**Tot** discipuli **quot** praeterito anno.
*Autant d'élèves que l'an dernier.*

5. **Tantum** bibit, **quantum** sitit. *Il boit autant qu'il a soif.*
**Tantum** auri, **quantum** argenti. *Autant d'or que d'argent.*

---

132

1. **Ei qui** vicerit dabo praemium.
*A celui qui aura remporté la victoire, je donnerai le prix.*

2. Erat **talis qualem** te esse video (Cic. Mur. 32).
*Il était tel que je te vois.*

3. **Tanto** erat ingenio **quantum** nunquam ante videram.
*C'était un homme d'un tel talent que je n'en avais jamais vu de pareil.*

4. **Tot** mala sum passus **quot** in aethere sidera lucent (Ov. Trist. 1,5,7).
*J'ai souffert autant de maux qu'il brille d'étoiles au firmament.*
Nemo **tot** et **tantas** res optāvit **quot** et **quantas** dii immortāles ad Pompeium detulērunt.
*Nul n'a souhaité recevoir tant et de si grandes faveurs que les dieux immortels en ont accordé à Pompée.*

5. **Tantum** habēmus otii **quantum** iam diu nobis non contigit (Cic. de orat. 1,164).
*Nous avons du loisir comme nous n'avons pas eu la chance d'en avoir depuis longtemps.*

### Adverbes de manière et d'intensité

133

| | | Interrogatifs | Démonstratifs | Relatifs |
|---|---|---|---|---|
| 1 | Manière | QUOMODO ?<br>comment ? | ITA, SIC<br>ainsi | UT<br>que, comme |
| 2 | Intensité<br>+ **verbe** | QUANTUM ?<br>combien ?<br>à quel point ? | TANTUM<br>autant | QUANTUM<br>que |
| 3 | Intensité<br>+ **adjectif**<br>**adverbe** | QUAM ?<br>combien ?<br>à quel point ? | TAM<br>aussi | QUAM<br>que |
| 4 | Intensité<br>+ **comparatif**<br>adjectif<br>adverbe | QUO ?<br>QUANTO ?<br>(de) combien ?<br>dans quelle mesure ? | EO<br>TANTO<br>d'autant | QUO<br>QUANTO<br>que |

DISTINGUE NETTEMENT :

I. L'emploi des corrélatifs **devant**
- un *nom* — n. 129
- un *verbe* — n. 133,2
- **un** *positif* / un *comparatif* — adjectif ou adverbe.

II. **Tantum quantum**
- *quantité* n. 129,5 — pronom neutre + *génitif partitif*
- *intensité* n. 133,2 — adverbe devant *un verbe.*

---

134 1. Au lieu de *ut,* on trouve aussi **ŭti**
à ne pas confondre avec *ūti, se servir de.*
2. On rencontre, au lieu de
*Quantum ? — Tantum ... quantum :*
**Quantopere ? — Tantopere ... quantopere.**
3. Le quatrième groupe marque la **mesure de la différence** (n. 230,4 et 5).
**Quo** magis, **eo** melius. *Tant plus, tant mieux !*
L'*analyse complète* de **eo** sera :
adverbe démonstratif d'intensité
marquant la mesure de la différence
devant l'adverbe au comparatif *melius.*

1. **Quomodo** fecisti ? — **Ita** feci **ut** volēbas. **135**
*Comment as-tu fait ? — J'ai fait comme tu le voulais.*
Cum amīco **sic** audes loqui **ut** tecum.
*A un ami tu oses parler comme à toi-même.*
**Ita** instruxit exercitum **ut** loci natūra postulābat.
*Il disposa son armée comme l'exigeait la nature du terrain.*

2. **Quantum** labōrat ? — **Tantum** labōrat **quantum** potest.
*Comment travaille-t-il ? — Il travaille autant qu'il peut.*
**Tantum** utendum est creatūris **quantum** nos ducunt ad finem.
*Il faut se servir des créatures dans la mesure où elles nous mènent à notre fin.*
**Quantum** eminet caelum super terram, **tantum** praevalet misericordia eius erga timentes eum.
**Quantum** distat oriens ab occidente, **tam** longe removet a nobis delicta nostra (Psaume 102).
*Autant les cieux sont élevés au-dessus de la terre, autant prévaut sa miséricorde envers ceux qui le craignent. Autant l'orient est loin de l'occident, autant il éloigne de nous nos fautes.*

3. **Tam** fortis est **quam** prudens.
*Il est aussi courageux que prudent.*
Magister **tam** iustus **quam** sevērus.
*Un maître aussi juste que sévère.*
**Tam** iuste **quam** sevēre punit.
*Il punit avec autant de justice que de sévérité.*
Quid est oratōri **tam** necessarium **quam** vox ? (Cic. de Or. 1,251).
*Quoi d'aussi nécessaire à l'orateur que la voix ?*

4. a) **Eo** rapidior **quo** levior.
*D'autant plus rapide qu'il est plus léger.*
**Quo** citius, **eo** melius. *Plus vite ça ira, tant mieux !*
Aetas, **quo** diuturnior, **eo** venerabilior.
*Plus l'âge est avancé, plus il est vénérable.*
b) **Tanto** clarior est victoria **quanto** maius fuit periculum.
*La victoire est d'autant plus glorieuse que plus grand fut le danger.*
**Quanto** erat gravior oppugnatio, **tanto** crebriōres litterae ad Caesarem mittebantur (Caes. b. g. 5,45,1).
*Plus le siège devenait pénible, plus fréquentes étaient les lettres qu'on envoyait à César.*
**Quanto** erit maius aedificium, **tanto** altius fodit fundamentum (S. Augustin).
*Plus grand doit être l'édifice, plus profondes les fondations.*

**Adverbes de temps**

137

| | | Interrogatifs | Démonstratifs | Relatifs |
|---|---|---|---|---|
| 1 | Époque | QUANDO ? quand ? | TUM, TUNC alors | CUM que, quand |
| 2 | Durée | QUAMDIU ? combien de temps ? | TAMDIU aussi longtemps | QUAMDIU que |
| 3 | Fréquence | QUOTIES ? combien de fois ? | TOTIES autant de fois | QUOTIES que |

1. **Quando** veniet ? — **Tunc** veniet **cum** vocātus erit.
   *Quand viendra-t-il ? — Il viendra quand on l'appellera.*
2. **Quamdiu** vives, **tamdiu** tibi laborandum erit.
   *Tant que tu vivras, il te faudra travailler.*
   **Tamdiu** requiesco **quamdiu** ad te scribo (CIC. Att. 9,4,1).
   *Le temps que je passe à t'écrire est un repos pour moi.*
3. **Quoties** mentītus eris, **toties** puniēris.
   *Chaque fois que tu mentiras, tu seras puni.*
   **Quoties** volueris, veni Romam.
   *Viens à Rome aussi souvent que tu le veux.*
   **Quoties** dico, **toties** mihi videor in iudicium venīre.
   *Chaque fois que je prends la parole, j'ai l'impression de paraître en jugement.*

---

138 I. On écrit parfois : Quotiens ? — Totiens ... quotiens.

II. La plupart des corrélatifs (adjectifs, pronoms ou adverbes) forment des **relatifs indéfinis** en ajoutant **cumque** au relatif.

| | |
|---|---|
| quicumque | *qui que ce soit qui* |
| qualiscumque | *quel que* |
| quotiescumque | *toutes les fois que* |
| ubicumque | *partout où.* |

III. En ajoutant **ali** au début du relatif, on forme des **indéfinis.**

| | |
|---|---|
| aliquot | *quelques* |
| aliquando | *un jour* |
| aliquo | *quelque part* (mouvement). |

IV. Ce chapitre ne peut fournir une liste complète des *pronoms* et des *adverbes* latins. Consulte ton **Vocabulaire.**

## Adverbes de lieu

139

| | | Interrogatifs | Démonstratifs | Relatifs |
|---|---|---|---|---|
| 1 | Situation | UBI ? où ? | IBI là | UBI où |
| 2 | Entrée, direction | QUO ? où ? | EO là | QUO où |
| 3 | Sortie | UNDE ? d'où ? | INDE de là | UNDE d'où |
| 4 | Traversée, passage | Quā par où ? | Eā par là | Quā par où |

1. **Ubi** thesaurus vester est, **ibi** et cor vestrum erit.
*Où est votre trésor, là aussi sera votre cœur.*
2. **Eo** aliquando ibis **quo** maiōres iērunt.
*Un jour tu iras là où sont allés tes ancêtres.*
3. **Unde** venis, bone iuvenis ? — **Inde** venio **unde** exīvit **familia tua.**
*D'où viens-tu, bon jeune homme ? — Je viens du pays d'où sortit ta famille.*
4. **Quācumque** iter fecit, **eā** calamitas pervadere videbātur.
*Partout où il a passé, un fléau semblait déferler.*

---

I. Questions de lieu. Voir **Syntaxe** (n. 277-297). 140

II. Les **démonstratifs** forment des *adverbes* répondant à chacune des questions *de lieu.*

| | Ubi ? | Quo ? | Unde ? | Quā ? |
|---|---|---|---|---|
| HIC | hic | huc | hinc | hac |
| ISTE | istic | istuc, isto | istinc | istac |
| ILLE | illic | illuc, illo | illinc | illac |

# LE VERBE

## 1. NOTIONS GÉNÉRALES

**141** 1. Le latin, comme le français,
a deux **voix** { la voix **active** / la voix **passive.**
et distingue { verbes **transitifs** / verbes **intransitifs.**

2. Certains verbes ont { les *formes du passif* / et le *sens actif.*
On les appelle **déponents** (n. 171-177).

**142** 1. Le latin a les **modes** du français, sauf le *conditionnel.*
On y supplée par le subjonctif.

2. L'**impératif** n'a pas de *première personne du pluriel.*
On y supplée par celle du subjonctif présent.
Il a en outre un **impératif futur,** qui est peu employé.
L'impératif **passif** est rare.

3. Le latin a, de plus, trois modes :
le **supin**
le **gérondif**
l'**adjectif verbal.**

**143** 1. Le **supin** est à l'origine *un nom verbal* de la *quatrième déclinaison.*
Il a gardé deux cas { I. Accusatif **-um** / II. Ablatif **-u.**

2. Chacun des deux a son **emploi,** qu'on verra en *Syntaxe :*
{ I. : n. 404,I,6.
{ II. : n. 228,I.

3. Sur le *radical du supin* sont construits :
le participe futur
l'infinitif futur
le participe parfait passif.

**144** **Le gérondif** sert de *déclinaison à l'infinitif.*

| | |
|---|---|
| Accusatif | **-ndum** |
| Génitif | **-ndi** |
| Datif | **-ndo** |
| Ablatif | **-ndo.** |

L'accusatif est toujours précédé de **ad.**
Le gérondif appartient à la *voix active.*

**145**

I. L'**adjectif verbal** en *-ndus, -nda, -ndum* appartient à la *voix passive.*

II. Il a **deux emplois,** qu'il ne faut pas confondre (n. 419) :

1. Aux cas du *sujet,* il marque **l'obligation.**
   **Delenda** Carthāgo. *Il faut détruire Carthage !*

2. Il **remplace** souvent **le gérondif** quand celui-ci devrait être accompagné d'un complément d'objet direct à l'accusatif.
   L'adjectif verbal n'a, dans ce cas, *aucune idée d'obligation.*
   Ad **legendos** libros. *Pour lire des livres.*
   Cupidus **videndae** urbis. *Désireux de voir la ville.*

III. Comme les participes, l'adjectif verbal **se décline.** Il suit la déclinaison de *bonus.*

**146**

I. Suivant la manière dont on considère l'action, les **temps** se répartissent en *deux groupes :*

1. Si l'on considère l'action *en cours, non achevée,* on a les temps de l'**action non accomplie :** présent, imparfait, futur.

2. Si l'on considère l'action comme *achevée,* on a les temps de **l'action accomplie :** parfait, plus-que-parfait, futur antérieur.
   Les premiers occupent *le haut* des tableaux de conjugaison.
   Les seconds occupent *le bas* des tableaux de conjugaison.

   Les temps de l'action **non accomplie** sont construits, *aux deux voix,* sur le radical du **présent.**
   Ceux de l'action **accomplie** sont construits
   { à l'*actif* sur le radical du **parfait**
   { au *passif* sur le radical du **supin.**

| | ACTIF | PASSIF |
|---|---|---|
| Action non accomplie | ***ama-*** | |
| Action accomplie | ***amav-*** | ***amat-*** |

II. Par rapport à l'**instant de la parole,** les temps de chaque groupe se situent *pendant - avant - après.*
Ces deux considérations réunies donnent le tableau suivant :

| **Moment** | **Action non accomplie** | **Action accomplie** |
|---|---|---|
| *Présent* | présent | parfait |
| *Passé* | imparfait | plus-que-parfait |
| *Avenir* | futur simple | futur antérieur |

147 Le **parfait** latin correspond à *trois temps* du français :

passé simple *il travailla*
passé composé *il a travaillé*
passé antérieur (quand) *il eut travaillé.*

Dans les 3 cas, le latin dit **laborāvit.**

148 **Temps primitifs.** On appelle ainsi :

l'*indicatif présent*
l'*indicatif parfait*
le *supin*

parce que de ces temps on fait dériver tous les autres.
On y joint d'ordinaire l'infinitif.

149 Il t'arrive de **démonter** un appareil
pour en connaître le mécanisme.
Il est aussi utile de mettre une forme verbale
*en pièces détachées*
pour savoir le *nom* de chacune
et être capable de *reconstruire* la forme.
Prenons **amavimus,** *nous avons aimé.*
Tu y trouveras successivement :

1. **ama-**

C'est le **radical** du verbe,
ce qu'il a de plus *fondamental*
et qui restera toujours là,
quels que soient les temps, les modes, les personnes.
C'est le *tronc* de l'arbre
auquel viendront s'ajouter branches et feuilles.
Il exprime *l'idée même* du verbe.
Ici, l'idée d'*aimer.*

2. **amav-**

C'est le **radical temporel** du parfait.
Il se trouvera dans toutes les formes du parfait et des temps qui en dérivent : parfait, plus-que-parfait, futur antérieur.
*Parfois* le radical temporel est *identique* au radical verbal.
*Ordinairement* il est formé par le radical verbal + *un suffixe.*
Ici, par exemple : ama + le suffixe v.
Le suffixe est *caractéristique* de certains temps.

Ainsi **ba** pour l'*imparfait*
**bi** pour le *futur.*

3. amav **imus**

La **terminaison** est l'ensemble des lettres mobiles qu'on ajoute au radical temporel pour former les modes et les personnes.
Elle comprend souvent deux parties distinctes :

a) une **voyelle de liaison.** Ici **i** amav **i** mus.

b) la **désinence** personnelle. Ici **mus** amav **i** **mus.**

**Désinences personnelles.** Indicatif et subjonctif. **150**

Seul l'*indicatif parfait actif* a des désinences particulières.

| PERSONNES | ACTIF | PASSIF | PARFAIT |
|---|---|---|---|
| *Singulier* 1re | **-o** ou **-m** | **-or** ou **-r** | **-i** |
| 2me | **-s** | **-ris** | **-isti** |
| 3me | **-t** | **-tur** | **-it** |
| *Pluriel* 1re | **-mus** | **-mur** | **-imus** |
| 2me | **-tis** | **-mini** | **-istis** |
| 3me | **-nt** | **-ntur** | **-ērunt** |

On trouve aussi :

**-re** au lieu de **-ris** 2me pers. sing. du passif.
**-ēre** au lieu de **-ērunt** 3me pers. plur. du parfait.

## 2. ESSE, ÊTRE

151 I. Ce verbe est **irrégulier.**

1. Il est construit sur **deux radicaux :**

a) Celui du présent, qui a 2 degrés :

degré normal : **es**
degré réduit : **s.**

Entre voyelles *s* devient *r*, d'où **er.**

b) Celui du parfait : **fu.**

2. Il lui **manque** des modes et des temps : *participe futur, gérondif* et *supin.*

II. **Sa place** est pourtant *avant* la conjugaison régulière. En effet :

1. C'est le verbe *le plus employé* de la langue latine.
2. Il est l'*auxiliaire de la voix passive* aux temps de l'action accomplie.

III. Ce verbe a un second **imparfait du subjonctif** moins usité que *essem.*

Voici les formes qu'on rencontre :

| | |
|---|---|
| SINGULIER | 1 forem |
| | 2 fores |
| | 3 foret |
| PLURIEL | 3 forent. |

Comparer avec le second infinitif futur : **fore.**

IV. Les **composés** de *esse* se trouvent au n. 178.

| | Indicatif | Subjonctif | Impératif | Infinitif | Participe |
|---|---|---|---|---|---|
| PRÉSENT | *je suis*<br>su **m**<br>es<br>es **t**<br>su **mus**<br>es **tis**<br>su **nt** | cum + subj.<br>...que je sois<br>si **m**<br>si **s**<br>si **t**<br>si **mus**<br>si **tis**<br>si **nt** | *sois*<br>es<br>es **te** | *être*<br>es **se** | |
| IMPARFAIT | *j'étais*<br>er **a m**<br>er **a s**<br>er **a t**<br>er **ā mus**<br>er **ā tis**<br>er **a nt** | cum + subj.<br>es **se m**<br>es **se s**<br>es **se t**<br>es **sē mus**<br>es **sē tis**<br>es **se nt** | trad: alors que j'étais... | | |
| FUTUR | *je serai*<br>er **o**<br>er **i s**<br>er **i t**<br>er **i mus**<br>er **i tis**<br>er **u nt** | | *sois*<br>es **to**<br>es **tōte** | (je dis) *que je serai*<br>**futūrum am, um esse**<br>ou **fore** | *qui sera*<br>**futūrus, a, um** |
| PARFAIT | *j'ai été, je fus*<br>fu **i**<br>fu **isti**<br>fu **it**<br>fu **imus**<br>fu **istis**<br>fu **ērunt** | ...que j'aie été<br>fu **eri m**<br>fu **eri s**<br>fu **eri t**<br>fu **eri mus**<br>fu **eri tis**<br>fu **eri nt** | | *avoir été*<br>fu **isse** | |
| PLUS-QUE-PARFAIT | *j'avais été*<br>fu **era m**<br>fu **era s**<br>fu **era t**<br>fu **erā mus**<br>fu **erā tis**<br>fu **era nt** | ...que j'avais été<br>fu **isse m**<br>fu **isse s**<br>fu **isse t**<br>fu **issē mus**<br>fu **issē tis**<br>fu **isse nt** | | | |
| FUTUR ANTÉRIEUR | *j'aurai été*<br>fu **er o**<br>fu **eri s**<br>fu **eri t**<br>fu **eri mus**<br>fu **eri tis**<br>fu **eri nt** | | | | |

## 3. LES QUATRE CONJUGAISONS

**153** I. On appelle **réguliers** les verbes qui se conjuguent comme **amāre, monēre, legĕre, audīre.**
A la conjugaison régulière se rattachent les verbes *déponents.*

II. On reconnaît les **quatre conjugaisons** régulières aux terminaisons suivantes :
1. *infinitif présent* actif
2. *1re et 2me personnes du singulier* de l'indicatif présent actif.

| Conjugaison | Infinitif présent | | Indicatif présent | | | | | |
|---|---|---|---|---|---|---|---|---|
| 1re | **āre** | amā **re** | **o** | **ās** | am | **o** | am | **ās** |
| 2me | **ēre** | monē **re** | **eo** | **ēs** | mon | **eo** | mon | **ēs** |
| 3me | **ĕre** | leg **ĕ re** | **o** | **ĭs** | leg | **o** | leg | **ĭs** |
| 4me | **īre** | audī **re** | **io** | **īs** | aud | **io** | aud | **īs** |

III. 1. Les 1re, 2me et 4me conjugaisons ont le radical terminé par **une voyelle longue.**
2. a) Celui de la 3me est d'ordinaire terminé par **une consonne.**
b) Mais une *voyelle de liaison* y est intercalée à certains temps entre le radical et la désinence : leg **i** s, leg **i** mus. On l'appelle **voyelle thématique,** parce qu'elle se joint au *thème,* c'est-à-dire au radical du verbe.

IV. A la quatrième conjugaison se rattache la conjugaison de **capere (4me bis)**. Voir n. 163-165.

V. Puisqu'elle sert à distinguer les conjugaisons, l'*avant-dernière syllabe de l'infinitif* est spécialement importante, surtout dans les verbes en **ēre** et **ĕre.**

| | | | |
|---|---|---|---|
| 2me | monē | re | longue et accentuée |
| 3me | lég ĕ | re | toujours brève, non accentuée |
| 4me bis | cápĕ | re | accent sur l'antépénultième. |

VI. **Les quatre conjugaisons n'en font plus qu'une aux temps de l'action accomplie**
(partie inférieure des tableaux).
Une fois connu le radical du parfait,
*tous les verbes, réguliers et irréguliers,*
forment de même les autres temps
et ont les mêmes terminaisons.

**154**

I. Pour **tous** les verbes, réguliers et irréguliers,
il y a un **parallélisme constant** entre :

| | | | | | |
|---|---|---|---|---|---|
| a) | *infinitif présent* | esse | amāre | audīre | velle |
| | *subjonctif imparfait* | essem | amārem | audīrem | vellem |
| b) | *infinitif parfait* | fuisse | amavisse | audivisse | voluisse |
| | *subj. plus-que-parfait* | fuissem | amavissem | audivissem | voluissem. |

II. L'**infinitif futur passif**, peu employé, réunit deux formes :

1. le **supin I,** *invariable* (n. 404,I,6)

2. **iri**, infinitif passif de ire, *aller* (n. 187-189).

III. 1. **Il manque** des temps au **participe** :

a) le participe parfait actif — *ayant aimé*

b) le participe présent passif — *étant aimé.*

2. D'autre part, comment exprimer au **passif**

a) les verbes *déponents* — *ils sont oubliés*

b) les *intransitifs* latins — *il était envié ?*

Pour la manière de *suppléer* à ces formes verbales,
voir la **Stylistique** (n. 491).

IV. 1. C'est volontairement que la **traduction** a été **omise** à certains *modes.*
Ne donner qu'un équivalent français
fausserait les idées en limitant le choix.
Traduire par exemple **amārem** par *que j'aimasse,* ce serait ne tenir aucun compte des *multiples emplois du subjonctif* imparfait.
Il va de soi qu'un tableau de conjugaison ne peut mettre cinq traductions pour un temps ; s'il n'en met qu'une, il semble exclure les quatre autres.
L'étude progressive des règles de **Syntaxe** te familiarisera avec ces emplois.

2. De même il semble difficile d'exprimer en deux mots
les emplois du **supin** (n. 228,I ; 404,I,6)
et de l'**adjectif verbal** (n. 419).

Tout sauf gérondif !



| | **Indicatif** | **Subjonctif** | **Impératif** | **Infinitif** | **Participe** |
|---|---|---|---|---|---|
| PRÉSENT | *j'aime*<br>am **o**<br>ama **s**<br>ama **t**<br>amā **mus**<br>amā **tis**<br>ama **nt** | ... que j'aime<br>ame **m**<br>ame **s**<br>ame **t**<br>amē **mus**<br>amē **tis**<br>ame **nt** | *aime*<br>ama<br>amā **te** | *aimer*<br>amā **re** | *aimant*<br>ama **ns**<br>ama **ntis** |
| IMPARFAIT | *j'aimais*<br>amā **ba m**<br>amā **ba s**<br>amā **ba t**<br>ama **bā mus**<br>ama **bā tis**<br>amā **ba nt** | cum + subj. alors que j'aimais<br>amā **re m**<br>amā **re s**<br>amā **re t**<br>ama **rē mus**<br>ama **rē tis**<br>amā **re nt** | | | |
| FUTUR | *j'aimerai*<br>amā **b o**<br>amā **bi s**<br>amā **bi t**<br>ama **bi mus**<br>ama **bi tis**<br>amā **bu nt** | | *aime*<br>amā **to**<br>ama **tōte** | (je dis) *que j'aimerai*<br>amat **ūrum, am, um esse** | *qui aimera*<br>amat **ūrus, a, um** |
| PARFAIT | *j'ai aimé, j'aimai*<br>amāv **i**<br>amav **isti**<br>amāv **it**<br>amav **imus**<br>amav **istis**<br>amav **ērunt** | que j'aie aimé<br>amav **eri m**<br>amav **eri s**<br>amav **eri t**<br>amav **eri mus**<br>amav **eri tis**<br>amav **eri nt** | | *avoir aimé*<br>amav **isse** | |
| PLUS-QUE-PARFAIT | *j'avais aimé*<br>amav **era m**<br>amav **era s**<br>amav **era t**<br>amav **erā mus**<br>amav **erā tis**<br>amav **era nt** | alors que j'avais aimé<br>amav **isse m**<br>amav **isse s**<br>amav **isse t**<br>amav **issē mus**<br>amav **issē tis**<br>amav **isse nt** | | | |
| FUTUR ANTÉRIEUR | *j'aurai aimé*<br>amav **er o**<br>amav **eri s**<br>amav **eri t**<br>amav **eri mus**<br>amav **eri tis**<br>amav **eri nt** | | | | |

| **Gérondif** | | **Supin** |
|---|---|---|
| *Acc.* | ama **ndum** | I. amāt **um** |
| *G.* | ama **ndi** | |
| *D.* | ama **ndo** | II. amāt **u** |
| *Abl.* | ama **ndo** | |

**Amo, -as, amāvi, amātum, amāre.** 

| | Indicatif | Subjonctif | Impératif | Infinitif | Participe |
|---|---|---|---|---|---|
| PRÉSENT | *je suis aimé*<br>am **or**<br>amā **ris**<br>amā **tur**<br>amā **mur**<br>ama **mini**<br>ama **ntur** | ame **r**<br>amē **ris**<br>amē **tur**<br>amē **mur**<br>ame **mini**<br>ame **ntur** | *sois aimé*<br>amā **re**<br>ama **mini** | *être aimé*<br>amā **ri** | |
| IMPARFAIT | *j'étais aimé*<br>amā **ba r**<br>ama **bā ris**<br>ama **bā tur**<br>ama **bā mur**<br>ama **ba mini**<br>ama **ba ntur** | amā **re r**<br>ama **rē ris**<br>ama **rē tur**<br>ama **rē mur**<br>ama **re mini**<br>ama **re ntur** | | | |
| FUTUR | *je serai aimé*<br>amā **b or**<br>ama **be ris**<br>ama **bi tur**<br>ama **bi mur**<br>ama **bi mini**<br>ama **bu ntur** | | | (je dis) *que je serai aimé*<br>amāt **um**<br>**iri** | |
| PARFAIT | *j'ai été, je fus aimé*<br>amāt **us** a, um { **sum**, **es**, **est**<br>amāt **i** ae, a { **sumus**, **estis**, **sunt** | amāt **us** a, um { **sim**, **sis**, **sit**<br>amāt **i** ae, a { **simus**, **sitis**, **sint** | | *avoir été aimé*<br>amāt **um,**<br>**am, um esse** | *aimé*<br>amāt **us,**<br>**a, um** |
| PLUS-QUE-PARFAIT | *j'avais été aimé*<br>amāt **us** a, um { **eram**, **eras**, **erat**<br>amāt **i** ae, a { **erāmus**, **erātis**, **erant** | amāt **us** a, um { **essem**, **esses**, **esset**<br>amāt **i** ae, a { **essēmus**, **essētis**, **essent** | | | |
| FUTUR ANTÉRIEUR | *j'aurai été aimé*<br>amāt **us** a, um { **ero**, **eris**, **erit**<br>amāt **i** ae, a { **erimus**, **eritis**, **erunt** | | | | **Adjectif verbal**<br>ama **ndus,**<br>**a, um** |

| | Indicatif | Subjonctif | Impératif | Infinitif | Participe |
|---|---|---|---|---|---|
| PRÉSENT | *j'avertis*<br>mone **o**<br>mone **s**<br>mone **t**<br>monē **mus**<br>monē **tis**<br>mone **nt** | mone **a m**<br>mone **a s**<br>mone **a t**<br>mone **ā mus**<br>mone **ā tis**<br>mone **a nt** | *avertis*<br>mone<br>monē **te** | *avertir*<br>monē **re** | *avertissant*<br>mone **ns**<br>mone **ntis** |
| IMPARFAIT | *j'avertissais*<br>monē **ba m**<br>monē **ba s**<br>monē **ba t**<br>mone **bā mus**<br>mone **bā tis**<br>monē **ba nt** | monē **re m**<br>monē **re s**<br>monē **re t**<br>mone **rē mus**<br>mone **rē tis**<br>monē **re nt** | | | |
| FUTUR | *j'avertirai*<br>monē **b o**<br>monē **bi s**<br>monē **bi t**<br>mone **bi mus**<br>mone **bi tis**<br>monē **bu nt** | | *avertis*<br>monē **to**<br>mone **tōte** | (je dis) *que j'avertirai*<br>monit **ūrum, am, um esse** | *qui avertira*<br>monit **ūrus, a, um** |
| PARFAIT | *j'ai averti, j'avertis*<br>monu **i**<br>monu **isti**<br>monu **it**<br>monu **imus**<br>monu **istis**<br>monu **ērunt** | monu **eri m**<br>monu **eri s**<br>monu **eri t**<br>monu **eri mus**<br>monu **eri tis**<br>monu **eri nt** | | *avoir averti*<br>monu **isse** | |
| PLUS-QUE-PARFAIT | *j'avais averti*<br>monu **era m**<br>monu **era s**<br>monu **era t**<br>monu **erā mus**<br>monu **erā tis**<br>monu **era nt** | monu **isse m**<br>monu **isse s**<br>monu **isse t**<br>monu **issē mus**<br>monu **issē tis**<br>monu **isse nt** | | | |
| FUTUR ANTÉRIEUR | *j'aurai averti*<br>monu **er o**<br>monu **eri s**<br>monu **eri t**<br>monu **eri mus**<br>monu **eri tis**<br>monu **eri nt** | | | | |

| Gérondif | | Supin |
|---|---|---|
| *Acc.* | mone **ndum** | I. monit **um** |
| *G.* | mone **ndi** | |
| *D.* | mone **ndo** | II. monit **u** |
| *Abl.* | mone **ndo** | |

**Moneo, -es, monui, monitum, monēre.** PASSIF **158**

| | Indicatif | Subjonctif | Impératif | Infinitif | Participe |
|---|---|---|---|---|---|
| PRÉSENT | *je suis averti*<br>mone **or**<br>monē **ris**<br>monē **tur**<br>monē **mur**<br>mone **mini**<br>mone **ntur** | mone **a r**<br>mone **ā ris**<br>mone **ā tur**<br>mone **ā mur**<br>mone **a mini**<br>mone **a ntur** | *sois averti*<br>monē **re**<br>mone **mini** | *être averti*<br>monē **ri** | |
| IMPARFAIT | *j'étais averti*<br>monē **ba r**<br>mone **bā ris**<br>mone **bā tur**<br>mone **bā mur**<br>mone **ba mini**<br>mone **ba ntur** | monē **re r**<br>mone **rē ris**<br>mone **rē tur**<br>mone **rē mur**<br>mone **re mini**<br>mone **re ntur** | | | |
| FUTUR | *je serai averti*<br>monē **b or**<br>mone **be ris**<br>mone **bi tur**<br>mone **bi mur**<br>mone **bi mini**<br>mone **bu ntur** | | | (je dis) *que*<br>*je serai averti*<br>monit **um**<br>**iri** | |
| PARFAIT | *j'ai été,*<br>*je fus averti*<br>monit **us**, a, um { **sum**, **es**, **est**<br>monit **i**, ae, a { **sumus**, **estis**, **sunt** | monit **us**, a, um { **sim**, **sis**, **sit**<br>monit **i**, ae, a { **simus**, **sitis**, **sint** | | *avoir été*<br>*averti*<br>monit **um,**<br>**am, um esse** | *averti*<br>monit **us,**<br>**a, um** |
| PLUS-QUE-PARFAIT | *j'avais été*<br>*averti*<br>monit **us**, a, um { **eram**, **eras**, **erat**<br>monit **i**, ae, a { **erāmus**, **erātis**, **erant** | monit **us**, a, um { **essem**, **esses**, **esset**<br>monit **i**, ae, a { **essēmus**, **essētis**, **essent** | | | |
| FUTUR ANTÉRIEUR | *j'aurai été*<br>*averti*<br>monit **us**, a, um { **ero**, **eris**, **erit**<br>monit **i**, ae, a { **erimus**, **eritis**, **erunt** | | | | **Adjectif verbal**<br>mone **ndus,**<br>**a, um** |

| | Indicatif | Subjonctif | Impératif | Infinitif | Participe |
|---|---|---|---|---|---|
| PRÉSENT | *je lis*<br>leg **o**<br>leg **i s**<br>leg **i t**<br>leg **i mus**<br>leg **i tis**<br>leg **u nt** | leg **a m**<br>leg **a s**<br>leg **a t**<br>leg **ā mus**<br>leg **ā tis**<br>leg **a nt** | *lis*<br>leg **e**<br>leg **i te** | *lire*<br>leg **e re** | *lisant*<br>leg **e ns**<br>leg **e ntis** |
| IMPARFAIT | *je lisais*<br>leg **ē ba m**<br>leg **ē ba s**<br>leg **ē ba t**<br>leg **e bā mus**<br>leg **e bā tis**<br>leg **ē ba nt** | leg **e re m**<br>leg **e re s**<br>leg **e re t**<br>leg **e rē mus**<br>leg **e rē tis**<br>leg **e re nt** | | | |
| FUTUR | *je lirai*<br>leg **a m**<br>leg **e s**<br>leg **e t**<br>leg **ē mus**<br>leg **ē tis**<br>leg **e nt** | | *lis*<br>leg **i to**<br>leg **i tōte** | (je dis) *que je lirai*<br>lect **ūrum, am, um esse** | *qui lira*<br>lect **ūrus, a, um** |
| PARFAIT | *j'ai lu, je lus*<br>leg **i**<br>leg **isti**<br>leg **it**<br>leg **imus**<br>leg **istis**<br>leg **ērunt** | leg **eri m**<br>leg **eri s**<br>leg **eri t**<br>leg **eri mus**<br>leg **eri tis**<br>leg **eri nt** | | *avoir lu*<br>leg **isse** | |
| PLUS-QUE-PARFAIT | *j'avais lu*<br>leg **era m**<br>leg **era s**<br>leg **era t**<br>leg **erā mus**<br>leg **erā tis**<br>leg **era nt** | leg **isse m**<br>leg **isse s**<br>leg **isse t**<br>leg **issē mus**<br>leg **issē tis**<br>leg **isse nt** | | | |
| FUTUR ANTÉRIEUR | *j'aurai lu*<br>leg **er o**<br>leg **eri s**<br>leg **eri t**<br>leg **eri mus**<br>leg **eri tis**<br>leg **eri nt** | | | | |

| Gérondif | Supin |
|---|---|
| *Acc.* leg **e ndum**<br>*G.* leg **e ndi**<br>*D.* leg **e ndo**<br>*Abl.* leg **e ndo** | I. lect **um**<br>II. lect **u** |

| | Indicatif | Subjonctif | Impératif | Infinitif | Participe |
|---|---|---|---|---|---|
| PRÉSENT | *je suis lu*<br>leg **or**<br>leg **e ris**<br>leg **i tur**<br>leg **i mur**<br>leg **i mini**<br>leg **u ntur** | leg **a r**<br>leg **ā ris**<br>leg **ā tur**<br>leg **ā mur**<br>leg **a mini**<br>leg **a ntur** | *sois lu*<br>leg **e re**<br><br>leg **i mini** | *être lu*<br>leg **i** | |
| IMPARFAIT | *j'étais lu*<br>leg **ē ba r**<br>leg **e bā ris**<br>leg **e bā tur**<br>leg **e bā mur**<br>leg **e ba mini**<br>leg **e ba ntur** | leg **e re r**<br>leg **e rē ris**<br>leg **e rē tur**<br>leg **e rē mur**<br>leg **e re mini**<br>leg **e re ntur** | | | |
| FUTUR | *je serai lu*<br>leg **a r**<br>leg **ē ris**<br>leg **ē tur**<br>leg **ē mur**<br>leg **e mini**<br>leg **e ntur** | | | (je dis) *que je serai lu*<br>lect **um iri** | |
| PARFAIT | *j'ai été, je fus lu*<br>lect **us** a, um { **sum**, **es**, **est**<br>lect **i** ae, a { **sumus**, **estis**, **sunt** | lect **us** a, um { **sim**, **sis**, **sit**<br>lect **i** ae, a { **simus**, **sitis**, **sint** | | *avoir été lu*<br>lect **um, am, um esse** | *lu*<br>lect **us, a, um** |
| PLUS-QUE-PARFAIT | *j'avais été lu*<br>lect **us** a, um { **eram**, **eras**, **erat**<br>lect **i** ae, a { **erāmus**, **erātis**, **erant** | lect **us** a, um { **essem**, **esses**, **esset**<br>lect **i** ae, a { **essēmus**, **essētis**, **essent** | | | |
| FUTUR ANTÉRIEUR | *j'aurai été lu*<br>lect **us** a, um { **ero**, **eris**, **erit**<br>lect **i** ae, a { **erimus**, **eritis**, **erunt** | | | | **Adjectif verbal**<br>leg **e ndus, a, um** |

## 161 ACTIF — 4^me^ Conjugaison

| | Indicatif | Subjonctif | Impératif | Infinitif | Participe |
|---|---|---|---|---|---|
| PRÉSENT | *j'entends*<br>audi **o**<br>audi **s**<br>audi **t**<br>audī **mus**<br>audī **tis**<br>audi **u nt** | <br>audi **a m**<br>audi **a s**<br>audi **a t**<br>audi **ā mus**<br>audi **ā tis**<br>audi **a nt** | *entends*<br><br>audi<br><br><br>audī **te** | *entendre*<br><br><br>audī **re** | *entendant*<br><br>audi **e ns**<br><br>audi **e ntis** |
| IMPARFAIT | *j'entendais*<br>audi **ē ba m**<br>audi **ē ba s**<br>audi **ē ba t**<br>audi **e bā mus**<br>audi **e bā tis**<br>audi **ē ba nt** | <br>audī **re m**<br>audī **re s**<br>audī **re t**<br>audi **rē mus**<br>audi **rē tis**<br>audī **re nt** | | | |
| FUTUR | *j'entendrai*<br>audi **a m**<br>audi **e s**<br>audi **e t**<br>audi **ē mus**<br>audi **ē tis**<br>audi **e nt** | | *entends*<br><br>audī **to**<br><br><br>audi **tōte** | (je dis) *que j'entendrai*<br><br><br>audit **ūrum, am, um esse** | *qui entendra*<br><br><br>audit **ūrus, a, um** |
| PARFAIT | *j'ai entendu, j'entendis*<br>audīv **i**<br>audiv **isti**<br>audīv **it**<br>audiv **imus**<br>audiv **istis**<br>audiv **ērunt** | <br>audiv **eri m**<br>audiv **eri s**<br>audiv **eri t**<br>audiv **eri mus**<br>audiv **eri tis**<br>audiv **eri nt** | | *avoir entendu*<br><br><br><br>audiv **isse** | |
| PLUS-QUE-PARFAIT | *j'avais entendu*<br>audiv **era m**<br>audiv **era s**<br>audiv **era t**<br>audiv **erā mus**<br>audiv **erā tis**<br>audiv **era nt** | <br>audiv **isse m**<br>audiv **isse s**<br>audiv **isse t**<br>audiv **issē mus**<br>audiv **issē tis**<br>audiv **isse nt** | | | |
| FUTUR ANTÉRIEUR | *j'aurai entendu*<br>audiv **er o**<br>audiv **eri s**<br>audiv **eri t**<br>audiv **eri mus**<br>audiv **eri tis**<br>audiv **eri nt** | | | | |

| Gérondif | | Supin |
|---|---|---|
| *Acc.* | audi **e ndum** | I. audīt **um** |
| *G.* | audi **e ndi** | |
| *D.* | audi **e ndo** | II. audīt **u** |
| *Abl.* | audi **e ndo** | |

| | Indicatif | Subjonctif | Impératif | Infinitif | Participe |
|---|---|---|---|---|---|
| PRÉSENT | *je suis entendu*<br>audi **or**<br>audī **ris**<br>audī **tur**<br>audī **mur**<br>audi **mini**<br>audi **u ntur** | <br>audi **a r**<br>audi **ā ris**<br>audi **ā tur**<br>audi **ā mur**<br>audi **a mini**<br>audi **a ntur** | *sois entendu*<br><br>audī **re**<br><br><br>audi **mini** | *être entendu*<br><br><br>audī **ri** | |
| IMPARFAIT | *j'étais entendu*<br>audi **ē ba r**<br>audi **e bā ris**<br>audi **e bā tur**<br>audi **e bā mur**<br>audi **e ba mini**<br>audi **e ba ntur** | <br>audī **re r**<br>audi **rē ris**<br>audi **rē tur**<br>audi **rē mur**<br>audi **re mini**<br>audi **re ntur** | | | |
| FUTUR | *je serai entendu*<br>audi **a r**<br>audi **ē ris**<br>audi **ē tur**<br>audi **ē mur**<br>audi **e mini**<br>audi **e ntur** | | | (je dis) *que je serai entendu*<br><br>audīt **um**<br>**iri** | |
| PARFAIT | *j'ai été,*<br>*je fus entendu*<br>audīt **us**, a, um **sum**, **es**, **est**<br>audīt **i**, ae, a **sumus**, **estis**, **sunt** | <br><br>audīt **us**, a, um **sim**, **sis**, **sit**<br>audīt **i**, ae, a **simus**, **sitis**, **sint** | | *avoir été entendu*<br><br>audīt **um,**<br>**am, um esse** | *entendu*<br><br>audīt **us,**<br>**a, um** |
| PLUS-QUE-PARFAIT | *j'avais été entendu*<br>audīt **us**, a, um **eram**, **eras**, **erat**<br>audīt **i**, ae, a **erāmus**, **erātis**, **erant** | <br>audīt **us**, a, um **essem**, **esses**, **esset**<br>audīt **i**, ae, a **essēmus**, **essētis**, **essent** | | | |
| FUTUR ANTÉRIEUR | *j'aurai été entendu*<br>audīt **us**, a, um **ero**, **eris**, **erit**<br>audīt **i**, ae, a **erimus**, **eritis**, **erunt** | | | | **Adjectif verbal**<br>audi **e ndus,**<br>**a, um** |

## 163 ACTIF — 4$^{me}$ Conjugaison bis

| | Indicatif | Subjonctif | Impératif | Infinitif | Participe |
|---|---|---|---|---|---|
| PRÉSENT | *je prends*<br>capi **o**<br>capi **s**<br>capi **t**<br>capi **mus**<br>capi **tis**<br>capi **u nt** | capi **a m**<br>capi **a s**<br>capi **a t**<br>capi **ā mus**<br>capi **ā tis**<br>capi **a nt** | *prends*<br>cape<br>capi **te** | *prendre*<br>cape **re** | *prenant*<br>capi **e ns**<br>capi **e ntis** |
| IMPARFAIT | *je prenais*<br>capi **ē ba m**<br>capi **ē ba s**<br>capi **ē ba t**<br>capi **e bā mus**<br>capi **e bā tis**<br>capi **ē ba nt** | cape **re m**<br>cape **re s**<br>cape **re t**<br>cape **rē mus**<br>cape **rē tis**<br>cape **re nt** | | | |
| FUTUR | *je prendrai*<br>capi **a m**<br>capi **e s**<br>capi **e t**<br>capi **ē mus**<br>capi **ē tis**<br>capi **e nt** | | *prends*<br>capi **to**<br>capi **tōte** | (je dis) *que je prendrai*<br>capt **ūrum, am, um esse** | *qui prendra*<br>capt **ūrus, a, um** |
| PARFAIT | *j'ai pris, je pris*<br>cep **i**<br>cep **isti**<br>cep **it**<br>cep **imus**<br>cep **istis**<br>cep **ērunt** | cep **eri m**<br>cep **eri s**<br>cep **eri t**<br>cep **eri mus**<br>cep **eri tis**<br>cep **eri nt** | | *avoir pris*<br>cep **isse** | |
| PLUS-QUE-PARFAIT | *j'avais pris*<br>cep **era m**<br>cep **era s**<br>cep **era t**<br>cep **erā mus**<br>cep **erā tis**<br>cep **era nt** | cep **isse m**<br>cep **isse s**<br>cep **isse t**<br>cep **issē mus**<br>cep **issē tis**<br>cep **isse nt** | | | |
| FUTUR ANTÉRIEUR | *j'aurai pris*<br>cep **er o**<br>cep **eri s**<br>cep **eri t**<br>cep **eri mus**<br>cep **eri tis**<br>cep **eri nt** | | | | |

| | Gérondif | Supin |
|---|---|---|
| *Acc.* | capi **e ndum** | I. capt **um** |
| *G.* | capi **e ndi** | |
| *D.* | capi **e ndo** | II. capt **u** |
| *Abl.* | capi **e ndo** | |

**Capio, -is, cepi, captum, capĕre.** PASSIF **164**

| | Indicatif | Subjonctif | Impératif | Infinitif | Participe |
|---|---|---|---|---|---|
| PRÉSENT | *je suis pris*<br>capi **or**<br>cape **ris**<br>capi **tur**<br>capi **mur**<br>capi **mini**<br>capi **u ntur** | capi **a r**<br>capi **ā ris**<br>capi **ā tur**<br>capi **ā mur**<br>capi **ā mini**<br>capi **a ntur** | *sois pris*<br>cape **re**<br>capi **mini** | *être pris*<br>capi | |
| IMPARFAIT | *j'étais pris*<br>capi **ē ba r**<br>capi **e bā ris**<br>capi **e bā tur**<br>capi **e bā mur**<br>capi **e ba mini**<br>capi **e ba ntur** | cape **re r**<br>cape **rē ris**<br>cape **rē tur**<br>cape **rē mur**<br>cape **re mini**<br>cape **re ntur** | | | |
| FUTUR | *je serai pris*<br>capi **a r**<br>capi **ē ris**<br>capi **ē tur**<br>capi **ē mur**<br>capi **e mini**<br>capi **e ntur** | | | (je dis) *que*<br>*je serai pris*<br>capt **um iri** | |
| PARFAIT | *j'ai été,*<br>*je fus pris*<br>capt **us** a, um { **sum**, **es**, **est**<br>capt **i** ae, a { **sumus**, **estis**, **sunt** | capt **us** a, um { **sim**, **sis**, **sit**<br>capt **i** ae, a { **simus**, **sitis**, **sint** | | *avoir été pris*<br>capt **um,**<br>**am, um esse** | *pris*<br>capt **us,**<br>**a, um** |
| PLUS-QUE-PARFAIT | *j'avais été pris*<br>capt **us** a, um { **eram**, **eras**, **erat**<br>capt **i** ae, a { **erāmus**, **erātis**, **erant** | capt **us** a, um { **essem**, **esses**, **esset**<br>capt **i** ae, a { **essēmus**, **essētis**, **essent** | | | |
| FUTUR ANTÉRIEUR | *j'aurai été pris*<br>capt **us** a, um { **ero**, **eris**, **erit**<br>capt **i** ae, a { **erimus**, **eritis**, **erunt** | | | | **Adjectif verbal**<br>capi **e ndus,**<br>**a, um** |

## 4me Conjugaison bis

165 Les verbes dont le radical est terminé en **i** appartiennent à la **quatrième** conjugaison.

Quand ce **i** est long, ils se conjuguent sur **audīre.**
Quand ce **i** est bref, ils se conjuguent sur **capĕre.**

**Capĕre** n'appartient *pas* à la 3me conjugaison, où le radical est terminé par une **consonne** : leg ĕ re et où le **ĕ** n'est qu'une voyelle de liaison.

Le radical de *cape re* est **capĭ.**
Ce **i** bref se change en **ĕ**

| | |
|---|---|
| 1. devant **r** | capĕre, capĕrem, capĕris ... |
| 2. en **fin de mot** | impératif capĕ. |

Mais l'infinitif présent passif est *capi.*

## Formes syncopées

166 Au parfait et aux temps qui en dérivent

| | | |
|---|---|---|
| *on peut supprimer* | **vi** | devant **s** |
| | **ve** | devant **r** |
| | **v** | devant **er** (4me conjugaison). |

| | | |
|---|---|---|
| ama(vi)sti | ama(vi)sse | amā(vē)runt |
| imple(vi)sti | commo(vi)sse | delē(vē)runt |
| audi(vi)sti | amā(ve)ram | cognō(vē)runt |
| no(vi)sti | delē(ve)ram | audi(v)ērunt. |

Les verbes suivants ont *le radical pur* **167**
à la 2me personne du singulier de l'**impératif** :

| | | |
|---|---|---|
| dicere | *dire* | **dic** |
| ducere | *conduire* | **duc** |
| facere | *faire* | **fac** |
| ferre | *porter* | **fer.** |

De même leurs *composés,* par exemple :

| | | |
|---|---|---|
| adducere | *amener* | **adduc** |
| conferre | *comparer* | **confer.** |

On appelle **passif impersonnel** **168**
celui dont le sujet est *indéterminé* : **on** (n. 123,3).

| | |
|---|---|
| dicitur | *on dit* |
| narrātur | *on raconte.* |

Les verbes **intransitifs** n'ont qu'un passif impersonnel.

| | |
|---|---|
| itur | *on va* |
| curritur | *on court* |
| pugnātur | *on combat.* |

Tous les temps du verbe **esse** se rencontrent **169**

1. avec le participe futur en **rus** :

| | |
|---|---|
| amatūrus sum | *je vais aimer, j'ai l'intention d'aimer.* |
| dictūri erant | *ils étaient sur le point de dire,*<br>*ils allaient dire.* |

2. avec l'adjectif verbal en **ndus** :

| | |
|---|---|
| monendae sunt | *elles doivent être averties,*<br>*il faut les avertir.* |
| favendum est | *on doit favoriser,*<br>*il convient de favoriser.* |

**Formation des temps primitifs**

170 I. On peut distinguer cinq types principaux en se basant sur la **formation du parfait.**

| | | | |
|---|---|---|---|
| 1. | **Radical simple**<br>minuĕre<br>legĕre | <br>*diminuer*<br>*lire* | <br>minui<br>legi. |
| 2. | **Redoublement**<br>cadĕre<br>currere | <br>*tomber*<br>*courir* | <br>cecidi<br>cucurri. |
| 3. | **Suffixe v**<br>amāre<br>delēre | <br>*aimer*<br>*détruire* | <br>amāvi<br>delēvi. |
| 4. | **Suffixe u**<br>monēre<br>rapĕre | <br>*avertir*<br>*ravir* | <br>monui<br>rapui. |
| 5. | **Suffixe s**<br>ducĕre<br>augēre | <br>*conduire*<br>*augmenter* | <br>duxi<br>auxi. |

II. Troisième conjugaison. **Radical du présent.**
On y trouve souvent **un suffixe**
qui ne passe pas au parfait et au supin.

Par exemple :

| | | | | | |
|---|---|---|---|---|---|
| **m** | dans | ru **m** pĕre | *briser* | rupi | ruptum |
| **n** | dans | vi **n** cĕre | *vaincre* | vici | victum |
| **sc** | dans | cre **sc** ĕre | *croître* | crevi | cretum |

## 4. VERBES DÉPONENTS

I. Les verbes déponents ont { les **formes passives** / le **sens actif.** } 171

II. Ils **empruntent à la voix active :**
1. Infinitif futur
2. Participe présent
3. Participe futur
4. Supins
5. Gérondif.

III. SEUL **l'adjectif verbal en -ndus** conserve le **sens passif.**

I. On appelle **semi-déponents** quelques verbes qui sont 172

**actifs** aux temps formés *sur le présent*
**déponents** aux temps de l'*action accomplie.*

| | | | |
|---|---|---|---|
| **audeo,** es | ausus sum | audēre | *oser* |
| **gaudeo,** es | gavīsus sum | gaudēre | *se réjouir* |
| **soleo,** es | solitus sum | solēre | *avoir coutume* |
| **fīdo,** is | fīsus sum | fīdĕre | *se fier* |
| | et ses composés | confīdĕre | *se confier* |
| | | diffīdĕre | *se défier.* |

II. **Reverti,** *revenir,* est

**déponent** aux temps formés *sur le présent*
**actif** aux temps de l'*action accomplie.*
revertor, revertĕris ... PARFAIT : reverti, revertisti ...

La conjugaison des verbes déponents est *la même* que celle du **passif des verbes réguliers.**
Il suffit que les tableaux indiquent les premières personnes de chaque temps.

## 173 1[re] Conjugaison — Hortāri.

| | Indicatif | Subjonctif | Impératif | Infinitif | Participe |
|---|---|---|---|---|---|
| PRÉS. | *j'exhorte*<br>hortor<br>hortāris | horter<br>hortēris | *exhorte*<br>hortāre<br>hortamini | *exhorter*<br>hortāri | *exhortant*<br>**hortans** |
| IMPAR. | *j'exhortais*<br>hortābar<br>hortabāris | hortārer<br>hortarēris | | | |
| FUTUR | *j'exhorterai*<br>hortābor<br>hortaberis | | | (je dis) *que*<br>*j'exhorterai*<br>**hortatūrum,**<br>**am, um esse** | *qui exhortera*<br>**hortatūrus,**<br>**a, um** |
| PARF. | *j'ai exhorté*<br>hortātus } sum<br>a, um } es | hortātus } sim<br>a, um } sis | | *avoir exhorté*<br>hortātum,<br>am, um esse | *ayant exhorté*<br>hortātus, a, um |
| PL.-Q.-P. | *j'avais exhorté*<br>hortātus } eram<br>a, um } eras | hortātus } essem<br>a, um } esses | | | |
| FUT. ANT. | *j'aurai exhorté*<br>hortātus } ero<br>a, um } eris | | | | |

| Gérondif | Supin | Adjectif verbal |
|---|---|---|
| *Acc.* **hortandum**<br>*G.* **hortandi**<br>*D. Abl.* **hortando** | I. **hortātum**<br>II. **hortātu** | hortandus, a, um<br>**Sens passif** |

## 174 2[me] Conjugaison — Verēri.

| | Indicatif | Subjonctif | Impératif | Infinitif | Participe |
|---|---|---|---|---|---|
| PRÉS. | *je crains*<br>vereor<br>verēris | verear<br>vereāris | *crains*<br>verēre<br>veremini | *craindre*<br>verēri | *craignant*<br>**verens** |
| IMPAR. | *je craignais*<br>verēbar<br>verebāris | verērer<br>vererēris | | | |
| FUTUR | *je craindrai*<br>verēbor<br>vereberis | | | (je dis) *que*<br>*je craindrai*<br>**veritūrum,**<br>**am, um esse** | *qui craindra*<br>**veritūrus,**<br>**a, um** |
| PARF. | *j'ai craint*<br>veritus } sum<br>a, um } es | veritus } sim<br>a, um } sis | | *avoir craint*<br>veritum,<br>am, um esse | *ayant craint*<br>veritus, a, um |
| PL.-Q.-P. | *j'avais craint*<br>veritus } eram<br>a, um } eras | veritus } essem<br>a, um } esses | | | |
| FUT. ANT. | *j'aurai craint*<br>veritus } ero<br>a, um } eris | | | | |

| Gérondif | Supin | Adjectif verbal |
|---|---|---|
| *Acc.* **verendum**<br>*G.* **verendi**<br>*D. Abl.* **verendo** | I. **veritum**<br>II. **veritu** | verendus, a, um<br>**Sens passif** |

## 3ᵐᵉ Conjugaison — Sequi. 175

| | Indicatif | Subjonctif | Impératif | Infinitif | Participe |
|---|---|---|---|---|---|
| PRÉS. | *je suis*<br>sequor<br>sequeris | <br>sequar<br>sequāris | *suis*<br>sequere<br>sequimini | *suivre*<br>sequi | *suivant*<br>**sequens** |
| IMPAR. | *je suivais*<br>sequēbar<br>sequebāris | <br>sequerer<br>sequerēris | | | |
| FUTUR | *je suivrai*<br>sequar<br>sequēris | | | (je dis) *que je suivrai*<br>**secutūrum, am, um esse** | *qui suivra*<br>**secutūrus, a, um** |
| PARF. | *j'ai suivi*<br>secūtus, a, um { sum / es | secūtus, a, um { sim / sis | | *avoir suivi*<br>secūtum, am, um esse | *ayant suivi*<br>secūtus, a, um |
| PL.-Q.-P. | *j'avais suivi*<br>secūtus, a, um { eram / eras | secūtus, a, um { essem / esses | | | |
| FUT. ANT. | *j'aurai suivi*<br>secūtus, a, um { ero / eris | **Gérondif** | | **Supin** | **Adjectif verbal** |
| | | *Acc.* **sequendum**<br>*G.* **sequendi**<br>*D. Abl.* **sequendo** | | I. **secūtum**<br>II. **secūtu** | sequendus, a um<br>**Sens passif** |

## 4ᵐᵉ Conjugaison — Largīri. 176

| | Indicatif | Subjonctif | Impératif | Infinitif | Participe |
|---|---|---|---|---|---|
| PRÉS. | *je donne*<br>largior<br>largīris | <br>largiar<br>largiāris | *donne*<br>largīre<br>largimini | *donner*<br>largīri | *donnant*<br>**largiens** |
| IMPAR. | *je donnais*<br>largiēbar<br>largiebāris | <br>largīrer<br>largirēris | | | |
| FUTUR | *je donnerai*<br>largiar<br>largiēris | | | (je dis) *que je donnerai*<br>**largitūrum, am, um esse** | *qui donnera*<br>**largitūrus, a, um** |
| PARF. | *j'ai donné*<br>largītus, a, um { sum / es | largītus, a, um { sim / sis | | *avoir donné*<br>largītum, am, um esse | *ayant donné*<br>largītus, a, um |
| PL.-Q.-P. | *j'avais donné*<br>largītus, a, um { eram / eras | largītus, a, um { essem / esses | | | |
| FUT. ANT. | *j'aurai donné*<br>largītus, a, um { ero / eris | **Gérondif** | | **Supin** | **Adjectif verbal** |
| | | *Acc.* **largiendum**<br>*G.* **largiendi**<br>*D. Abl.* **largiendo** | | I. **largītum**<br>II. **largītu** | largiendus, a, um<br>**Sens passif** |

## 4[me] Conjugaison bis — Pati. 177

| | Indicatif | Subjonctif | Impératif | Infinitif | Participe |
|---|---|---|---|---|---|
| PRÉS. | *je souffre*<br>patior<br>pateris | <br>patiar<br>patiāris | *souffre*<br>patere<br>patimini | *souffrir*<br>pati | *souffrant*<br>**patiens** |
| IMPAR. | *je souffrais*<br>patiēbar<br>patiebāris | <br>paterer<br>paterēris | | | |
| FUTUR | *je souffrirai*<br>patiar<br>patiēris | | | (je dis) *que je souffrirai*<br>**passūrum, am, um esse** | *qui souffrira*<br>**passūrus, a, um** |
| PARF. | *j'ai souffert*<br>passus, a, um sum / es | passus, a, um sim / sis | | *avoir souffert*<br>passum, am, um esse | *ayant souffert*<br>passus, a, um |
| PL.-Q.-P. | *j'avais souffert*<br>passus, a, um eram / eras | passus, a, um essem / esses | | | |
| FUT. ANT. | *j'aurai souffert*<br>passus, a, um ero / eris | **Gérondif**<br>*Acc.* **patiendum**<br>*G.* **patiendi**<br>*D. Abl.* **patiendo** | | **Supin**<br>I. **passum**<br>II. **passu** | **Adjectif verbal**<br>patiendus a, um<br>**Sens passif** |

Se conjuguent comme **pati** (4[me] bis) :

**mori, gradi** et leurs composés.

| | | | | |
|---|---|---|---|---|
| **morior** | morĕris | mortuus sum | mori | *mourir* |
| **gradior** | gradĕris | gressus sum | gradi | *marcher.* |

## 5. VERBES IRRÉGULIERS

### I. Composés de esse

178 La conjugaison de **esse** est au n. 152.

I. Ses **composés** se conjuguent de même.

| | | | | | |
|---|---|---|---|---|---|
| **ab** | sum | abes | afui | abesse | *être absent* |
| **ad** | sum | ades | adfui / affui | adesse | *être présent* |
| **de** | sum | dees | defui | deesse | *manquer* |
| **in** | sum | ines | — | inesse | *être dans* |
| **inter** | sum | interes | interfui | interesse | *être parmi* |
| **ob** | sum | obes | obfui | obesse | *être nuisible* |
| **prae** | sum | praees | praefui | praeesse | *être à la tête* |
| **sub** | sum | subes | — | subesse | *être sous* |
| **super** | sum | superes | superfui | superesse | *être de reste.* |

II. Abesse et praeesse ont un *participe présent :*

**absens** *absent*
**praesens** *présent.*

**Potens,** *puissant,* participe présent de posse (n. 179), ne sert que comme *adjectif.*

III. Dans **prod-esse,** *être utile,* le **d**

a) se maintient devant *voyelle :*
prod-es, prod-est, prod-eram, prod-ero, prod-essem.

b) tombe devant *consonne :*
pro-sum, pro-sunt, pro-sit, pro-fuit, pro-futūrus.

179 **Possum, potes, potui, posse,** *pouvoir.*

| | **Indicatif** | **Subjonctif** | **Infinitif** |
|---|---|---|---|
| PRÉSENT | *je peux, je puis*<br>pos **sum**<br>pot **es**<br>pot **est**<br>pos **sumus**<br>pot **estis**<br>pos **sunt** | ... que je puisse<br>pos **sim**<br>pos **sis**<br>pos **sit**<br>pos **sīmus**<br>pos **sītis**<br>pos **sint** | *pouvoir*<br><br>pos **se** |
| IMPARFAIT | *je pouvais*<br>pot **eram**<br>pot **eras**<br>pot **erat**<br>pot **erāmus**<br>pot **erātis**<br>pot **erant** | cum + subj<br>pos **sem**<br>pos **ses**<br>pos **set**<br>pos **sēmus**<br>pos **sētis**<br>pos **sent** | → alors que je pouvais |
| FUTUR | *je pourrai*<br>pot **ero**<br>pot **eris**<br>pot **erit**<br>pot **erimus**<br>pot **eritis**<br>pot **erunt** | | |
| PARFAIT | *j'ai pu, je pus*<br>potu **i**<br>potu **isti**<br>potu **it**<br>potu **imus**<br>potu **istis**<br>potu **ērunt** | ... que j'aie pu<br>potu **eri m**<br>potu **eri s**<br>potu **eri t**<br>potu **eri mus**<br>potu **eri tis**<br>potu **eri nt** | *avoir pu*<br><br>potu **isse** |
| PLUS-QUE-PARFAIT | *j'avais pu*<br>potu **era m**<br>potu **era s**<br>potu **era t**<br>potu **erā mus**<br>potu **erā tis**<br>potu **era nt** | alors que j'avais pu<br>potu **isse m**<br>potu **isse s**<br>potu **isse t**<br>potu **issē mus**<br>potu **issē tis**<br>potu **isse nt** | |
| FUTUR ANTÉRIEUR | *j'aurai pu*<br>potu **er o**<br>potu **eri s**<br>potu **eri t**<br>potu **eri mus**<br>potu **eri tis**<br>potu **eri nt** | | |

| | Indicatif | Subjonctif | Impératif | Infinitif | Participe |
|---|---|---|---|---|---|
| PRÉSENT | *je porte*<br>fer o<br>**fer s**<br>**fer t**<br>fer i mus<br>**fer tis**<br>fer u nt | que je porte<br>fer a m<br>fer a s<br>fer a t<br>fer ā mus<br>fer ā tis<br>fer a nt | *porte*<br>**fer**<br>**fer te** | *porter*<br>**fer re** | *portant*<br>fer e ns<br>fer e ntis |
| IMPARFAIT | *je portais*<br>fer ē ba m<br>fer ē ba s<br>fer ē ba t<br>fer e bā mus<br>fer e bā tis<br>fer ē ba nt | cum + subj. alors que je portais<br>**fer re m**<br>**fer re s**<br>**fer re t**<br>**fer rē mus**<br>**fer rē tis**<br>**fer re nt** | | | |
| FUTUR | *je porterai*<br>fer a m<br>fer e s<br>fer e t<br>fer ē mus<br>fer ē tis<br>fer e nt | | *porte*<br>**fer to**<br>**fer tōte** | (je dis) *que je porterai*<br>lat ūrum<br>am, um esse | *qui portera*<br>lat ūrus, a, um |
| PARFAIT | *j'ai porté, je portai*<br>tul i<br>tul isti<br>tul it<br>tul imus<br>tul istis<br>tul ērunt | que j'aie porté<br>tul eri m<br>tul eri s<br>tul eri t<br>tul eri mus<br>tul eri tis<br>tul eri nt | | *avoir porté*<br>tul isse | |
| PLUS-QUE-PARFAIT | *j'avais porté*<br>tul era m<br>tul era s<br>tul era t<br>tul erā mus<br>tul erā tis<br>tul era nt | cum + subj.<br>tul isse m<br>tul isse s<br>tul isse t<br>tul issē mus<br>tul issē tis<br>tul isse nt | → alors que j'avais porté | | |
| FUTUR ANTÉRIEUR | *j'aurai porté*<br>tul er o<br>tul eri s<br>tul eri t<br>tul eri mus<br>tul eri tis<br>tul eri nt | | | | |

| | Gérondif | Supin |
|---|---|---|
| *Acc.* | fer e ndum | I. lāt um |
| *G.* | fer e ndi | |
| *D.* | fer e ndo | II. lāt u |
| *Abl.* | fer e ndo | |

| | **Indicatif** | **Subjonctif** | **Impératif** | **Infinitif** | **Participe** |
|---|---|---|---|---|---|
| PRÉSENT | *je suis porté*<br>fer or<br>**fer ris**<br>**fer tur**<br>fer i mur<br>fer i mini<br>fer u ntur | fer a r<br>fer ā ris<br>fer ā tur<br>fer ā mur<br>fer a mini<br>fer a ntur | | *être porté*<br>**fer ri** | |
| IMPARFAIT | *j'étais porté*<br>fer ē ba r<br>fer e bā ris<br>fer e bā tur<br>fer e bā mur<br>fer e ba mini<br>fer e ba ntur | **fer re r**<br>**fer rē ris**<br>**fer rē tur**<br>**fer rē mur**<br>**fer re mini**<br>**fer re ntur** | | | |
| FUTUR | *je serai porté*<br>fer a r<br>fer ē ris<br>fer ē tur<br>fer ē mur<br>fer e mini<br>fer e ntur | | | (je dis) *que*<br>*je serai porté*<br>lat um iri | |
| PARFAIT | *j'ai été,*<br>*je fus porté*<br>lat us, a, um { sum, es, est<br>lat i, ae, a { sumus, estis, sunt | lat us, a, um { sim, sis, sit<br>lat i, ae, a { simus, sitis, sint | | *avoir été porté*<br>la tum, am, um esse | *porté*<br>lat us, a, um |
| PLUS-QUE-PARFAIT | *j'avais été porté*<br>lat us, a, um { eram, eras, erat<br>lat i, ae, a { erāmus, erātis, erant | lat us, a, um { essem, esses, esset<br>lat i, ae, a { essēmus, essētis, essent | | | |
| FUTUR ANTÉRIEUR | *j'aurai été porté*<br>lat us, a, um { ero, eris, erit<br>lat i, ae, a { erimus, eritis, erunt | | | | **Adjectif verbal**<br>fer e ndus, a, um |

182 I. Les formes inattendues s'expliquent par la **règle** suivante :
les voyelles de liaison **i, e** tombent
devant les désinences commençant par **r, s, t.**
Pour l'impératif **fer,** voir n. 167.

II. Les **composés de ferre** se conjuguent de même.

| | | | | | | |
|---|---|---|---|---|---|---|
| **af** fero | affers | attuli | allātum | afferre | *apporter* |
| **au** fero | aufers | abstuli | ablātum | auferre | *emporter* |
| **con** fero | confers | contuli | collātum | conferre | *réunir, comparer* |
| **de** fero | defers | detuli | delātum | deferre | *apporter, dénoncer* |
| **dif** fero | differs | distuli | dilātum | differre | *répandre, différer* |
| **ef** fero | effers | extuli | elātum | efferre | *emporter, élever* |
| **in** fero | infers | intuli | illātum | inferre | *porter dans, apporter* |
| **of** fero | offers | obtuli | oblātum | offerre | *présenter, offrir* |
| **per** fero | perfers | pertuli | perlātum | perferre | *porter, endurer* |
| **prae** fero | praefers | praetuli | praelātum | praeferre | *présenter, préférer* |
| **pro** fero | profers | protuli | prolātum | proferre | *présenter, produire* |
| **re** fero | refers | rettuli | relātum | referre | *rapporter* |
| **suf** fero | suffers | sustuli | sublātum | sufferre | *supporter* |
| **trans** fero | transfers | transtuli | translātum | transferre | *transporter* |

### III. Fieri

183 1. Ce verbe **fieri** a deux emplois :

a) intransitif, il signifie **devenir.**

b) il sert de **passif** au verbe
**facio** facis feci factum facere *faire.*
Aux temps de l'action accomplie, il emprunte son passif à *facere.*

2. **Il n'a** ni impératif, ni participe présent ou futur, ni gérondif.

3. Au sens de *devenir,* l'INFINITIF FUTUR
est emprunté à esse : **fore, futūrum esse.**

4. Parmi les **composés** de *facere,*
*seuls* ceux qui gardent le **a** prennent le passif **fio :**
calefacio, *je chauffe* : **calefio.**
Ceux qui changent le **a** en **i** ont le passif régulier en **-ficior :**
conficio, *j'achève* : **conficior.**

**Fio, fis, factus sum, fiĕri,** *devenir, être fait.* **184**

| | Indicatif | Subjonctif | Infinitif | Participe |
|---|---|---|---|---|
| PRÉSENT | *je suis fait,*<br>*je deviens*<br>fi **o**<br>fi **s**<br>fi **t**<br>fi **mus**<br>fi **tis**<br>fi **u nt** | fi **a m**<br>fi **a s**<br>fi **a t**<br>fi **ā mus**<br>fi **ā tis**<br>fi **a nt** | *être fait,*<br>*devenir*<br>fi **e ri** | |
| IMPARFAIT | *j'étais fait,*<br>*je devenais*<br>fi **ē ba m**<br>fi **ē ba s**<br>fi **ē ba t**<br>fi **e bā mus**<br>fi **e bā tis**<br>fi **ē ba nt** | fi **e re m**<br>fi **e re s**<br>fi **e re t**<br>fi **e rē mus**<br>fi **e rē tis**<br>fi **e re nt** | | |
| FUTUR | *je serai fait,*<br>*je deviendrai*<br>fi **a m**<br>fi **e s**<br>fi **e t**<br>fi **ē mus**<br>fi **ē tis**<br>fi **e nt** | (je dis) *que*<br>*je serai fait*<br>fact **um iri** | | |
| PARFAIT | *j'ai été fait,*<br>*je suis devenu*<br>factus, a, um { sum, es | factus, a, um { sim, sis | *avoir été fait,*<br>*être devenu*<br>factum, am, um esse | *fait, devenu*<br>factus, a, um |
| PL.-Q.-PARF. | *j'avais été fait,*<br>*j'étais devenu*<br>factus, a, um { eram, eras | factus, a, um { essem, esses | | |
| FUTUR ANT. | *j'aurai été fait,*<br>*je serai devenu*<br>factus, a, um { ero, eris | | | **Adjectif verbal**<br>faciendus, a, um |

| | Indicatif | | | Subjonctif | | |
|---|---|---|---|---|---|---|
| PRÉSENT | *je veux* | *je ne veux pas* | *je préfère* | que je veuille | | |
| | **volo** | **nōlo** | **malo** | **velim** | **nolim** | **malim** |
| | **vis** | **non vis** | **mavis** | **velis** | **nolis** | **malis** |
| | **vult** | **non vult** | **mavult** | **velit** | **nolit** | **malit** |
| | **volumus** | **nolumus** | **malumus** | **velīmus** | **nolīmus** | **malīmus** |
| | **vultis** | **non vultis** | **mavultis** | **velītis** | **nolītis** | **malītis** |
| | **volunt** | **nolunt** | **malunt** | **velint** | **nolint** | **malint** |
| IMPARFAIT | *je voulais* | *je ne voulais pas* | *je préférais* | cum + subj alors que je voulais | | |
| | volēbam | nolēbam | malēbam | vellem | nollem | mallem |
| | volēbas | nolēbas | malēbas | velles | nolles | malles |
| | volēbat | nolēbat | malēbat | vellet | nollet | mallet |
| | volebāmus | nolebāmus | malebāmus | vellēmus | nollēmus | mallēmus |
| | volebātis | nolebātis | malebātis | vellētis | nollētis | mallētis |
| | volēbant | nolēbant | malēbant | vellent | nollent | mallent |
| FUTUR | *je voudrai* | *tu ne voudras pas* | *tu préféreras* | | | |
| | volam | — | — | | | |
| | voles | noles | males | | | |
| | volet | nolet | malet | | | |
| | volēmus | nolēmus | malēmus | | | |
| | volētis | nolētis | malētis | | | |
| | volent | nolent | malent | | | |
| PARFAIT | *j'ai voulu, je voulus* | *je n'ai pas voulu, je ne voulus pas* | *j'ai préféré, je préférai* | que j'aie voulu | | |
| | volui | nolui | malui | voluerim | noluerim | maluerim |
| | voluisti | noluisti | maluisti | volueris | nolueris | malueris |
| | voluit | noluit | maluit | voluerit | noluerit | maluerit |
| | voluimus | noluimus | maluimus | voluerimus | noluerimus | maluerimus |
| | voluistis | noluistis | maluistis | volueritis | nolueritis | malueritis |
| | voluērunt | noluērunt | maluērunt | voluerint | noluerint | maluerint |
| PLUS-QUE-PARFAIT | *j'avais voulu* | *je n'avais pas voulu* | *j'avais préféré* | cum + subj alors que j'avais voulu | | |
| | volueram | nolueram | malueram | voluissem | noluissem | maluissem |
| | volueras | nolueras | malueras | voluisses | noluisses | maluisses |
| | voluerat | noluerat | maluerat | voluisset | noluisset | maluisset |
| | voluerāmus | noluerāmus | maluerāmus | voluissēmus | noluissēmus | maluissēmus |
| | voluerātis | noluerātis | maluerātis | voluissētis | noluissētis | maluissētis |
| | voluerant | noluerant | maluerant | voluissent | noluissent | maluissent |
| FUTUR ANTÉRIEUR | *j'aurai voulu* | *je n'aurai pas voulu* | *j'aurai préféré* | | | |
| | voluero | noluero | maluero | | | |
| | volueris | nolueris | malueris | | | |
| | voluerit | noluerit | maluerit | | | |
| | voluerimus | noluerimus | maluerimus | | | |
| | volueritis | nolueritis | malueritis | | | |
| | voluerint | noluerint | maluerint | | | |

| | **Impératif** | **Infinitif** | | | **Participe** | |
|---|---|---|---|---|---|---|
| PRÉSENT | *ne veuille pas*<br>**noli**<br>**nolīte** | *vouloir*<br>**velle** | *ne pas vouloir*<br>**nolle** | *préférer*<br>**malle** | *voulant*<br>volens<br>volentis | *ne voulant pas*<br>nōlens<br>nolentis |
| FUTUR | *ne veuille pas*<br>**nolīto**<br>**nolitōte** | | | | | |
| PARFAIT | | *avoir voulu*<br>voluisse | *n'avoir pas voulu*<br>noluisse | *avoir préféré*<br>maluisse | | |

| | | | | | |
|---|---|---|---|---|---|
| **Volo** | vis | volui | velle | *vouloir.* | **186** |
| **Nōlo** | non vis | nolui | nolle | *ne pas vouloir.* | |
| **Mālo** | māvis | malui | malle | *préférer.* | |

1. Ces **trois** verbes **n'ont** ni voix passive
   ni gérondif ni supin
   ni infinitif et participe futurs.

2. **Nolle** seul a un **impératif,** très employé dans les **défenses** (n. 347,III).

3. **Volens** est d'ordinaire remplacé par **libens.**
   **Nolens** » » » **invītus.**

**Eo, is, ii, itum, ire,** *aller.*

| | Indicatif | Subjonctif | Impératif | Infinitif | Participe |
|---|---|---|---|---|---|
| PRÉSENT | *je vais*<br>**e o**<br>i s<br>i t<br>i mus<br>i tis<br>**e unt** | **e a m**<br>**e a s**<br>**e a t**<br>**e ā mus**<br>**e ā tis**<br>**e a nt** | *va*<br>i<br>i te | *aller*<br>i re | *allant*<br>i ens<br>**e untis** |
| IMPARFAIT | *j'allais*<br>i ba m<br>i ba s<br>i ba t<br>i bā mus<br>i bā tis<br>i ba nt | i re m<br>i re s<br>i re t<br>i rē mus<br>i rē tis<br>i re nt | | | |
| FUTUR | *j'irai*<br>i b o<br>i bi s<br>i bi t<br>i bi mus<br>i bi tis<br>i bu nt | | *va*<br>i to<br>i tōte | (je dis) *que j'irai*<br>it ūrum, am, um esse | *qui ira*<br>it ūrus, a, um |
| PARFAIT | *j'allai, je suis allé*<br>ii<br>isti<br>iit<br>iimus<br>istis<br>iērunt | i eri m<br>i eri s<br>i eri t<br>i eri mus<br>i eri tis<br>i eri nt | | *être allé*<br>isse | |
| PLUS-QUE-PARFAIT | *j'étais allé*<br>i era m<br>i era s<br>i era t<br>i erā mus<br>i erā tis<br>i era nt | isse m<br>isse s<br>isse t<br>issē mus<br>issē tis<br>isse nt | | | |
| FUTUR ANTÉRIEUR | *je serai allé*<br>i er o<br>i eri s<br>i eri t<br>i eri mus<br>i eri tis<br>i eri nt | | | | |

| Gérondif | Supin |
|---|---|
| *Acc.* **eund um**<br>*G.* **eund i**<br>*D.* **eund o**<br>*Abl.* **eund o** | I. it um<br>II. it u |

| | Indicatif | Subjonctif | Impératif | Infinitif |
|---|---|---|---|---|
| PRÉSENT | *on vient me trouver* | | *sois visité* | *être visité* |
| | **ad e or** | **ad e ar** | | |
| | ad ī ris | **ad e āris** | ad ī re | |
| | ad ī tur | **ad e ātur** | | ad ī ri |
| | ad ī mur | **ad e āmur** | | |
| | ad i mini | **ad e amini** | ad i mini | |
| | **ad e untur** | **ad e antur** | | |
| IMPARFAIT | *on venait me trouver* | | | |
| | ad ī ba r | ad ī rer | | |
| | ad i bā ris | ad i rēris | | |
| | ad i bā tur | ad i rētur | | |
| | ad i bā mur | ad i rēmur | | |
| | ad i ba mini | ad i remini | | |
| | ad i ba ntur | ad i rentur | | |
| FUTUR | *on viendra me trouver* | | | (je dis) *qu'on viendra me trouver* |
| | ad ī bo r | | | |
| | ad i be ris | | | |
| | ad i bi tur | | | ad ĭtum īri |
| | ad i bi mur | | | |
| | ad i bi mini | | | |
| | ad i bu ntur | | | |

Les temps de l'**action accomplie** sont **réguliers :**

| | | | |
|---|---|---|---|
| aditus sum | aditus sim | aditum, | adĭtus, |
| aditus eram | aditus essem | am, um esse | a, um. |
| aditus ero | Adjectif verbal : | adeundus, a, um. | |

1. Le **parfait** īvi se réduit presque toujours à **ii.** **189**
   Ces 2 **i** se contractent en **ī** devant **s** : īsti, īstis, īsse, īssem ...
2. Le verbe **īre,** étant intransitif, n'a qu'un **passif impersonnel :** ītur, *on va* ; ibātur, *on allait* ; ibitur, *on ira* ; itum est, *on est allé,* etc.
3. Ses **composés transitifs** ont toutes les personnes du passif, comme **adīre.**
4. **pereo,** is, perii, perīre, *périr* sert de passif à perdere, *perdre.*
   **veneo,** is, venii, venīre, *être mis en vente*
   (ne pas confondre avec venīre, *venir*)
   sert de passif à vendere, *vendre.*
5. **quire,** *pouvoir* \ se conjuguent sur **ire**
   **nequīre,** *ne pas pouvoir* / n'ont que peu de formes usitées.

## 6. VERBES DÉFECTIFS

On appelle **défectifs** les verbes qui manquent d'un grand nombre de formes.

190 ### I. Coepi — Memini — Odi

Ces trois verbes n'ont guère que le parfait et les temps qui en sont formés.

| | Indicatif | | | Subjonctif | | |
|---|---|---|---|---|---|---|
| PARFAIT | *j'ai commencé* | *je me souviens* | *je hais* | | | |
| | cœp i | memin i | od i | cœp erim | memin erim | od erim |
| | cœp isti | memin isti | od isti | cœp eris | memin eris | od eris |
| | cœp it | memin it | od it | cœp erit | memin erit | od erit |
| | cœp imus | memin imus | od imus | cœp erimus | memin erimus | od erimus |
| | cœp istis | memin istis | od istis | cœp eritis | memin eritis | od eritis |
| | cœp ērunt | memin ērunt | od ērunt | cœp erint | memin erint | od erint |
| PLUS-QUE-PARFAIT | *j'avais commencé* | *je me souvenais* | *je haïssais* | | | |
| | cœp eram | memin eram | od eram | cœp issem | memin issem | od issem |
| | cœp eras | memin eras | od eras | cœp isses | memin isses | od isses |
| | cœp erat | memin erat | od erat | cœp isset | memin isset | od isset |
| | cœp erāmus | memin erāmus | od erāmus | cœp issēmus | memin issēmus | od issēmus |
| | cœp erātis | memin erātis | od erātis | cœp issētis | memin issētis | od issētis |
| | cœp erant | memin erant | od erant | cœp issent | memin issent | od issent |
| FUTUR ANTÉRIEUR | *j'aurai commencé* | *je me souviendrai* | *je haïrai* | | | |
| | cœp ero | memin ero | od ero | | | |
| | cœp eris | memin eris | od eris | | | |
| | cœp erit | memin erit | od erit | | | |
| | cœp erimus | memin erimus | od erimus | | | |
| | cœp eritis | memin eritis | od eritis | | | |
| | cœp erint | memin erint | od erint | | | |

| | Impératif | Infinitif | | | Participe |
|---|---|---|---|---|---|
| PARFAIT | | *avoir commencé* | *se souvenir* | *haïr* | *commencé* |
| | | cœpisse | meminisse | odisse | coeptus, a, um |
| FUTUR | *souviens-toi* | | | | *qui commencera* |
| | memento | | | | cœptūrus, a, um |
| | | | | | *qui haïra* |
| | mementōte | | | | osūrus, a, um |

1. **Coepi** est un *parfait* et garde le sens **passé.**
   Pour exprimer le *présent* et les temps qui en dérivent on se sert du verbe **incipio.**
2. A côté de *coepi* existe le parfait **coeptus sum,**
   qu'on emploie régulièrement avec un *infinitif passif.*
   Pons institui **coeptus est** (Caes. b. g. 4,18,4).
   *On commença à construire le pont.*
   Lapides iaci **coepti sunt** (id. 2,6,3).
   *On se mit à lancer des pierres.*
3. **Memini** et **odi** sont des *parfaits*
   mais ils ont le **sens du présent.**

### II. Inquam — Aio

191

| | Indicatif | | | |
|---|---|---|---|---|
| PRÉSENT | inquam<br>inquis<br>inquit<br>inquiunt | *dis-je*<br>*dis-tu*<br>*dit-il*<br>*disent-ils* | aio<br>ais<br>ait<br>aiunt | *je dis*<br>*tu dis*<br>*il dit*<br>*ils disent* |
| IMPARFAIT | inquiēbat | *disait-il* | aiēbam<br>aiēbas<br>aiēbat<br>aiebāmus<br>aiebātis<br>aiēbant | *je disais*<br>*tu disais*<br>*il disait*<br>*nous disions*<br>*vous disiez*<br>*ils disaient* |
| FUTUR | inquies<br>inquiet | *diras-tu*<br>*dira-t-il* | | |
| PARFAIT | inquisti<br>inquit | *dis-tu*<br>*dit-il* | ait | *dit-il* |

Usage ordinaire de ces deux verbes :
une **incise,** intercalée dans les paroles que l'on cite.
**Aio** a de plus les autres emplois du verbe *dire.*

### III. Verbes divers

1. D'ordinaire comme *incise* : 192
   **quaeso** *je t'en prie, s'il te plaît.*
   **quaesumus** *nous vous en prions, s'il vous plaît.*
2. Ne sont guère usités qu'à l'impératif :

| Singulier | Pluriel | |
|---|---|---|
| **ave** | **avēte** | *salut ! bonjour !* |
| **salve** | **salvēte** | |

## 7. VERBES IMPERSONNELS

193 Ces verbes ne peuvent avoir pour sujet une personne déterminée.

Ils n'ont que la troisième personne du singulier et l'infinitif.

Les uns sont *toujours* impersonnels, les autres *parfois*.

On peut les grouper en **trois catégories** selon qu'ils expriment :

I. **Le temps** qu'il fait :

| | |
|---|---|
| pluit | *il pleut* |
| tonat | *il tonne.* |

II. **Un sentiment** (n. 247) :

| | |
|---|---|
| me paenitet | *je me repens* |
| » piget | *je suis ennuyé* |
| » pudet | *j'ai honte* |
| » taedet | *je suis dégoûté* |
| » miseret | *j'ai pitié* |

194 III. **Nécessité, convenance, évidence, événement.**

| | | |
|---|---|---|
| 1. | oportet | *il faut* |
| | refert | *il importe* |
| | interest | *il importe* |
| 2. | decet | *il convient* |
| | praestat | *il vaut mieux* |
| | licet | *il est permis* |
| | libet | *il plaît* |
| 3. | patet | *il est évident* |
| | liquet | *il est clair* |
| | constat | *il est bien établi* |
| 4 | accidit | *il arrive* (malheur) |
| | contingit | *il arrive* (bonheur) |
| | evenit | *il arrive* (les deux). |

DEUXIÈME PARTIE

# SYNTAXE DES CAS

# RÈGLES D'ACCORD

## 1. SUJET

| |
|---|
| ***Columba volat*** |

195 Le sujet d'un verbe à un **mode personnel** se met au **nominatif.**

**Columba** volat. — *La colombe vole.*
**Agricolae** labōrant. — *Les agriculteurs travaillent.*

| |
|---|
| ***Nuntia Deum regnāre*** |

197 Le sujet d'un verbe à l'**infinitif** se met à l'**accusatif.**

Nuntia **Deum** regnāre. — *Annonce que Dieu règne.*
Bonum est **poētas** cantāre. — *Il est bon que les poètes chantent.*

---

196 1. Le **pronom personnel** ne s'exprime au nominatif que lorsqu'on veut mettre en relief le sujet, surtout dans les contrastes (n. 89, 1-2).

**Vos** ambulātis, **ego** labōro. — *Vous vous promenez, moi je travaille.*
Terram **arāmus,** patriam **iuvāmus.**
*Nous labourons la terre, nous aidons notre patrie.*

2. Les **verbes impersonnels** ne peuvent avoir pour sujet au nominatif qu'un *pronom neutre.*

**Illud** interest. — *Cela importe.*

198 Avec l'**infinitif historique** (n. 333,2) le sujet se met au **nominatif.** Car cet infinitif tient lieu d'un verbe à un mode personnel.

Cotidie **Caesar** frumentum flagitāre (CAES. b. g. 1,16,1).
*Chaque jour César réclamait du blé.*

## 2. VERBE ET ATTRIBUT

***Puellae cantant***

Tout verbe à un mode personnel s'accorde avec le sujet en **genre,** en **nombre** et en **personne.** 199

| | |
|---|---|
| Puellae **cantant.** | *Les jeunes filles chantent.* |
| Incŏlae, regīnam **amātis.** | *Habitants, vous aimez la reine.* |
| Nauta **vulnerātus est.** | *Le matelot fut blessé.* |
| Ancillae **locūtae sunt.** | *Les servantes ont parlé.* |

***Pirātae sunt feri***

L'attribut s'accorde en **cas,** en **genre** et en **nombre** avec le mot auquel il se rapporte, que ce mot soit **sujet** ou **complément.** 201

I. **Attribut du sujet**

| | |
|---|---|
| Pirātae sunt **feri.** | *Les pirates sont sauvages.* |
| Rosae sunt **pulchrae.** | *Les roses sont belles.* |
| Dona sunt **iucunda.** | *Les cadeaux sont agréables.* |
| Cicero **consul** creātus est. | *Cicéron fut nommé consul.* |
| Venēnum **laetus** bibet. | *Il boira le poison avec joie.* |
| Defendi rem publicam **adulescens.** | *J'ai défendu la république dans ma jeunesse.* |
| Credo Deum esse **bonum.** | *Je crois que Dieu est bon.* |

II. **Attribut du complément** (n. 241,I).

| | |
|---|---|
| Vocant eum **patrem** patriae. | *Ils l'appellent père de la patrie.* |
| Praebe te ipsum **virum !** | *Montre-toi un homme !* |
| Ipsos **caecos** reddit cupiditas. | *La cupidité les rend aveugles.* |
| Utor te **duce.** | *Je me sers de toi comme guide.* |

---

Avec un sujet masculin ou féminin l'attribut peut se mettre au **neutre** singulier pour désigner une chose en général. 202

**Triste** lupus stabulis (Verg. ecl. 3,80). *Le loup est funeste aux étables.*

***Pater et mater mortui sunt***

203 I. Lorsque le verbe et l'attribut se rapportent
à **plusieurs sujets animés,**
ils s'accordent d'ordinaire avec l'*ensemble des sujets.*
Si les sujets sont de *genres différents,*
l'attribut se met au **masculin pluriel,** comme en français.
S'ils sont de *personnes différentes,*
le verbe s'accorde avec la personne qui a la priorité :
la 1re personne a la priorité sur la 2me et celle-ci sur la 3me.
Pater et mater **mortui sunt** (Ter. Eun. 3,3,12).
*Mon père et ma mère sont morts.*
Si tu et Tullia **valētis,** ego et Cicero **valēmus** (Cic. fam. 14,5,1).
*Si Tullia et toi vous allez bien, Cicéron et moi nous allons bien.*

205 II. Lorsque les sujets sont des **noms de choses,**
deux constructions sont possibles :

1. L'accord **avec l'ensemble.**
Verbe et attribut se mettent au **pluriel.**
Si les sujets sont de *genres différents,*
l'attribut se met au **neutre pluriel.**
Murus et porta de caelo **tacta erant** (Liv. 32,29).
*Le mur et une porte avaient été frappés de la foudre.*

2. L'accord **avec le plus proche.**
Video in me omnium vestrum ora atque oculos esse conversos (Cic. Cat. 4,1).
*Je vois que vos visages et vos yeux à tous sont tournés vers moi.*
**Portus** munitissimi tutissimaeque **urbes** pirātis **patefactae** (Verr. I, 5,13).
*Ouverts aux pirates, les ports les mieux fortifiés, les villes les plus sûres !*

---

204 Même lorsqu'il s'agit d'êtres *animés,*
l'accord se fait d'ordinaire **avec le plus proche**

1. quand *le verbe précède* les sujets.
Dubitāre **visus est** Sulpicius et Cotta (Cic. de or. 1,262).
*Sulpicius parut douter et aussi Cotta.*

2. quand les *sujets* sont considérés comme *agissant séparément.*
Cum imperātor exercitum, censor populum **lustrāret** (Cic. div. 1,102).
*Quand le général passait en revue l'armée,*
*quand le censeur faisait le dénombrement du peuple.*

## I. Accord selon le sens 206

Le verbe et l'attribut, au lieu de s'accorder avec le sujet grammatical, s'accordent souvent avec *les personnes* ou *les choses* qu'il représente. Cet accord est fréquent avec les **collectifs** et avec *capita* et *milia*.

Cum tanta **multitūdo** lapides ac tela **conicerent** (CAES. b. g. 2,6,3).
*Comme une telle foule lançait des pierres et des traits.*
**Civitāti** persuāsit ut de finibus suis **exīrent** (id. 1,2,1).
*Il persuada à ses concitoyens de sortir de leur territoire.*
**Pars exigua** Romam **inermes delāti sunt** (LIV. 2,14).
*Une poignée de soldats vinrent échouer à Rome, sans armes.*
**Capita** coniuratiōnis virgis **caesi** ac secūri **percussi** (LIV. 10,1).
*Les chefs de la conjuration furent battus de verges et frappés de la hache.*
Duo **milia** crucibus **affixi** (QUINT. CURT. 4,4,17).
*Deux mille hommes furent mis en croix.*

## II. Attraction

1. Due au **voisinage.**

a) Le verbe s'accorde d'ordinaire avec un **nom attribut** *intercalé* entre le sujet et lui.

Non omnis **error** (masc.) stultitia **dicenda est** (CIC. div. 2,90).
*Toute erreur ne doit pas être appelée sottise.*

b) Le verbe et l'attribut s'accordent parfois
avec un **nom apposé** au sujet
dont ils sont *plus rapprochés* que du sujet.

**Corinthum** (fém.) patres vestri, totīus Graeciae lumen, patres vestri **exstinctum** esse voluērunt (CIC. imp. Cn. Pomp. 11).
*Corinthe, cette lumière de toute la Grèce, vos pères ont voulu qu'elle fût éteinte.*

2. Tout **pronom neutre singulier,** lorsqu'il est **sujet,**
peut prendre le *genre* et le *nombre* de son **attribut.**

Non est **ista** mea culpa (CIC. Cat. 2,2,3). *Ce n'est pas ma faute.*
**Haec** est stultitia (PL. Ep. 431). *C'est de la folie.*
**Quae** apud alios iracundia dicitur, **ea** in imperio superbia atque crudelitas appellātur (SALL. Cat. 51,14).
*Ce qui chez les autres s'appelle colère, cela chez les hommes au pouvoir s'appelle orgueil et cruauté.*

3. **Le pronom relatif,**
quels que soient le genre et le nombre de son antécédent,
prend parfois le *genre* et le *nombre* de son **attribut.**

Thebae ipsae, **quod** Bœotiae caput est, in magno motu erant (LIV. 42,44,2).
*Thèbes même, capitale de la Béotie, était en grand émoi.*
Alesiam, **quod** est oppidum Mandubiōrum, iter facere coepit (CAES. b. g. 7,68,1).
*Il se dirigea sur Alésia, ville des Mandubiens.*

## 3. ÉPITHÈTE

***Perītos nautas laudāmus***

207 1. L'adjectif épithète s'accorde en **genre,** en **nombre** et en **cas** avec le nom auquel il se rapporte.

**Perītos** nautas laudāmus. *Nous louons les matelots expérimentés.*
**Pulchrae** rosae a **multis** poētis cantantur.
*Les belles roses sont chantées par beaucoup de poètes.*

2. Quand il se rapporte à **plusieurs noms,** l'adjectif épithète s'accorde avec **le plus proche.**

Vir consilii **magni** et virtūtis (CAES. b. g. 3,5,2).
*Homme d'une grande prudence et d'un grand courage.*
Cum vitam **tuam** ac studia considero (CIC. de Orat. 3,82).
*Quand je considère votre vie et ses occupations.*
Romānis **cuncta** maria terraeque patēbant (SALL. Cat. 10,1).
*Toutes les mers et toutes les terres étaient ouvertes aux Romains.*

Ces règles d'accord de l'adjectif
s'étendent
- aux participes
- aux adjectifs numéraux
- et aux pronoms.

## 4. APPOSITION

| ***Vergilio, claro poētae*** |
|---|

Le nom **apposé** à un autre nom s'accorde **en cas** avec lui. **209**

| | |
|---|---|
| Vergilio, claro **poētae.** | *A Virgile, l'illustre poète.* |
| Cicero, **orātor** et **consul.** | *Cicéron, orateur et consul.* |
| Dominum, **Deum tuum,** adorābis. | *Tu adoreras le Seigneur, ton Dieu.* |

**Ne pas confondre** { le nom en apposition<br>le complément déterminatif.

| | |
|---|---|
| *la ville de Rome* | urbs Roma |
| *les remparts de Rome* | mœnia Romae |
| *l'île de Crète* | Creta insula |
| *les palais de la Crète* | Cretae palatia |
| *le Rhône* | flumen Rhodănus |
| *un fleuve de la Gaule* | flumen Galliae. |

---

Dans l'expression *est alicui nomen* (*cognōmen*) **210**

l'apposé s'accorde { soit avec nomen (cognōmen)<br>soit avec le datif.

Fons, cui nomen **Arethūsa** est (Cɪc. Verr. II,4,118).
*Une source nommée Aréthuse.*
Apollonius, cui **Gemino** cognōmen est (id. II,5,16).
*Apollonius surnommé Géminus.*

# COMPLÉMENT DU NOM

## RÈGLE GÉNÉRALE :

**Le complément déterminatif se met au génitif.**

| |
|---|
| ***Militis arma*** |

211 **Génitif possessif**

Le complément déterminatif qui indique **le possesseur** se met au génitif.

| | |
|---|---|
| **Militis** arma. | *Les armes du soldat.* |
| Domus **Caesaris.** | *La maison de César.* |
| Maiestas **consulis.** | *La majesté du consul.* |
| Difficultātes **belli.** | *Les difficultés de la guerre.* |
| Tempus **tacendi.** | *Le moment de se taire.* |

Comme on le voit par les derniers exemples, la possession est prise *au sens le plus large*.

---

212 I. **Génitif explicatif**

On met au génitif le nom qui **explique** et **précise** le nom dont il dépend.
Il se traduit souvent en français par une **apposition.**

| | |
|---|---|
| Virtus **patientiae.** | *La vertu de patience.* |
| Cognōmen **justi.** | *Le surnom de juste.* |
| Haec vox **voluptātis** (Cic. fin. 2,6). | *Ce mot « plaisir ».* |
| Nomen ipsum **carendi** (id. Tusc. 1,87). | *Le mot même de « manquer ».* |

II. Le complément déterminatif ne se met **pas au génitif** s'il désigne :

1. *La matière dont une chose est faite.*
   Un vase d'or — vas aureum / vas ex auro.

2. *L'origine d'une personne.*
   Socrate d'Athènes. — Socrātes Atheniensis.

3. *Le lieu d'une bataille.*
   La bataille de Cannes — pugna Cannensis / pugna apud Cannas.

***Adventus Caesaris — Spes mercēdis***

**Génitif subjectif — Génitif objectif** 213

Les *noms verbaux* veulent au génitif le nom

| | | |
|---|---|---|
| qui serait | soit le **sujet** | génitif subjectif |
| | soit l'**objet** | génitif objectif |

du verbe correspondant.

1. Génitif subjectif

| | | |
|---|---|---|
| Adventus **Caesaris.** | *L'arrivée de César.* | Caesar advĕnit. |
| Occāsus **solis.** | *Le coucher du soleil.* | Sol occĭdit. |
| Misericordia **Dei.** | *La miséricorde de Dieu.* | Deus miserētur. |

2. Génitif objectif

| | | |
|---|---|---|
| Spes **mercēdis.** | *L'espoir d'une récompense.* | Mercēdem sperat. |
| Cupiditas **regni.** | *Le désir du pouvoir.* | Regnum cupit. |
| Creātor **omnium.** | *Le Créateur de toutes choses.* | Omnia creāvit. |

3. Dans un grand nombre de cas, il faudra réfléchir, le même nom verbal admettant les deux génitifs.

| | | |
|---|---|---|
| Amor **Dei.** | *L'amour de Dieu pour nous.* | Deus nos amat. |
| | *L'amour que nous avons pour Dieu.* | Deum amāmus. |
| Metus **hostium.** | *La crainte que les ennemis éprouvent.* | Hostes metuunt. |
| | *La crainte que les ennemis inspirent.* | Hostes metuimus. |

---

1. Le génitif du *pronom personnel* **mei, tui,** etc. est toujours génitif **objectif.** 214
L'*adjectif possessif* **meus, tuus,** etc. correspond le plus souvent à un génitif subjectif.

| | |
|---|---|
| Amor **meus.** | *L'affection que j'ai.* |
| Amor **mei.** | *L'affection qu'on a pour moi.* |

2. Les noms qui marquent la **bienveillance** ou l'**aversion** peuvent aussi régir l'*accusatif* avec *in, erga, adversus.*
*Erga* s'emploie spécialement dans le sens favorable:

Meum studium **erga te** (Cic. fam. 3,4,1).
*Mon attachement pour toi.*
Etsi Antonius odio ferebātur **in Cicerōnem** (Nep. Att. 10).
*Quoique Antoine eût de la haine pour Cicéron.*

3. Plusieurs noms verbaux régissent **le même cas** que le verbe correspondant.

Iustitia est obtemperātio **scriptis legibus** (Cic. leg. 1,42).
*La justice est l'obéissance aux lois écrites.*
**Domum** reditiōnis spe sublāta (Caes. b. g. 1,5,3).
*S'interdisant l'espoir de retourner chez eux.*

***Vir maximi animi, praestanti prudentiā***

215 I. **Génitif de qualité — Ablatif de qualité**

On met au **génitif** ou à l'**ablatif** le nom qui exprime la **qualité** d'une personne ou d'une chose.
Ce nom est toujours *accompagné d'un adjectif.*

Vir **maximi animi, praestanti prudentiā** (Cic. fam. 4,8,1).
*Un homme d'un très grand courage, d'une prudence remarquable.*
Homo **minimi pretii** (Plaut. Men. 3,2,24).
*Un homme de très peu de valeur.*

II. Le complément indiquant l'**espèce** ou la **mesure** se met toujours au **génitif.**

| | |
|---|---|
| **Generis Graeci** est. | *Il est de race grecque.* |
| **Eiusdem generis** sacrificia. | *Des sacrifices du même genre.* |
| Aliquid **huiusmodi.** | *Quelque chose de cette sorte.* |
| Iter **trium diērum.** | *Une marche de trois jours.* |
| Puer **duodecim annōrum.** | *Un enfant de douze ans.* |
| Fossa **pedum viginti.** | *Un fossé de vingt pieds.* |

---

216 Le génitif et l'ablatif de qualité peuvent être unis au nom par les verbes **esse, fieri, vidēri,** etc.

**Magni** igitur **iudicii** esse debēbit (Cic. or. 70).
*Il lui faudra donc beaucoup de jugement.*
Agesilāus **statūra** fuit **humili** et **corpore exiguo** (Nep. Ag. 8).
*Agésilas était de petite taille et de corps grêle.*

**_Magna pars militum_**

## Génitif partitif 217

Le nom qui exprime **un tout** se met au **génitif** lorsqu'il est complément d'un *nom* ou de *tout autre mot* exprimant **la partie** de ce tout. On le rencontre avec :

1. Un **nom** qui indique la **quantité** ou la **mesure.**
   - Magna pars **militum.** — *Une grande partie des soldats.*
   - Copia **frumenti.** — *Abondance de blé.*
   - Amphŏra **vini.** — *Une amphore de vin.*
   - Duo milia **passuum.** — *Deux mille pas.*

2. Un **comparatif** ou un **superlatif.**
   - Maior **fratrum.** — *L'aîné des deux frères.*
   - **Horum omnium** fortissimi sunt Belgae (CAES. b. g. 1,1,3).
     *De tous ces peuples les Belges sont les plus braves.*

3. Un **adjectif numéral ordinal.**
   - Tertius **regum Romanōrum.** — *Le troisième des rois de Rome.*

4. Un **pronom.**
   - Nemo **eōrum.** — *Nul d'entre eux.*
   - Quis **vestrum ?** — *Qui parmi vous ?*
   - Id **consilii.** — *Ce projet.*

5. Un **pronom neutre** ou un **adverbe de quantité.**
   - Multum **auri.** — *Beaucoup d'or.*
   - Plus **fortitudinis.** — *Plus de courage.*
   - Satis **prudentiae.** — *Assez de prudence.*
   - Tantum **aquae** quantum **vini.** — *Autant d'eau que de vin.*

6. Un **adverbe de lieu.**
   - Ubi **terrārum** sumus ? — *Où sommes-nous ?*
   - Nusquam **gentium.** — *Nulle part au monde.*

---

I. **Constructions fréquentes,** outre le génitif : 218

1. **Unus** : *ex, de* + ABLATIF.
   - Unus **e Stoicis.** — *Le seul des Stoïciens.*
   - Unus **de multis.** — *Un parmi beaucoup.*
2. **Superlatif** : *inter* + ACCUSATIF.
   - Honestissimus **inter suos.** — *Le plus noble parmi ses concitoyens.*

II. 1. Comme complément d'un pronom neutre, un **adjectif** de la **1re classe** se met au **génitif.**
   - Quid **novi ?** — *Quoi de neuf ?*

2. Un **adjectif** de la **2e classe s'accorde** avec le pronom.
   - Nihil **utile.** — *Rien d'utile.*

# COMPLÉMENT DE L'ADJECTIF

## GÉNITIF

***Dux perītus belli***

**219** Les adjectifs qui signifient
**avide, capable, participant, se souvenant** ou le contraire
veulent leur complément au **génitif.**

| | | | |
|---|---|---|---|
| 1. avidus | *avide* | 3. particeps | *qui prend part* |
| cupidus | *désireux* | expers | *dépourvu, privé* |
| studiōsus | *passionné pour* | compos | *maître de* |
| 2. perītus | *expérimenté, habile* | conscius | *conscient, complice* |
| imperītus | *inexpérimenté* | insuētus | *non habitué* |
| rudis | *ignorant* | 4. memor | *qui se souvient* |
| ignārus | *ignorant* | immemor | *oublieux.* |

1. **Laudis** avidi erant. — *Ils étaient avides de louanges.*
   **Videndi** cupidus. — *Désireux de voir.*
2. Dux perītus **belli.** — *Un chef habile à la guerre.*
   Rudis **litterārum.** — *Ignorant la littérature.*
3. Particeps **regni.** — *Qui prend part au gouvernement.*
   Expers **ratiōnis.** — *Dépourvu de raison.*
   Compos **sui.** — *Maître de soi.*
   Insuētus **labōris.** — *Qui n'a pas l'habitude du travail.*
   Cum sibi **nullīus** essent conscii **culpae** (Cic. off. 3,73).
   *Comme ils n'avaient conscience d'aucune faute.*
4. Habētis ducem **vestri** memorem (Cic. Cat. 4,19).
   *Vous avez un chef qui ne vous oublie pas.*

---

**220** 1. On construit avec le **génitif** le **participe présent** des verbes transitifs, quand il est employé comme *adjectif* exprimant une *habitude.*

Miles patiens **labōris.** — *Soldat endurant à la fatigue.*
Cives amantes **patriae.** — *Des citoyens amis de la patrie.*

2. Les **adjectifs** en **-ax** dérivés de verbes transitifs régissent aussi le **génitif,** spécialement chez les poètes.

Tempus edax **rerum** (Ov. met. 15,234). — *Le temps qui ronge tout.*
Tenax **propositi** (Hor. od. 3,3,1). — *Ferme en sa résolution.*

## DATIF

***Lex utilis plebi***

Les adjectifs qui signifient **221**
**utile, bienveillant, proche, semblable** ou le contraire
veulent leur complément au **datif.**

| | | | | |
|---|---|---|---|---|
| 1. | utilis | *utile* | inutilis | *inutile* |
| 2. | benevŏlus | *bienveillant* | contrarius | *contraire* |
| | amīcus | *ami* | inimīcus | *ennemi* |
| | carus | *cher* | molestus | *pénible, gênant* |
| | gratus | *agréable* | infestus | *hostile* |
| | iucundus | *agréable* | odiōsus | *odieux* |
| | fidēlis | *fidèle* | perniciōsus | *funeste* |
| 3. | propinquus | *proche* | 4. similis | *semblable* |
| | vicīnus | *voisin* | dissimilis | *différent* |
| | finitimus | *voisin* | par | *égal* |
| | propior | *plus proche* | impar | *inégal* |
| | proximus | *le plus proche* | aequālis | *égal, contemporain.* |

Lex utilis est **plebi** (Cic. leg. agr. 2,12).
*La loi est utile au peuple.*
Perniciōsa **rei publicae** consilia (id. dom. 114).
*Des projets nuisibles à la république.*

---

1. **Ami, parent, voisin** se construisent **222**
   comme **noms** avec le **génitif**
   comme **adjectifs** avec le **datif.**
2. Ont indifféremment le **génitif** ou le **datif** :
   commūnis *commun* — similis *semblable*
   proprius *propre* — dissimilis *différent.*
   Avec similis et dissimilis, le *pronom personnel*
   se met au *génitif* : mei, tui similis etc.
3. Admettent aussi **l'accusatif** avec **ad**
   les adjectifs qui marquent une *aptitude* :
   aptus *apte* — utilis *utile*
   idoneus *propre à* — inutilis *inutile.*
4. Les adjectifs qui marquent la *bienveillance* ou l'*aversion*
   admettent aussi l'**accusatif** avec **in, erga, adversus** (n. 214,2).
5. Quelques **adverbes** régissent le même cas
   que les adjectifs dont ils dérivent.
   Congruenter **natūrae** convenienterque vivere (Cic. fin. 3,26).
   *Vivre d'une manière conforme à la nature.*

## ABLATIF

| ***Onustus praedā — Plena errōrum*** |
|---|

223 I. Les adjectifs qui marquent l'**abondance** ont leur complément à l'**ablatif.**

| | | | |
|---|---|---|---|
| praeditus | *doué* | refertus | *rempli* |
| onustus | *chargé* | contentus | *content.* |

Onustus **praedā.** — *Chargé de butin.*
**Suā sorte** contentus. — *Content de son sort.*

II. Les adjectifs qui marquent la **privation** ont leur complément à l'**ablatif** avec ou sans **ab.**

| | | | |
|---|---|---|---|
| liber | *libre* | nudus | *dépouillé* |
| orbus | *privé* | vacuus | *vide.* |

Animus **curis** vacuus. — *Le cœur libre de tout souci.*
Orbus **a patre.** — *Privé de son père, orphelin.*

III. **Plenus** *plein*, **Inops** *dépourvu* } se construisent d'ordinaire avec le **génitif.**

Plena **errōrum** sunt omnia (Cic. Tusc. 1,105). *Tout est plein d'erreurs.*

| ***Vir probitāte eximius — Omni laude dignus*** |
|---|

225 I. Ablatif de relation

Le complément qui indique à quel **point de vue** une affirmation est vraie se met à l'**ablatif.**

Vir **probitāte** eximius. — *Un homme remarquable par sa probité.*
Validus **corpore** (Hor. ep. 1,8,7). — *Robuste de corps.*
**Natiōne** Medus (Nep. Paus. 1). — *Mède de nationalité.*

II. L'**ablatif** s'emploie aussi avec { **dignus** *digne*, **indignus** *indigne.*

Voluntas **omni laude** digna (Cic. dom. 131).
*Intention digne de toute louange.*

---

224 1. Compare avec les compléments du **verbe** (n. 271).
2. Ces adjectifs ont parfois leur complément au **génitif.**
3. **aliēnus,** *étranger à,* admet 3 constructions : datif — ablatif seul — ablatif avec **ab.**

226 A l'imitation des Grecs, les poètes mettent le complément de **relation** à l'**accusatif** (n. 244,3).
**Os umeros**que deo similis (Verg. Aen. 1,589).
*Pour le visage et les épaules, semblable à un dieu.*

## ACCUSATIF

***Fossa duos pedes lata***

I. Les adjectifs de **dimension** veulent le nom de la **mesure** à l'**accusatif** (cf. accusatif de distance : n. 299). **227**

| | |
|---|---|
| longus | *long* |
| latus | *large* |
| altus | *haut, profond.* |
| Fossa **duos pedes** lata. | *Un fossé large de deux pieds.* |
| Murus **decem pedes** altus. | *Un mur haut de dix pieds.* |

II. Avec **natus,** *âgé de,* on met à l'**accusatif** le nombre des années (accusatif de durée : n. 305).

Duodĕcim **annos** natus. *Agé de douze ans.*

III. Si l'on n'emploie *pas* l'adjectif, on aura des expressions équivalentes en mettant le complément du **nom** au **génitif** (n. 215,II).

| | |
|---|---|
| Fossa **duōrum pedum.** | *Un fossé de deux pieds.* |
| Puer **duodĕcim annōrum.** | *Un enfant de douze ans.* |

---

## SUPIN

***Facile factu — Parātus audīre***

I. Avec les adjectifs qui **signifient** **honnête, agréable, facile, admirable** ou le contraire, on emploie comme complément le **supin** en **-u** de certains verbes. **228**

| | | | | | |
|---|---|---|---|---|---|
| optimus | *très bon* | facilis | *facile* | mirabilis | *admirable* |
| turpis | *honteux* | difficilis | *difficile* | incredibilis | *incroyable.* |
| iucundus | *agréable* | | | | |

Facile **factu** fuit (Cic. Sest. 39). *Cela fut facile à faire.*
Iucundum **cognitu** atque **audītu** (Cic. de or. 1,31).
*Agréable à connaître et à entendre.*

II. **Parātus** peut avoir pour complément un **infinitif.**

Parātus **audīre** (Cic. inv. 1,23). *Disposé à entendre.*
Omnia **perpeti** parātus (Caes. b. c. 3,9,5). *Prêt à tout endurer.*

Autre construction possible : **ad** + accusatif du **gérondif.**

Naves **ad navigandum** parātae. *Des navires prêts à naviguer.*

## COMPARATIFS

**_Paulus est doctior Petro_**

229 I. Quand le premier terme d'une comparaison est au NOMINATIF ou à l'ACCUSATIF, le second se met à l'**ablatif seul** ou au **même cas** que le premier avec **quam.**

Paulus est doctior **Petro.**
Paulus est doctior **quam Petrus.**
*Paul est plus savant que Pierre.*
Neminem vidi doctiōrem **Petro.**
Neminem vidi doctiōrem **quam Petrum.**
*Je n'ai vu personne plus savant que Pierre.*
Dicit asinum esse celeriōrem **equo.**
Dicit asinum esse celeriōrem **quam equum.**
*Il dit que l'âne est plus rapide que le cheval.*
**Luce** clariōra sunt nobis tua consilia (CIC. Cat. 1,6).
*Tes projets sont pour nous plus clairs que le jour.*
Natūra virum **quam mulierem** fecit audaciōrem (COLUM. 12, praef. 5).
*La nature a fait l'homme plus audacieux que la femme.*

II. Quand le premier terme est à un cas AUTRE que le nominatif ou l'accusatif, le second est uni au premier par **quam.**

a) S'il est *complément du même mot,* il se met au **même cas.**

b) *Sinon,* il devient **sujet** du verbe **esse.**

a) Maior est fulgor solis quam **lunae.**
*Le soleil a plus d'éclat que la lune.*
Morbi perniciosiōres sunt animi **quam corporis** (CIC.).
*Les maladies de l'âme sont plus dangereuses que celles du corps.*
Non magis mihi faveo **quam tibi** (CIC. fam. 3,6,1).
*Je ne me donne pas plus d'avantage qu'à toi.*
Multitudini gratior fuit **quam patribus** (LIV. 1,15).
*Il fut plus cher au peuple qu'aux sénateurs.*

b) Tibi multo maiōri **quam Africānus fuit** (CIC. fam. 5,7,3).
*A toi, bien plus grand que ne fut l'Africain.*
Verba Varrōnis, hominis **quam fuit Claudius** doctiōris (Gell. 10,1).
*Paroles de Varron, homme plus savant que ne le fut Claudius.*

1. Le **pronom relatif** qui sert de second terme se met toujours à l'**ablatif.** **230**

Sequāmur Polybium, **quo** nemo fuit diligentior (Cic. rep. 2,27).
*Suivons Polybe, que nul ne dépassa en exactitude.*
Punicum bellum, **quo** nullum maius Romāni gessēre (Liv. 38,53,11).
*La guerre punique, la plus grande qu'aient faite les Romains.*
Patriam, **quā** nihil potest esse iucundius, nobis reddidistis.
*La patrie, le bien le plus cher que nous ayons, vous nous l'avez rendue.*

2. On emploie uniquement l'**ablatif** dans les expressions suivantes :

| | | | | | |
|---|---|---|---|---|---|
| **spe** | (*mieux*) | *qu'on ne l'espérait* | **aequo** | (*plus*) | *que de raison* |
| **opiniōne** | | *qu'on ne pensait* | **iusto** | | *qu'il n'est juste* |
| **exspectatiōne** | | *qu'on ne s'y attendait* | **solito** | | *que de coutume.* |

**Opiniōne** celerius. *Plus vite qu'on ne s'y attendait.*
Turba **solito** maior. *Une foule plus grande que de coutume.*

3. Les comparatifs adverbes **plus** / **amplius** } *plus* — **longius** *plus loin* — **minus** *moins*
peuvent s'ajouter à un nom de grandeur
*sans influer sur le cas* de ce nom.

Plus **annos decem.** *Pendant plus de dix ans.*
Romāni plus **sescenti** cecidērunt (Liv. 39,31,15).
*Plus de six cents Romains périrent.*
Non longius **milia** passuum octo ab hibernis suis afuisse (Caes. b. g. 5,53,7).
*Ils n'étaient pas à plus de huit mille pas de ses quartiers d'hiver.*

4. Pour marquer la **mesure de la différence,** on peut
joindre au comparatif un complément à l'**ablatif.**

Hibernia, **dimidio** minor quam Britannia (Caes. b. g. 5,13,2).
*L'Hibernie, de moitié moins grande que la Bretagne.*
Turres **denis pedibus** quam murus altiōres sunt (Quint. Curt. 5,1).
*Les tours sont de dix pieds plus hautes que le mur.*

5. Cette construction est fréquente avec les ablatifs :

| | | | |
|---|---|---|---|
| **multo** | *beaucoup* | **eo... quo** | *d'autant... que* |
| **paulo** | *un peu* | **tanto... quanto** | (n. 135,4). |
| **aliquanto** | *assez* | | |

**Multo** sapientior. *Beaucoup plus sage.*
**Aliquanto** maior. *Sensiblement plus grand.*

6. Quand on compare entre eux **deux adjectifs** (ou deux adverbes),
le latin peut les mettre **tous deux au comparatif.**

Triumphus **clarior** quam **gratior** fuit (Liv. 5,23).
*Le triomphe fut plus splendide qu'agréable.*
**Libentius** quam **verius** (Cic. Mil. 78). *Avec plus de complaisance que de vérité.*

# COMPLÉMENT DU VERBE

## 1. ACCUSATIF

### A. Accusatif complément d'objet direct

***Pater amat filium***

231 Tout verbe *transitif* veut son **complément d'objet direct** à **l'accusatif.**

Pater amat **filium.** — *Le père aime son fils.*
Regīna **ancillas** vocat. — *La reine appelle les servantes.*

---

232 I. Certains verbes qui en français sont **transitifs indirects** peuvent se construire en latin avec l'**accusatif.**

a) **Verbes de sentiment**

**Pacem** desperāvi (Cic.). — *J'ai désespéré de la paix.*
Ego **meas** queror **fortūnas** (Plaut). — *Je me lamente sur mon sort.*
Noli dolēre, mater, **eventum meum** (Carm. ep.).
*O mère, ne pleure pas sur mon sort.*

b) **Autres verbes**

**Sanguinem nostrum** sitiēbat (Cic.). — *Il avait soif de notre sang.*
Ulcisci **aliquem** pro scelere (Caes.).
*Tirer vengeance de quelqu'un pour un crime.*
Animus **sensum** effŭgit oculōrum (Cic.).
*L'âme échappe à la perception des yeux.*

II. Certains verbes ont un **sens différent** selon qu'ils se construisent avec l'*accusatif* ou avec *un autre cas.*

{ **Cave canem** ! (Varr. Men. 75). — *Prends garde au chien !*
{ Roma, cave **tibi** ! (Liv. 35,21,4). — *Rome, prends garde à toi !*

{ Vox **eum** defēcit (Cic.) — *La voix vint à lui manquer.*
{ Deficere **ab aliquo** (Cic.) — *Abandonner quelqu'un.*

{ **Vos** consulo (Cic. Verr. I,32). — *Je vous demande conseil.*
{ Consulite **vobis** (id. Cat. 4,3). — *Veillez à vos intérêts.*

{ Prospicere **futūros casus** (id. am. 40). — *Prévoir les dangers futurs.*
{ Prospicite **patriae** (id. Cat. 4,3). — *Veillez à l'avenir de la patrie.*

### *Rhenum transīre*

Plusieurs verbes intransitifs forment des **composés transitifs.** **234**

En français également : { *siéger* au tribunal / *assiéger* une ville.

1. Les VERBES DE MOUVEMENT avec les prépositions

| | | |
|---|---|---|
| **circum** | circumvenīre hostem | *cerner l'ennemi* |
| **praeter** | praetergredi castra | *dépasser le camp* |
| **trans** | Rhenum transīre | *traverser le Rhin.* |

2. Ou avec les prépositions **ad, in, ob, per,** surtout quand le composé a un *sens dérivé.*

| | | |
|---|---|---|
| **ad** | adīre hereditātem | *accepter un héritage* |
| **in** | inīre consilium | *prendre une résolution* |
| **ob** | obīre mortem | *mourir* |
| **per** | peragrāre insulas | *parcourir les îles.* |

Quand le composé *garde le sens du verbe simple,* plusieurs constructions sont possibles :

| | | |
|---|---|---|
| **accusatif seul** | adīre senātum | *s'adresser au Sénat* |
| **accusatif et préposition** | adīre ad Verrem | *aller trouver Verrès* |
| **datif** (n. 260) | occurrere patri | *courir au devant de son père.* |

3. Les verbes transitifs composés de **trans** peuvent régir **deux accusatifs** :

a) le complément d'objet direct

b) l'obstacle franchi (dépendant de *trans*).

Cum **Rhodănum copias** traiecissem (Cic. fam. 10,11,2).
*Lorsque j'eus fait passer le Rhône à mes troupes.*

4. Les VERBES DE SITUATION avec la préposition **circum.**

| | |
|---|---|
| Circumstant senātum (Cic. Cat. 1,21). | *Ils sont là debout autour du Sénat.* |
| Circumsedēre urbem (Liv. 6,6). | *Assiéger la ville.* |

**L'accusatif** s'emploie dans les **exclamations.** **236**

| | |
|---|---|
| Me miserum ! (Cic. fam. 14,1,1). | *Malheureux que je suis !* |
| O fallăcem spem ! (id. de or. 3,7). | *O trompeuse espérance !* |

***Parvum parva decent***

238 I. Quelques verbes **impersonnels** se construisent avec l'**accusatif de la personne.**

| | | | |
|---|---|---|---|
| **me decet** | *il me convient* | **me fallit** | *il m'échappe,* |
| **me iuvat** | *il me plaît* | **me fugit** | *j'ignore.* |

Omnia **me** fallunt (Cic.). *Tout m'échappe.*
**Multos** castra iuvant (Hor.). *A beaucoup plaisent les camps.*
**Parvum** parva decent (Hor.). *Au petit conviennent de petites choses.*
Quam sit difficile **te** non fugit (Cic.).
*Tu n'ignores pas combien c'est difficile.*
Non decet **regem** saeva et inexorabilis ira (Sen.).
*Une colère cruelle et implacable ne sied pas à un roi.*

II. D'autres verbes impersonnels, qui expriment **un sentiment,** ont, outre l'*accusatif de la personne,* le *génitif de l'objet* qui provoque ce sentiment (n. 247).

## B. Accusatif de qualification

***Mirum somniāvi somnium***

240 Un verbe **intransitif** a parfois un complément à l'**accusatif.** C'est toujours un nom *de même racine* ou *de même sens* que ce verbe. Il est d'ordinaire *accompagné d'une épithète* et apporte ainsi au verbe une précision, une **qualification.**

La chose existe *en français :* vivre une vie dangereuse
combattre le bon combat
frapper un grand coup.

**Mirum** somniāvi **somnium** (Plaut. Rud. 597). *J'ai fait un rêve merveilleux.*
**Istam pugnam** pugnābo (Plaut. Ps. 524). *Je livrerai ce combat.*
Iurāvi **verissimum iusiurandum** (Cic. fam. 5,2,7). *Je fis le plus véridique des serments.*
Omnes volunt **vitam beātam** vivere (Quint.). *Tous veulent vivre une vie heureuse.*
Abi **tuam viam** (Plaut. Rud. 1027). *Va-t'en ton chemin !*
**Errōrem similem** insanīre (Hor.) *Être atteint du même égarement.*

## C. Double accusatif

I. On range parfois sous ce titre **241**
les deux accusatifs vus au n. 201,II.
Après les verbes signifiant *faire, nommer, estimer* etc.
{ un accusatif est le **complément d'objet direct**
{ l'autre est son **attribut.**

II. Dans la règle suivante (n. 243),
le même verbe a **deux accusatifs d'objet.**

| ***Doceo pueros grammaticam*** |
|---|

1. Le verbe **docēre,** *enseigner,* se construit avec **deux accusatifs :** **243**
{ celui de **la personne** qu'on instruit
{ celui de **la chose** qu'on enseigne.

| | |
|---|---|
| **Doceo pueros grammaticam.** | *J'enseigne aux enfants la grammaire.* |
| **Eam artem** tu **nos** docēbis. | *Toi tu nous enseigneras cet art.* |

Fortūna belli **artem victos** quoque docet (Quint. Curt.).
*La Fortune apprend même aux vaincus l'art de la guerre.*

2. Les **deux expressions** suivantes ont également le double accusatif :

| | |
|---|---|
| **Senatōrem sententiam** rogāre. | *Demander son avis à un sénateur.* |
| **Populum magistrātus** rogāre. | *Demander au peuple* (d'élire) *des magistrats.* |

Mais en règle générale,
**demander** *quelque chose à quelqu'un* =
petere, poscere, postulāre aliquid **ab aliquo.**

## D. Accusatif de relation

**Utrumque laetor**

244 1. Beaucoup de verbes, transitifs ou intransitifs, ont comme complément l'**accusatif** d'un **pronom neutre** ou d'un **adjectif neutre.**

Ce complément indique *à quel point de vue, sous quel rapport* on affirme quelque chose.

**Utrumque** laetor (Cic. fam. 7,1,1). *Je me réjouis des deux choses.*
**Pauca** milites hortātus (Sall. Jug. 49,6). *Ayant exhorté les soldats en peu de mots.*
**Cetera** assentior Crasso (Cic. de or. 1,35).
*Pour tout le reste, je me range à l'avis de Crassus.*
Vellem **idem** possem gloriāri quod Cyrus (id. sen. 32).
*Je voudrais pouvoir me glorifier de la même chose que Cyrus.*

2. D'où les *expressions adverbiales :*

| | |
|---|---|
| **id** aetātis | *de cet âge* |
| **id** temporis | *à ce moment* |
| **magnam partem** | *en grande partie.* |

3. A l'imitation du grec, en poésie et en prose post-classique, le mot **genus,** *race,* et les noms désignant des **parties du corps** (n. 226) se mettent souvent à l'accusatif de relation.

## 2. GÉNITIF

### A. Génitif objectif

| *Vivōrum memini* |
|---|

Les verbes **meminisse** *se souvenir* 245
**reminisci** *se souvenir*
**oblivisci** *oublier*

ont au **génitif** (rarement à l'accusatif) le nom de la **personne**
au **génitif** ou à l'**accusatif** le nom de la **chose**
dont on se souvient, etc.

**Vivōrum** memini, nec tamen **Epicūri** licet oblivisci (Cic. fin. 5,3).
*Je me souviens des vivants ; je ne puis cependant oublier Epicure.*

| | |
|---|---|
| Memini **constantiae tuae** (id. fam. 13,75,1). | *Je me souviens de votre constance.* |
| Obliviscor iam **tuas iniurias** (id. Cael. 50). | *J'oublie déjà vos injustices.* |
| **Totam causam** oblītus sum (Cic.). | *J'ai oublié toute l'affaire.* |

---

1. **Recordāri,** *se rappeler, se souvenir.* 246

PERSONNE *de* + ablatif
CHOSE accusatif.

**De te** recordor (Cic. Scaur. 49). *Je me souviens de toi.*
Recordabantur Galli **priōrem libertātem** (Tac.).
*Les Gaulois se rappelaient leur liberté d'autrefois.*

2. **Faire ressouvenir, avertir, informer.**
*de* + ablatif de la chose.

**De eo proelio** vos admonui (Cic.) *Je vous ai rappelé ce combat.*

3. Pour tous ces verbes, quand le complément est un **pronom neutre,** il se met toujours à l'**accusatif.**

Officia **quae** meminisse debet (id. am. 71).
*Les services qu'il doit se rappeler.*
Eos **hoc** moneo (id. Cat. 2,20). *Je les en avertis.*

***Me paenitet errōris mei***

**247** Cinq *verbes impersonnels* de *sentiment* veulent

| | |
|---|---|
| à l'**accusatif** | la **personne** qui éprouve le sentiment |
| au **génitif** | l'**objet** qui l'inspire. |

| | | | |
|---|---|---|---|
| me **paenitet** | *je me repens* | me **taedet** | *je suis dégoûté* |
| me **piget** | *je suis ennuyé* | me **miseret** | *j'ai pitié.* |
| me **pudet** | *j'ai honte* | | |

Tout se passe comme si on avait :

poena errōris mei me tenet
*le regret de mon erreur me tient.*

De même : taedet eos vitae.

taedium vitae eos tenet
*le dégoût de la vie les tient.*

**Me errōris mei** paenitet (Cic. Cael. 5,14). — *Je regrette mon erreur.*
Taedet **eos vitae** (Cic.). — *Ils sont dégoûtés de la vie.*

**Me** non solum piget **stultitiae meae,** sed pudet (id. dom. 29).
*Je ne suis pas seulement mécontent, mais honteux, de ma sottise.*
**Me** civitātis **morum** piget taedetque (Sall. Jug. 4,9).
*J'éprouve l'ennui et le dégoût des mœurs de la ville.*
**Tui te** nec miseret, nec pudet (Plaut. Trin. 2,4,30).
*Tu n'as ni pitié ni honte de toi-même.*

A la troisième personne, on n'emploie jamais le réfléchi *se,* mais *eum, eam, eos ...*

*Elle se repent de ses péchés.* **Eam** peccatōrum suōrum paenitet.

---

**248** 1. Au lieu du génitif de l'objet, on trouve aussi l'**infinitif** (pas le gérondif).

Quem paenitet **peccasse,** paene est innocens (Sen. Agam. 243).
*Celui qui se repent d'avoir péché est presque innocent.*

2. Le verbe personnel **miserēri,** *avoir pitié,* régit le **génitif.**

Miseremini **sociōrum** (Cic. Verr. II,1,72). *Ayez pitié des alliés.*

### *Interest omnium recte facere*

Avec l'impersonnel **interest,** *il importe,* **249**
la **personne** se met au **génitif**

| | |
|---|---|
| la **chose** | d'ordinaire à l'**accusatif** avec **ad** |
| | plus rarement au *génitif.* |

Interest **omnium** recte facere (Cic. fin. 2,72).
*C'est l'intérêt de tous d'agir avec droiture.*
Magni **ad honōrem nostrum** interest (id. fam. 16,1,1).
*Il importe grandement à notre honneur.*
Ostendam quantum **salūtis commūnis** intersit (id. Mur. 4).
*Je montrerai combien il importe au salut de tous.*

---

### *Meā refert*

1. Avec **interest** et **refert,** on emploie **250**
au lieu du génitif des pronoms personnels
les ablatifs féminins **meā, tuā,** etc.
A la 3e personne : **eius, eōrum, eārum** *interest.*
Les classiques n'emploient pas le génitif avec *refert.*

Id **meā** minime refert (Ter. Ad. 5,4,27). *Cela m'importe fort peu.*
Quid **tuā** id refert ? (id. Phorm. 4,5,11). *Que t'importe cela ?*
Et **tuā** et **meā** maxime interest te valēre (Cic. fam. 16,4,4).
*Il est fort important pour toi et pour moi que tu te portes bien.*

2. Origine de ces constructions :

a) **meā re fert**

| | |
|---|---|
| fert | 3e pers. sing. de ferre, au sens *intransitif.* |
| meā re | ablatif d'*accompagnement* (n. 316,1). |

| | | |
|---|---|---|
| Littéralement : | « cela se dirige en accord avec mon intérêt. » | |
| En français : | « c'est conforme à mon intérêt. » | |
| | « il y va de mon intérêt. » | |
| Rapprocher : | consuetudine suā | *selon son habitude* |
| | meā re | *selon mon intérêt.* |

b) **meā refert** écrit en un mot.

c) **meā interest** par analogie avec le précédent.

d) **interest + génitif**

A une époque où l'expression avec *meā* n'était plus comprise,
on substitua le génitif à l'adjectif possessif
comme cela se faisait ailleurs (amor meus = amor mei).

## B. Génitif du délit

| *Insimulāre aliquem furti* |
|---|

251 I. Les verbes qui signifient
*accuser, convaincre, condamner, absoudre*

veulent au **génitif** le **délit** dont on accuse,
pour lequel on condamne, etc.

| | |
|---|---|
| *accuser* | accusāre, arguere, insimulāre, reum facere |
| *convaincre* | convincere, coarguere |
| *condamner* | damnāre, condemnāre |
| *absoudre* | absolvere. |

Insimulāre aliquem **furti.** *Accuser quelqu'un de vol.*
Miltiades **proditiōnis** accusātus est (Nep. 1,7,5).
*Miltiade fut accusé de trahison.*
Ceteros non dubitābo **inertiae** condemnāre (Cic. de or. 1,172).
*Tous les autres, je n'hésiterai pas à les condamner pour leur paresse.*

II. Le nom de la **peine** se met d'ordinaire à l'**ablatif**

(ablatif instrumental : n. 269 et 313).

Mais on dit : **capitis** ou **capite** damnāre, *condamner à mort.*

Miltiades, **capitis** absolūtus, **pecuniā** multātus est (Nep. ibid.).
*Miltiade ne fut pas condamné à mort, mais il fut puni d'une amende.*
Sthenium, hospitem suum, **capite** damnāvit (Cic. Verr. II, 5,109).
*Il a condamné à mort Sthénius, son hôte.*

---

252 Avec plusieurs de ces verbes on emploie **de** et l'**ablatif.**

**Postulāre,** *accuser,* se construit régulièrement ainsi.

Postulāre censōrem **de ambitu.** *Poursuivre un censeur pour brigue.*
**De vi** condemnāti sunt (Cic. Phil. 2,4). *Ils furent condamnés pour violence.*
Me accusāre **de** epistulārum **neglegentiā** (id. Att. 1,6,1).
*M'accuser de négligence dans mon courrier.*

## C. Génitif possessif

| |
|---|
| ***Omnia hostium erant — Est adulescentis*** |

Le verbe personnel **esse** et l'impersonnel **est** se construisent souvent avec le **génitif possessif.** 253

I. *Possession proprement dite.*

Hic liber est **Petri.** *Ce livre appartient à Pierre.*
Praeter Capitolium, omnia **hostium** erant (Liv. 6,40,17).
*A l'exception du Capitole, tout était aux mains des ennemis.*

II. *Il appartient à, c'est le propre de, c'est le devoir de.*

**Solīus Dei** est esse infinītum.
*Il appartient à Dieu seul d'être infini.*
Est **viri fortis** ne suppliciis quidem movēri (Cic. Mil. 82).
*C'est le fait d'un homme courageux de ne pas se laisser ébranler même par les supplices.*
Est **adulescentis** maiōres natu verēri (id. off. 1,122).
*Il est du devoir du jeune homme de respecter les vieillards.*

---

1. On rencontre également : 254

| | |
|---|---|
| est **moris,** consuetudinis<br>est **mos,** consuetūdo | *il est d'usage.* |
| est **stultitiae,** levitātis<br>est **stultitia,** levitas | *c'est le propre de la sottise, de la légèreté.* |

2. Au pronom personnel on substituera un **adjectif possessif,** qui deviendra tout naturellement **attribut.**

Haec domus **nostra** est. *Cette maison est à nous.*
Est **tuum** vidēre quid agātur (Cic. Mur. 83).
*C'est à vous de voir ce qui se fait.*

## 3. DATIF

| Le datif est le cas de l'attribution | |
|---|---|
| *à qui ?* | datif d'ATTRIBUTION |
| *pour qui ?* | datif d'AVANTAGE |
| *dans quel but ?* | datif de BUT |

### A. Datif d'attribution

***Da dextram misero***

255 Beaucoup de verbes **transitifs** veulent le **datif** de la personne ou de la chose à laquelle on *donne, attribue, déclare* ou *rapporte* quelque chose.

| | | | |
|---|---|---|---|
| dare<br>largīri | *donner* | dicere | *dire* |
| | | respondēre | *répondre* |
| committere<br>credere | *confier* | pollicēri | *promettre* |
| | | negāre | *refuser* |
| eripere | *arracher* | ostendere | *montrer.* |

Da dextram **misero** (Verg. Aen. 6,370).
*Tends la main à un malheureux.*
Nos libertātem **nostris militibus** pollicēmur (Cic. Phil. 8,10).
*Nous promettons la liberté à nos soldats.*

---

256 **Scribere** *écrire* — **mittere** *envoyer* — **dare** *donner*

admettent aussi **l'accusatif** avec **ad** pour mieux indiquer la destination.

Plura **ad te** scribam (Cic. Att. 11,10,2).
*Je t'écrirai plus au long.*
Dare litteras **ad aliquem.**
*Remettre une lettre pour quelqu'un ; écrire à quelqu'un.*
Legātos de deditiōne **ad eum** misērunt (Caes. b. g. 1,27,1).
*Ils lui envoyèrent des députés pour traiter de leur soumission.*

### *Favent pietāti*

Beaucoup de verbes **transitifs indirects** ont leur complément au **datif.** Tels sont : 257

1. Les verbes qui signifient :

| | | | |
|---|---|---|---|
| *être utile* | *nuire* | *obéir* | *résister* |
| *favoriser* | *contrarier* | *se fier* | *se défier.* |
| *plaire* | *déplaire* | | |

2. La plupart des verbes **impersonnels :**
*il arrive, il semble, il est agréable, il est permis,* etc.
Avec beaucoup de ces verbes, aucune hésitation n'est possible : en français également ils ont un **complément d'objet indirect.**
Mais il faut faire attention aux verbes qui, **transitifs directs** en français,
se construisent avec le **datif** en latin. Voici les plus fréquents :

| | | | |
|---|---|---|---|
| **parcĕre** | *épargner* | **favēre** | *favoriser* |
| **studēre** | *étudier* | **servīre** | *servir* |
| **nubĕre** | *épouser* | **medēri** | *guérir* |
| **invidēre** | *envier* | **auxiliāri** | *secourir.* |

Favent **pietāti fideīque** dī (LIV. 44,1,11).
*Les dieux favorisent la piété et la droiture.*
Omnes qui **virtūti** student (CIC. fin. 4,65).
*Tous ceux qui s'appliquent à la vertu.*
Nero nec **populo** nec **moenibus** patriae pepercit (SUET.).
*Néron n'épargna ni le peuple ni les remparts de la patrie.*
**Nobis** non licet interficere quemquam.
*Il ne nous est pas permis de mettre quelqu'un à mort.*

---

1. **Gratulāri,** *féliciter* 258

| | | |
|---|---|---|
| la personne : | datif | alicui |
| la chose : | accusatif | victoriam |
| | de + ablatif | de victoriā. |

2. **Mināri, minitāri,** *menacer*

| | | |
|---|---|---|
| la personne : | datif | alicui |
| la chose : | accusatif | mortem |
| | ablatif | gladio. |

3. **Fidĕre, confidĕre,** *avoir confiance en, se fier à*

| | | |
|---|---|---|
| la personne : | datif | alicui |
| la chose : | datif | fidei vestrae |
| | ablatif | corporis firmitāte. |

### *Praeesse exercitui*

**259** Les **composés** de **esse,** *être,* veulent leur complément au **datif.**

Cependant : { **abesse,** *être absent* ab + ablatif / **interest,** *il importe* voir n. 249-250. }

**adesse** a deux constructions :

| | | |
|---|---|---|
| datif | adesse fratri | *assister son frère* |
| ad + accusatif | adesse ad portam | *être à la porte.* |
| Praeesse **exercitui.** | | *Être à la tête d'une armée.* |
| Quid prodest **homini ?** | | *Que sert-il à l'homme ?* |

### *Timōrem iniēcit hosti*

**260** Les verbes **composés** d'une préposition ont souvent DEUX CONSTRUCTIONS possibles :

I. Ils peuvent avoir au **datif** leur complément d'*objet indirect.* Ceci en vertu d'une des deux règles précédentes (255 ou 257). Cette construction se rencontre surtout quand le composé *ne garde pas le sens* du verbe simple.

II. Ils peuvent aussi **répéter la préposition** et mettre le complément *au cas que celle-ci exige.* Cette seconde construction est plus fréquente quand le composé *garde le sens* du verbe simple. Il faut toutefois noter que **ces règles n'ont rien d'absolu.** L'usage a beaucoup de souplesse et varie d'un verbe à l'autre. Les poètes et les auteurs post-classiques ont tendance à préférer le datif.

| | |
|---|---|
| Timōrem iniēcit **hosti.** | *Il inspira de la crainte à l'ennemi.* |
| Se **in medios hostes** iniecērunt. | *Ils se jetèrent au milieu des ennemis.* |
| Inferre bellum **alicui.** | *Faire la guerre à quelqu'un.* |
| Omnia **in ignem** inferunt. | *Ils portent tout au feu.* |
| Se subicĕre **imperio.** | *Se soumettre au pouvoir.* |
| Tota se luna **sub orbem** solis subiēcit. | *La lune s'est placée tout entière sous le disque du soleil.* |
| Imponere **alicui** negotium. | *Charger quelqu'un d'une affaire.* |
| Imponere homines **in naves.** | *Embarquer des hommes.* |
| **Cassio** animus accessit. | *Cassius reprit courage.* |
| Equitātus **ad castra** accēdit. | *La cavalerie approche du camp.* |

## B. Datif d'avantage

**_Sibi timēbat_**

Un grand nombre de verbes transitifs ou intransitifs veulent le **datif** de la *personne* ou de la *chose* à laquelle l'action est *avantageuse ou nuisible.* 261

**Sibi** timēbat. *Il craignait pour lui-même.*
Non **scholae,** sed **vitae** discimus.
*Ce n'est pas pour l'école que nous étudions, mais pour la vie.*
Praedia coluit **aliis,** non **sibi** (Cic. Rosc. Am. 49).
*Il a cultivé les terres pour d'autres, non pour lui.*

**_Sunt nobis mitia poma_**

**Datif de possession** 263

Avec le verbe **esse,** le datif marque souvent la personne
*pour qui* la chose existe
qui a une chose à sa *disposition*
à qui la chose *appartient.*

Sunt **nobis** mitia poma (Verg. buc. 1,80). *Nous avons des fruits mûrs.*
Sunt **mihi** aedes (Plaut. Truc. 174). *J'ai une maison.*

---

1. **Datif éthique** (de sentiment). 262
Le datif des *pronoms personnels* s'ajoute parfois au verbe pour désigner une personne qu'on suppose prendre un intérêt quelconque à l'action, au récit.

*On* **vous** *le suspendit* (La Fontaine).
Quid **mihi** Tulliŏla agit ? (Cic.).
*Comment va ma petite Tullia ?*
At **tibi** repente venit ad me Caninius (id. fam. 9,2,1).
*Mais, figure-toi, soudain m'arrive Caninius.*

2. **Datif de relation** (du point de vue).
Il désigne la personne par rapport à laquelle une affirmation est vraie.

Quod est oppidum primum Thessaliae **venientibus** ab Epīro (Caes. b. c. 3,80,1).
*C'est la première ville de Thessalie pour qui vient de l'Épire.*
Vere **aestimanti** (Liv. 37,58). *Si on y réfléchit, à vrai dire.*

***Mihi colenda est virtus***

265 Avec l'adjectif verbal en **-ndus,** le nom de l'être animé qui doit faire l'action se met d'ordinaire au **datif.**

| | |
|---|---|
| **Mihi** colenda est virtus. | *Je dois pratiquer la vertu.* |
| **Omnibus** moriendum est. | *Tous doivent mourir.* |

---

266 1. Au lieu du datif, on emploie quelquefois l'**ablatif** avec **ab,** pour plus de force et de clarté.

Bona civium quibus est **a vobis** consulendum (Cic. imp. Pomp. 6).
*Les biens de citoyens dont vous devez avoir souci.*
Non eos venerandos **a nobis** et colendos putātis ? (id. leg. agr. 2,95).
*Ne devons-nous pas, à votre avis, les vénérer et leur rendre un culte ?*

2. Avec un verbe **passif,** spécialement aux temps composés du participe, le nom de la personne qui est intéressée dans l'action se met souvent au **datif.**

**Mihi** consilium captum iam diu est (Cic. fam. 5,19,2).
*C'est pour moi une décision prise depuis longtemps.*
**Cui** non sunt audītae Demosthenis vigiliae ? (id. Tusc. 4,44).
*Qui n'a entendu parler des veilles de Démosthène ?*

## C. Datif de but

***Hoc est mihi dolōri***

268 Plusieurs verbes se construisent avec **deux datifs.**
L'un est un datif d'**avantage** (n. 261).
L'autre, généralement un nom abstrait,
marque l'**effet** ou le **but.** Tels sont :

a) Le verbe **esse,** *être,* dans certaines expressions.

| | |
|---|---|
| Hoc est **mihi dolōri.** | *Ceci me fait de la peine.* |
| Res est **nobis cordi.** | *La chose nous tient à cœur.* |
| **Omnibus** erit **usui.** | *Ce sera utile à tous.* |

b) Les verbes qui signifient *imputer à, prendre pour* (**effet, résultat**).

| | |
|---|---|
| **Vitio mihi** datur. | *On m'en fait un crime.* |
| **Fabio laudi** tribuitur. | *On en fait gloire à Fabius.* |

c) Les verbes qui signifient *laisser, envoyer, venir* (**but**).

Caesar quinque cohortes **castris praesidio** relinquit (Caes. b. g. 7,60,2).
*César laisse cinq cohortes à la garde du camp.*
Quos ceperat, **tibi muneri** misit (Nep. Paus. 2).
*Les captifs, il te les envoya comme cadeau.*
Pausanias vēnit **Atticis auxilio** (id. Thras. 3).
*Pausanias vint au secours des Athéniens.*

## 4. ABLATIF

269

> Dans l'ablatif latin viennent confluer TROIS ANCIENS CAS :
>
> I. L'**ablatif** proprement dit
> 1. Eloignement, séparation, privation
> 2. Origine
> 3. Comparaison.
>
> ---
>
> II. L'**instrumental**
>
> | | |
> |---|---|
> | 1. Moyen | 5. Abondance |
> | 2. Manière | 6. Prix |
> | 3. Cause | 7. Qualité |
> | 4. Accompagnement | 8. Relation. |
>
> ---
>
> III. Le **locatif**
> 1. Lieu où l'on est
> 2. Moment où s'accomplit l'action.

On voit le *nombre* et la *variété* des emplois.

L'ablatif peut dépendre { d'un *nom* / d'un *adjectif* / d'un *verbe.*

*Seul* ou accompagné d'une *préposition,*
il traduit la plupart des **compléments circonstanciels.**

On pourrait regrouper les emplois de l'ablatif suivant les trois cas dont il dérive :
*ablatif proprement dit, instrumental, locatif.*

Mais il semble plus pratique de **partir du français** et de voir successivement l'ablatif comme
1. Complément du nom
2. Complément de l'adjectif
3. Complément d'objet indirect
4. Complément circonstanciel
5. Accompagné d'une préposition.

On a déjà vu les règles de l'ablatif
{ complément du *nom* — n. 215-216.
complément de l'*adjectif* — { n. 223-225 / n. 229-230. }

**Sol cuncta suā luce complet**

271 Les verbes qui expriment **abondance** ou **privation** veulent leur complément indirect à l'**ablatif.**
Avec les verbes d'*abondance,*
ce complément se rattache à l'*instrumental.*
Avec les verbes de *privation,* à l'*ablatif* proprement dit.

a) Abondance : remplir, charger, munir, être plein de.

b) Privation : priver, dépouiller, manquer, avoir besoin de.

a) Sol cuncta **suā luce** complet (Cic. rep. 6,17).
*Le soleil remplit toutes choses de sa lumière.*
Domitius naves **colōnis pastoribusque** complet (Caes. b. c. 1,56,3).
*Domitius remplit les navires de colons et de bergers.*
Antiochia quondam **eruditissimis hominibus** adfluēbat (Cic. Arch. 4).
*Jadis Antioche regorgeait de savants.*

b) Eas urbes Verres **viris nobilissimis** privāvit (Cic. Verr. II,5,124).
*Verrès priva ces villes de leurs citoyens les plus illustres.*
Miserum est carēre **consuetudine** amicōrum (id. Tusc. 5,63).
*Il est triste d'être privé de la société de ses amis.*

---

272 1. **Opus est,** *il est besoin*

a) veut l'*ablatif* de la chose dont on a besoin.
**Auctoritāte tuā** nobis opus est (Cic.).
*Nous avons besoin de votre autorité.*

b) mais le *nominatif* d'un pronom ou d'un adjectif neutre.
Nihil tibi opus est **illud** (id fam. 9,21,1).
*Tu n'as aucun besoin de cela.*

2. **Egēre, indigēre,** *avoir besoin,* ont parfois leur complément au *génitif.*
Indigeo **tui consilii** (Cic. Att. 12,35,2).
*J'ai besoin de ton avis* (de tes conseils).

3. **Interdicere,** *interdire,* veut le datif de la personne et l'*ablatif* de la chose.
Ariovistus **omni Galliā** Romānis interdixit (Caes. b. g. 1,46,4).
*Arioviste interdit aux Romains toute la Gaule.*

### *Secernere a corpore animum*

Beaucoup de verbes qui marquent **séparation** régissent à l'**ablatif** avec **ab** le nom qui indique ce dont on sépare. 273
Tels sont les verbes qui signifient :
*séparer, éloigner, être éloigné, être différent de.*
En particulier plusieurs composés de **ab, dis, se.**

Secernere **a corpore** animum (Cic. Tusc. 1,75). *Séparer l'âme du corps.*
Eum **ab se** dimittit (Caes. b. g. 2,5,3). *Il le congédie.*
Soles **a me** dissentīre (Cic. de or. 1,5).
*Tu es d'ordinaire d'un autre avis que le mien.*
Distat argumentātio tua **a veritāte** (id. Rosc. Am. 44).
*Ton argumentation s'éloigne de la vérité.*
Sanos homines **a scribendo** deterruit (id. Brut. 262).
*Aux gens sensés il a ôté l'envie d'écrire.*

### *Lux quā fruimur*

**Six verbes déponents** ont leur complément à l'**ablatif.** 275

| | | | |
|---|---|---|---|
| **ūti** | *se servir de* | **potīri** | *s'emparer de* |
| **frui** | *jouir de* | **fungi** | *s'acquitter de* |
| **nīti** | *s'appuyer sur* | **vesci** | *se nourrir de.* |

Commoda **quibus** utimur, lucemque **quā** fruimur ab eo nobis dari vidēmus (Cic. Rosc. Am. 131).
*Les avantages que nous avons, la lumière dont nous jouissons sont, nous le voyons bien, des dons qui nous viennent de lui.*
Cum **hac spe** niterētur defensio (id. Verr. II,2,71).
*Comme la défense reposait sur cet espoir.*
Iustitiae fungātur **officiis** (id. off. 2,43).
*Qu'il s'acquitte des devoirs de la justice.*
Vesci **bestiis** (id. n. d. 2,123). *Se nourrir d'animaux.*

---

1. Plusieurs verbes de **séparation** se construisent tantôt avec l'*ablatif seul*, tantôt avec l'ablatif accompagné d'*une préposition* (souvent *ab*). 274

| | | | |
|---|---|---|---|
| prohibēre } | *écarter* | liberāre | *délivrer* |
| arcēre } | | abstinēre | *s'abstenir.* |

2. **levāre** *soulager* veut l'ablatif *seul.*

On rencontre parfois { **potīri** avec le *génitif* ; **nīti** avec *in* et l'*ablatif.* } 276

On dit toujours : potīri rerum, *s'emparer du pouvoir.*

# COMPLÉMENT CIRCONSTANCIEL

## 1. LIEU

277 QUATRE QUESTIONS :

| | | |
|---|---|---|
| SITUATION | **Ubi** es ? | *Où es-tu ?* |
| DIRECTION | **Quo** vadis ? | *Où vas-tu ?* |
| ORIGINE | **Unde** venis ? | *D'où viens-tu ?* |
| PASSAGE | **Quā** transis ? | *Par où passes-tu ?* |

### A. Question Ubi ?

***Sum in Graeciā***

279 Le nom du lieu **dans lequel on se trouve**
ou dans lequel une action se fait,
se met à l'**ablatif** avec **in.**

Sum **in Graeciā.** — *Je suis en Grèce.*
Ambulat **in horto.** — *Il se promène dans le jardin.*

***Cenābam apud Seium***

281 Le nom de la personne ou de l'endroit
**près desquels** on se trouve
ou près desquels une action s'accomplit,
se met à l'**accusatif** avec **apud** ou **ad.**

Cenābam **apud Seium** (CIC. fam. 9,7,1). — *Je soupais chez Séius.*
**Apud Zāmam** certātur (SALL. Jug. 58,1). — *On se bat près de Zama.*
Curio fuit **ad me** sane diu (CIC. Att. 10,4,8).
*Curion est resté chez moi fort longtemps.*

***Romae consules, Athēnis archontes creabantur***

Les noms de **villes** et de **petites îles** 283
*dans lesquelles on se trouve* ou une action se fait, se mettent
au **génitif** s'ils sont au singulier de la 1re ou de la 2me déclinaison

à l'**ablatif** sans *in* s'ils sont { au pluriel
ou de la 3me déclinaison.

En réalité, ce « génitif » de lieu est l'ancien **locatif.**

**Romae** consules, **Athēnis** archontes, **Carthagine** sufētes quotannis creabantur.

*On créait tous les ans à Rome des consuls, à Athènes des archontes, à Carthage des sufètes.*

Conon **Cypri** vixit (NEP. Chab. 3). *Conon vécut dans l'île de Chypre.*

---

1. On emploie de même sans préposition les **locatifs** : 284

| | | | |
|---|---|---|---|
| **domi** | *à la maison* | **domi** | *pendant la paix* |
| **ruri** | *à la campagne* | **belli, militiae** | *pendant la guerre.* |
| **humi** | *à terre* | | |

Roscius **ruri** vixit (CIC. Rosc. Am. 51). *Roscius vécut à la campagne.*

2. On peut mettre à l'*ablatif sans préposition* un nom accompagné de **totus.**

**Totā Italiā** (CAES. b. c. 1,2,2). *Dans toute l'Italie.*

3. On met régulièrement à l'ablatif sans préposition le mot **locus** lorsqu'il est *accompagné d'un déterminatif* (adjectif ou pronom).

**Hoc loco.** *En ce lieu.*
**Meliōre loco** res nostrae sunt (CIC. Att. 11,13,4).
*Nos affaires sont dans une meilleure situation.*

4. De même sans préposition :

**Terrā marīque.** *Sur terre et sur mer.*

### B. Question Quo ?

| ***Rhenus in Oceănum influit*** |
|---|

285 Le nom du lieu *dans* lequel **on entre**
ou *vers* lequel on se dirige **pour y entrer,**
se met à l'**accusatif** avec **in.**

Rhenus **in Oceănum** influit (CAES. b. g. 4,10,5).
*Le Rhin coule dans l'Océan.*
Nobis iter est **in Asiam** (CIC. Att. 3,6).
*Nous nous rendons en Asie.*
Multi conveniēbant **in forum.**
*Beaucoup se rassemblaient sur le forum.*

| ***Ad rivum eundem venerant*** |
|---|

289 Le nom du *lieu* et celui de la *personne*
**vers lesquels** on se dirige **pour en approcher,**
se mettent à l'**accusatif** avec **ad.**

**Ad rivum eundem** venerant (PHAED. 1,1,1).
*Ils étaient venus au même ruisseau.*
Centuriōnes **ad Caesarem** veniunt (CAES. b. c. 1,74,4).
*Les centurions viennent chez César.*

| ***Regulus Carthaginem rediit*** |
|---|

287 Les noms de **villes** et de **petites îles** dans lesquelles **on entre**
ou vers lesquelles on se dirige **pour y entrer,**
se mettent à l'**accusatif sans préposition.**

Regulus **Carthaginem** rediit (CIC. off. 3,100).
*Régulus retourna à Carthage.*
Cum accessisset **Lemnum** (NEP. Milt. 1).
*Lorsqu'il se fut approché de Lemnos.*

---

290 1. On emploie **ad** quand on se rend dans le *voisinage* de la ville.
Miles **ad Capuam** profectus sum (CIC. sen. 10).
*Je partis comme soldat sous les murs de Capoue.*

2. On emploie sans préposition les accusatifs :
**rus** *à la campagne*
**domum** *à la maison.*

## C. Question Unde ?

***Exit e scholā***

Le nom du lieu **d'où l'on sort** **291**
se met à l'**ablatif** avec **ex** ou **de.**

| | |
|---|---|
| Exit **e scholā.** | *Il sort de la classe.* |
| Hannibal **ex Hispaniā** profectus est. | *Hannibal partit d'Espagne.* |
| **De oppidis** demigrāre. | *Sortir des villes.* |

***Accēpi Romā litteras***

A la question **unde ?** *d'où ?* **293**
les noms de **villes** et de **petites îles**
se mettent à l'**ablatif sans préposition.**

| | |
|---|---|
| Accēpi **Romā** litteras. | *J'ai reçu des lettres de Rome.* |
| Fugit **Corintho.** | *Il s'enfuit de Corinthe.* |
| **Lemno** advenio. | *J'arrive de Lemnos.* |

---

La personne ou le lieu **dont on s'éloigne** se mettent à l'**ablatif** avec **ab.** **292**

| | |
|---|---|
| **Ab urbe** veniunt. | *Ils viennent de la ville.* |
| **A provinciā** discēdit. | *Il s'éloigne de la province.* |
| **Ab amīcis** discedĕre. | *Se séparer de ses amis.* |

1. Quand on quitte le **voisinage** de la ville, **294**
celle-ci se met à l'**ablatif** avec **ab.**

| | |
|---|---|
| **A Gergoviā** discessit. | *Il s'est éloigné de Gergovie.* |

2. On emploie sans préposition les ablatifs :

| | |
|---|---|
| **rure** | *de la campagne* |
| **domo** | *de la maison.* |

3. Les participes qui marquent l'origine
**natus, ortus** *né de, issu de*
se construisent d'ordinaire avec l'**ablatif seul.**
Parfois, avec *ab* et l'ablatif.

**Nobili genere** natus. *Homme de noble naissance.*
Plerosque Belgas esse ortos **a Germānis** (CAES. b. g. 2,4,1).
(Il apprit que) *la plupart des Belges étaient issus des Germains.*

### D. Question Quā ?

| *Iter facit per Galliam* |
|---|

295 1. Le lieu **par où l'on passe** se met à l'**accusatif** avec **per.**

Iter facit **per Galliam.** *Il fait route à travers la Gaule.*
Alexander equo **per Babylōnem** vectus est (CURT. 3,3).
*Alexandre traversa Babylone à cheval.*

2. Les noms de **routes** et de **portes** se mettent à l'**ablatif sans préposition** (instrumental).

**Aureliā viā** profectus est (CIC. Cat. 2,6). — *Il partit par la voie Aurélienne.*
**Esquilīna portā** ingressus (LIV. 33,26,8). — *Entré par la porte Esquiline.*

---

OBSERVATIONS SUR LES QUESTIONS DE LIEU

296 1. Les verbes qui signifient **placer,** tels que *ponĕre, locāre, constituĕre,* se construisent avec **in** et l'**ablatif.** Le latin considère la *situation* qui suit le mouvement.

**In proximo colle** castra ponit (CAES. b. c. 1,65,5).
*Il établit son camp sur la colline voisine.*

2. Aux questions *ubi, quo, unde,* le **nom de ville** qui est accompagné d'un nom commun, *urbs, oppidum,* admet deux constructions.

a) Si le nom commun n'est accompagné d'aucune détermination, il *précède* avec la préposition et le nom de ville se met par apposition au *même cas.*

Cimon **in oppido Citio** est mortuus (NEP. Cim. 3).
*Cimon mourut dans la ville de Citium.*

b) Si le nom commun est accompagné d'une détermination, il *suit* avec la préposition et le nom de ville se construit comme s'il était seul.

**Albae** constitērunt **in urbe opportūnā** (CIC. Phil. 4, 6).
*Ils s'arrêtèrent à Albe, ville bien située.*

3. Aux questions *ubi, quo, unde,* la **préposition** est **parfois omise,** surtout chez les **poètes.**

Laviniăque vēnit litŏra (= ad litora) (VERG. Aen. 1,2).
*Il vint aux rivages de Lavinium.*
Dimicatūrum puro ac patenti campo (LIV. 24,14,5).
*Ils allaient combattre en rase campagne, à découvert.*

PLAN DES QUESTIONS DE LIEU

| Ubi ? | Quo ? | Unde ? | Quā ? | 297 |
|---|---|---|---|---|
| in Galliā<br>in urbe | in Galliam<br>in urbem<br>ad urbem | ex Galliā<br>ex urbe<br>ab urbe | per Galliam<br>per urbem | |
| apud amīcum | ad amīcum | ab amīco | | |
| Romae<br>Athēnis<br>Carthagine | Romam<br>Athēnas<br>Carthaginem | Romā<br>Athēnis<br>Carthagine | per Romam<br>per Athēnas<br>per Carthaginem | |
| domi<br>ruri | domum<br>rus | domo<br>rure | Aureliā viā<br>Esquilīnā portā | |

## 2. DISTANCE

***Abest viginti passus***

Le complément qui marque la **distance** à laquelle on est se met d'ordinaire à l'**accusatif.** 299
L'*objet* dont on est éloigné se met à l'*ablatif* avec ***ab.***

Abest **viginti passus.** *Il est éloigné de vingt pas.*
**Milia** passuum **tria** ab eōrum castris castra ponit (CAES. b. g. 1,22,5).
*Il établit son camp à trois mille pas de leur camp.*

---

1. On emploie également les ablatifs **intervallo, spatio,** *à la distance de,* plus le génitif. 300

   Rex sex milium passuum **intervallo** consedĕrat (CAES. b. c. 2,38,3).
   *Le roi s'était arrêté à la distance de six mille pas.*

2. Le complément qui marque la **distance** est parfois mis à l'**ablatif.**

3. Le complément qui marque l'**étendue** ou la **route parcourue** se met à l'**accusatif.**

   Cum tridui **viam** processisset (CAES. b. g. 1,38,1).
   *Lorsqu'il eut fait trois journées de marche.*

## 3. TEMPS

301 L'essentiel est de bien distinguer :

| | | |
|---|---|---|
| l'**époque** : | un moment fixe dans le temps | |
| la **durée** : | une « étendue » dans le temps. | |
| l'**époque** : | *à quel moment ?* | ABLATIF |
| la **durée** : | *pendant combien de temps ?* | ACCUSATIF. |

L'**ablatif** d'époque est un **locatif.**
Il *situe* l'action à tel moment du temps.

L'**accusatif** est le cas **dynamique,**
le cas de l'**extension** { dans l'*espace* / dans le *temps.* }

Les autres questions sont secondaires :

*en combien de temps ?* — ablatif instrumental
*depuis quel moment ?* — ablatif de point de départ.

### A. Époque

***Veniet horā tertiā***

303 1. Le nom qui désigne le **moment,** l'**époque,** se met à l'**ablatif.**

| | |
|---|---|
| Veniet **horā tertiā.** | *Il viendra à la troisième heure.* |
| **Mense Septembri** ibimus. | *Nous irons au mois de septembre.* |
| **Die septimo** pervēnit. | *Il arriva le septième jour.* |
| **Singulis diēbus.** | *Chaque jour.* |

| | | | |
|---|---|---|---|
| **die** | *le jour* | **hieme** | *en hiver* |
| **nocte** | *la nuit* | **aestāte** | *en été.* |

2. Les noms qui désignent un **événement,** une **époque de la vie,** se mettent :
   a) à l'*ablatif seul,* s'ils sont accompagnés d'une détermination
   b) à l'*ablatif* avec *in,* s'ils n'ont pas de détermination.

**Adventu** in Galliam Caesaris (Caes. b. g. 5,54,2).
*Lors de l'arrivée de César en Gaule.*

| | |
|---|---|
| **Primā pueritiā.** | *Dans la petite enfance.* |
| **In pueritiā.** | *Dans l'enfance.* |

Mais il y a une certaine liberté dans l'emploi de la préposition.

---

304 { *Il y a dix ans* / *dix ans avant* } = { decem annis ante / ante decem annos. }

{ *Dans quinze jours* / *quinze jours après* } = { quindĕcim diēbus post / post quindĕcim dies. }

On a le choix entre ces **deux constructions :**
{ l'*ablatif* d'époque avant *ante* ou *post* / l'*accusatif* dépendant de ces prépositions. }

## B. Durée

***Augustus septem horas dormiēbat***

1. Le nom de la **durée** se met à l'**accusatif.** **305**

Augustus non amplius quam **septem horas** dormiēbat (SUET. Oct. 78).
*Auguste ne dormait pas plus de sept heures.*
Mater **noctes diesque** adsidēbat (CIC. Verr. II,5,112).
*Sa mère était à ses côtés nuit et jour.*

2. *Pour insister* sur la notion de durée, on se sert de **per** avec l'accusatif.

Eum **per annos decem** aluimus contra nos (CIC. Att. 7,5,5).
*Pendant dix années entières, nous l'avons fortifié contre nous.*

***Ab horā septimā ad vespĕrum***

a) **Depuis quand ?** **307**

Le *moment initial* d'une durée se met à **l'ablatif** avec **ab** ou **ex.**

**Ab horā septimā** ad vespĕrum (CAES. b. g. 1,26,2).
*Depuis la septième heure jusqu'au soir.*
**Ab ineunte aetāte.** *Dès mon jeune âge.*
**Ex eo tempore.** *A partir de ce moment.*

b) **Jusqu'à quand ?**

Le *moment final* d'une durée se met à l'**accusatif** avec **ad** ou **in.**

Sophocles **ad summam senectūtem** tragœdias fecit (CIC. sen. 22).
*Sophocle a, jusqu'à l'extrême vieillesse, composé des tragédies.*
Sermōnem **in multam noctem** produximus (CIC. rep. 6,10).
*Nous prolongeâmes l'entretien jusque bien avant dans la nuit.*

---

1. Le nom de la *durée* se met parfois à l'**ablatif.** **306**

**Triginta annis** vixit (CIC. off. 3,8). *Il vécut trente ans.*

2. Pour indiquer *en combien de temps* un ouvrage s'achève, on emploie l'**ablatif.**

Agamemnon vix **decem annis** unam cepit urbem (NEP. Epam. 5).
*C'est à peine si en dix ans Agamemnon prit une seule ville.*

A la question **depuis quand ?** le nom de la **durée** se met à l'**accusatif** avec, habituellement, *iam* et le **nombre ordinal.** **308**

Mithridātes **annum iam tertium et vicesimum** regnat (CIC. imp. Pomp. 7).
*Mithridate est déjà dans la vingt-troisième année de son règne* (= est roi depuis vingt-deux ans).

## 4. CAUSE

| *Fame interiit* |
|---|

309 Le complément de **cause** se met soit à l'**ablatif** soit à l'**accusatif** avec **propter.**
On emploie surtout l'*ablatif* pour exprimer
le *sentiment* qui fait agir
ou l'objet qui provoque un sentiment.

| | |
|---|---|
| **Fame** interiit. | *Il est mort de faim.* |
| Lacrimo **gaudio.** | *Je pleure de joie.* |
| **Irā** incensus. | *Enflammé de colère.* |
| **Delicto** dolēre. | *S'affliger de sa faute.* |

**Propter frigora** frumenta in agris matūra non erant (Caes. b. g. 1,16).
*A cause du froid, les blés dans les champs n'étaient pas mûrs.*

## 5. AGENT

| *Liberi a parentibus amantur* |
|---|

311 1. Avec les verbes passifs, le nom de l'**agent animé,** personne, animal, chose personnifiée, se met à l'**ablatif** avec **ab.**
Liberi **a parentibus** amantur (Cic. fin. 3,62).
*Les enfants sont aimés de leurs parents.*
Morsus est **a cane.** *Il fut mordu par un chien.*
**A Fortūnā** deserebantur (Caes. b. g. 5,34,2).
*Ils étaient abandonnés par la Fortune.*

2. L'**agent inanimé** se met à l'**ablatif** sans préposition.

| | |
|---|---|
| Navis **procellā** iactātur. | *Le navire est ballotté par la tempête.* |
| **Consuetudine** levātur labor. | *Le travail est allégé par l'habitude.* |

---

310 Autres prépositions marquant la cause :
**Ob eam rem.** *A cause de cette affaire.*
**Prae lacrimis** loqui non possum (Cic. Mil. 105).
*Les larmes m'empêchent de parler.*

312 **L'agent animé** se met au **datif** :
a) régulièrement avec l'*adjectif verbal* en **-ndus** n. 265.
b) souvent avec les *temps composés du participe* n. 266,2.

## 6. MOYEN

| ***Ferīre gladio*** |
|---|

Le nom de l'**instrument** ou du **moyen** par lequel une action s'accomplit, se met à l'**ablatif.** **313**

Ferīre **gladio.** *Frapper avec l'épée.*
**Rosis** ornāre. *Orner de roses.*
**Meā operā** Tarentum recepisti (Cic. sen. 11).
*C'est grâce à moi que tu as repris Tarente.*

## 7. MANIÈRE

| ***Litterae cum curā scriptae*** |
|---|

1. Le nom de la **manière** dont une chose se fait, employé *seul,* se met à l'ablatif avec **cum.** **315**
2. Lorsque le nom de la manière est accompagné d'un *adjectif,* il se met à l'ablatif { le plus souvent *sans préposition* / quelquefois avec *cum.* }

Litterae **cum curā** scriptae. *Une lettre écrite avec soin.*
Litterae { **magnā curā** / **magnā cum curā** } scriptae. *Une lettre écrite avec grand soin.*
Stellae suos orbes conficiunt **celeritāte mirabili** (Cic. rep. 6,15).
*Les étoiles parcourent leur orbite avec une étonnante rapidité.*

---

1. Le nom de la **personne** qui sert d'instrument, d'intermédiaire, se construit avec **per** et l'**accusatif.** **314**
   **Per explorātōres** Caesar cognōvit (Caes. b. g. 1,22,4).
   *César apprit par ses éclaireurs.*
2. **L'ablatif de point de vue** indique sous quel rapport on affirme quelque chose.
   Non **totā re,** sed **temporibus** errasti (Cic. Phil. 2,23).
   *Vous vous êtes trompé, non sur le fait, mais sur l'époque.*

1. On emploie régulièrement l'*ablatif seul* dans certaines **expressions :** **316**

| | | | |
|---|---|---|---|
| casu | *par hasard* | iure | *à bon droit* |
| consilio | *à dessein* | more | *selon la coutume* |
| dolo | *par ruse* | ope | *avec l'aide.* |

2. **L'ablatif d'accompagnement** se construit d'ordinaire avec **cum.**
   Abiit **cum gladio, cum pecuniā, cum fratre.**
   *Il s'en alla avec une épée, avec l'argent, avec son frère.*

   Quand le nom qui désigne une *armée* ou une *flotte* est accompagné d'un adjectif, la préposition est le plus souvent omise.
   Caesar **omnibus copiis** proficiscitur (Caes. b. c. 1,41,2).
   *César part avec toutes ses troupes.*

## 8. PRIX

| *Viginti talentis vendidit* |
|---|

317 Le nom de **prix déterminé** se met à l'**ablatif.**

**Viginti talentis** unam oratiōnem Isocrates vendidit (PLIN. h. n. 7,31).
*Isocrate vendit vingt talents un seul discours.*

---

| *Magni aestimābat — Conduxit non magno* |
|---|

318 Le prix s'exprime d'une **manière générale et indéterminée** par les adverbes de degré.

I. Au **génitif** avec les verbes d'**estimation** : estimer, apprécier, faire cas de...

| | | | |
|---|---|---|---|
| magni | *beaucoup* | parvi | *peu* |
| maximi<br>plurimi | *le plus* | minimi | *le moins* |
| | | nihili | *d'aucun prix.* |

**Magni** aestimābat pecuniam (CIC. fin. 2,55).
*Il faisait grand cas de l'argent.*

II. A l'**ablatif** avec les verbes de **trafic** : acheter, vendre, coûter...
magno, maximo, plurimo ; parvo, minimo, nihilo.

Conduxit non **magno** domum (CIC. Cael. 18).
*Il a loué une maison pour un prix modique.*

III. On emploie **toujours au génitif,** même pour le *trafic,*

| | | |
|---|---|---|
| les **comparatifs** | pluris | *plus cher* |
| | minōris | *moins cher* |
| et les **corrélatifs** | tanti | *aussi cher* |
| | quanti | *que* |
| | quanti ? | *à quel prix ? combien ?* |

# PRÉPOSITIONS

1. Les prépositions sont d'**anciens adverbes.** **319**

Plusieurs peuvent encore s'employer comme adverbes.

Ainsi la plupart de celles qui figurent au n. 322.

2. Leur premier rôle est de marquer le **lieu.**

Ensuite, dans un sens dérivé, le **temps**

et des rapports plus abstraits : **manière, cause,** etc.

## 321 PRÉPOSITIONS SUIVIES DE L'ACCUSATIF

| | | | |
|---|---|---|---|
| **ad** | **en direction de, vers**<br>ad castra<br>*en direction du camp* | **jusqu'à**<br>ad summam senectūtem<br>*jusqu'à une extrême vieillesse* | **pour, dans le but de**<br>ad audiendum<br>*pour entendre* |
| **ante** | **devant**<br>ante oppidum<br>*devant la place* | **avant**<br>ante lucem<br>*avant le jour* | **sous**<br>ante oculos<br>*sous les yeux* |
| **apud** | **auprès de, chez**<br>apud patrem<br>*chez mon père* | **du temps de**<br>apud maiōres<br>*au temps de nos ancêtres* | **dans**<br>apud Cicerōnem<br>*dans Cicéron* |
| **inter** | **entre, au milieu de**<br>inter mœnia et flumen<br>*entre les remparts et le fleuve* | **dans l'intervalle de**<br>inter triennium<br>*en trois ans* | **parmi**<br>inter nos<br>*parmi nous* |
| **per** | **à travers**<br>per Siciliam<br>*à travers la Sicile* | **pendant**<br>per somnum<br>*pendant le sommeil* | **par l'intermédiaire de**<br>per nuntios<br>*par des messagers* |
| **post** | **derrière**<br>post tergum<br>*derrière le dos* | **après**<br>post dies decem<br>*dix jours après* | |

**322** 1. Les prépositions suivantes gouvernent également l'**accusatif** :

| | | | |
|---|---|---|---|
| **adversus** | *en face de, contre* | **iuxta** | *à côté de* |
| **circa, circum** | *autour de, environ* | **ob** | *devant, à cause de* |
| **cis, citra** | *en deçà, de ce côté-ci* | **praeter** | *le long de, outre* |
| **contra** | *en face de, contre* | **prope** | *près de, à l'approche de* |
| **erga** | *à l'égard de* | **propter** | *à côté de, à cause de* |
| **extra** | *hors de, excepté* | **supra** | *au-dessus de* |
| **infra** | *au-dessous de* | **trans** | *de l'autre côté de* |
| **intra** | *à l'intérieur de* | **ultra** | *de l'autre côté de, au-delà.* |

2. Régit l'**ablatif** : **coram,** *en présence de.*

3. Deux noms sont employés comme prépositions et sont **précédés** de leur complément au **génitif** :

| | | |
|---|---|---|
| **causā** | honōris causā | *pour faire honneur* |
| **gratiā** | exempli gratiā | *pour prendre un exemple.* |

**PRÉPOSITIONS SUIVIES DE L'ABLATIF** **323**

| | | | |
|---|---|---|---|
| **a, ab** | **loin de, en s'écartant de**<br>a Numantiā<br>*loin de Numance* | **depuis**<br>a puero<br>*depuis l'enfance* | **par, du fait de, venant de**<br>a consule<br>*par le consul* |
| **cum** | **en compagnie de**<br>cum amīco<br>*avec un ami* | **avec**<br>cum primā luce<br>*au point du jour* | **avec** (manière)<br>cum curā<br>*avec soin* |
| **de** | **du haut de**<br>de muro<br>*du haut du mur* | | **au sujet de, sur**<br>de pace<br>*au sujet de la paix* |
| **e, ex** | **hors de, de l'intérieur de**<br>ex urbe<br>*hors de la ville* | **depuis**<br>ex illo tempore<br>*depuis ce temps* | **selon**<br>ex lege<br>*selon la loi* |
| **prae** | **devant, en tête de**<br>prae se gerens<br>*portant devant soi* | | **en comparaison de**<br>Roma prae Capuā<br>*Rome comparée à Capoue* |
| **pro** | **en avant, devant**<br>pro portis<br>*devant les portes* | **à la place de**<br>pro fratre<br>*au lieu de son frère* | **pour** / **selon**<br>pro patriā / pro viribus<br>*pour la patrie* / *selon ses forces* |
| **sine** | **sans**<br>sine patre<br>*sans son père* | **sans**<br>sine morā<br>*sans retard* | **sans**<br>sine irā et odio<br>*sans colère et sans haine* |

Devant *voyelle* : **ab, ex.**
Devant *consonne* : **a, ex** ou **e.**

**PRÉPOSITIONS SUIVIES DE L'ABLATIF APRÈS ubi ?**
**DE L'ACCUSATIF APRÈS quo ?** **325**

| | | | |
|---|---|---|---|
| **in** | **dans, sur**<br>in mensā<br>*sur la table* | **pendant**<br>in pueritiā<br>*pendant l'enfance* | **dans, en, parmi**<br>in armis<br>*en armes* |
| | **dans, en, sur**<br>in urbem<br>(aller) *dans la ville* | **jusqu'à, pour une durée de**<br>in sex menses<br>*pour six mois* | **envers**<br>in patriam<br>*envers la patrie* |
| **sub** | **sous**<br>sub terrā<br>(être) *sous terre* | **vers, à l'approche de**<br>sub luce<br>*au lever du jour* | (idée de soumission)<br>sub potestāte<br>(être) *au pouvoir de* |
| | sub iugum<br>(aller) *sous le joug* | sub noctem<br>*à la tombée de la nuit* | sub potestātem<br>(tomber) *au pouvoir de* |
| **super** | **sur, au-dessus de**<br>super cervīce<br>*sur la tête* | ablatif **rare**<br>en prose classique | **au sujet de**<br>super aliquā re<br>*sur un certain sujet* |
| | super vallum<br>*sur le retranchement* | accusatif pouvant répondre aux deux questions **ubi?** et **quo?** | |

Ce tableau des prépositions, emprunté à la *Grammaire élémentaire du latin* de M. Rousselet, est reproduit avec la gracieuse autorisation de la Librairie Hachette.

# CHAPITRE VII

# EMPLOI DU RÉFLÉCHI

## 327 Terminologie

1. On dit que le réfléchi **renvoie** au sujet de la proposition.
   Cela veut dire que :
   a) le pronom réfléchi *se, sui, sibi* **représente la personne** qui est sujet de la proposition.
   Milites parant **se** ad proelium. *Les soldats se préparent au combat.*
   b) l'adjectif possessif *suus, sua, suum* désigne cette personne comme **le possesseur.**
   Agricola colit agros **suos.** *Le laboureur cultive ses champs.*

2. Le **réfléchi direct** renvoie au sujet de la proposition (principale ou subordonnée) *dans laquelle il se trouve.*
   Le **réfléchi indirect** { se trouve dans une proposition *subordonnée* / mais renvoie au sujet de la *principale.* }

## 329 Première règle — Réfléchi direct

1. Employez le réfléchi (personnel ou possessif) pour renvoyer au **sujet de la même proposition.**
   *Le méchant se nuit à lui-même et à ses amis.*
   Vir improbus **sibi** nocet et amīcis **suis.**
   *Nous aimons le bon Pasteur, qui se livre pour ses brebis.*
   Amāmus bonum Pastōrem, qui tradit **se** pro ovibus **suis.**

2. Dans le sens **non réfléchi,** employez **is** ou un **démonstratif.**
   *César les voit et loue leur courage.*
   Caesar **eos** videt **eorum**que virtūtem laudat.

---

**330** I. Quand il y a **deux sujets,** si le premier est le possesseur du second, on emploie le **non réfléchi.**
*Le père et son fils se promènent.* Pater **eius**que filius ambulant.

II. Dans **toute** proposition, **suus** peut désigner un possesseur *autre que le sujet :*

1. quand il accompagne **quisque.**
   Eos in **suam quemque** civitātem mittit.
   *Il les envoie chacun dans leur patrie.*

2. quand il signifie **son propre.**
   Necavērunt eum in **suā** domo.
   *Ils le tuèrent dans sa propre maison.*

3. quand il signifie **les siens.**
   Hoc fuit grave **suis.** *Ceci fut pénible pour les siens.*

**Deuxième règle — Réfléchi indirect** 331

1. Lorsque la proposition *subordonnée* représente la **pensée** ou les **paroles** du *sujet de la principale,* on emploie le **réfléchi** pour renvoyer à cette personne.

| | |
|---|---|
| Propositions du style indirect | n. 437, 439 |
| Interrogation indirecte | n. 371 |
| Idée d'intention, de but | n. 365, 403. |

*En pratique :* employez le RÉFLÉCHI si, **mise entre guillemets,** la proposition exige l'emploi des pronoms ou des possessifs **à la première personne.**

*Les soldats disaient qu'ils avaient été trahis par leurs chefs.*
*Les soldats disaient : «* **Nous** *avons été trahis par* **nos** *chefs. »*
Milites dicēbant **se** a ducibus **suis** proditos esse.

2. Dans le cas contraire, employez **is** ou un **démonstratif.**

*César dit aux soldats que leurs chefs les avaient trahis.*
*César dit aux soldats : «* **Vos** *chefs* **vous** *ont trahis. »*
Caesar militibus dixit duces **eōrum eos** *prodidisse.*

---

I. Dans la *subordonnée,* on peut mettre **plusieurs réfléchis** se rapportant { l'un au sujet de la *principale* / l'autre au sujet de la *subordonnée.* 332

Il en résulte parfois de l'ambiguïté.

Ariovistus respondit neminem **secum** sine **suā** pernicie contendisse (CAES. b. g. 1,36,6).
*Arioviste répondit que personne n'avait lutté avec lui sans courir à sa perte.*

II. Avec un **participe** (ou un adjectif verbal, un gérondif), on emploie le réfléchi :

1. soit pour désigner le « sujet » **du participe.**
Hostibus tradentibus **se** ignōvit.
*Il pardonna aux ennemis qui se livraient.*

2. soit pour désigner le sujet **de la proposition.**
Hostibus **suam** clementiam implorantibus ignōvit.
*Il pardonna aux ennemis qui imploraient sa clémence.*

III. Le réfléchi renvoie au **sujet logique :**

1. avec les **verbes impersonnels.**
Socios paenitet **suae** ignaviae. *Les alliés regrettent leur lâcheté.*

2. quand le **sujet** est **indéterminé.**
Non **sibi** solum, sed aliis laborandum est.
*On ne doit pas travailler seulement pour soi, mais pour les autres.*

TROISIÈME PARTIE

# SYNTAXE DES MODES

# A — PROPOSITION INDÉPENDANTE

*CHAPITRE I*

## VALEUR DES TEMPS

**333** En général les temps ont *la même valeur qu'en français.*

Il suffit d'attirer l'attention sur quelques emplois particuliers.

1. Le **présent historique** s'emploie dans les récits animés, au lieu du parfait, pour mettre les événements sous les yeux du lecteur.

   Tum iste continuo **mittit** homines certos Melĭtam, **scribit** ad quosdam Melitenses, **rogat** Diodōrum ut ... det litteras (Cic. Verr. II,4,39).
   *Alors Verrès envoie sur-le-champ des hommes sûrs à Malte, écrit à certains Maltais, demande à Diodore d'écrire...*

2. **L'infinitif historique** équivaut d'ordinaire à l'*imparfait* de l'indicatif ou au *présent historique.*

   Verres **minitāri** absenti Diodōro, **vociferāri** palam, lacrimas interdum vix **tenēre** (Cic. Verr. II,4,39).
   *Verrès menaçait Diodore absent, poussait de grands cris, parfois il pouvait à peine retenir ses larmes.*
   Catilīna **mirāri, surgĕre, indignāri.**
   *Catilina s'étonne, se lève, s'indigne.*

3. Le **parfait** latin correspond à *trois temps* du français (n. 147).

---

**334** 1. Parfois l'**imparfait** exprime un **effort,** une **tentative.**

   Tribūni milites **retinēbant.**
   *Les tribuns tâchaient de retenir les soldats.*
   **Veniebātis** in Africam... Prohibiti estis (Cic. Lig. 24).
   *Vous vouliez venir en Afrique... On vous en a empêchés.*

2. Celui qui écrit une **lettre** se met d'ordinaire au point de vue de son correspondant. Il emploie les **temps passés** pour les faits qui seront passés au moment où la lettre sera lue.

   Nihil **habēbam** quod scriberem ; neque enim novi quicquam **audieram** et ad tuas omnes **rescripseram** pridie (Cic. Att. 9,10,1).
   *Je n'ai rien à t'écrire ; car je n'ai rien appris de nouveau et j'ai répondu hier à toutes tes lettres.*

# EMPLOI DES MODES

## 1. ÉNONCIATIVE

***Ancilla cenam parat***

Dans la proposition énonciative, un fait présenté comme **réel** se met à l'**indicatif** comme en français. — MODE RÉEL. 335

| | |
|---|---|
| Ancilla cenam **parat.** | *La servante prépare le dîner.* |
| Pueri **ludunt.** | *Les enfants jouent.* |

---

***Possum narrāre***

336

1. *Je pourrais raconter.*
2. *Tu aurais dû travailler.*
3. *Il serait juste de louer.*

On reconnaît dans ces expressions :

1. une **possibilité** réelle, mais non utilisée
2. un **devoir** réel, mais non rempli
3. une **convenance** réelle, mais non observée.

Le LATIN souligne le premier aspect,
le caractère **réel,** et met **l'indicatif.**
Le FRANÇAIS souligne le second aspect :
« mais l'action n'a pas lieu » et emploie le **conditionnel.**

| | |
|---|---|
| *Je pourrais raconter.*<br>Je puis (réellement) raconter. | **Possum** narrāre. |
| *Tu aurais dû travailler.*<br>Tu devais (réellement) travailler. | **Debēbas** laborāre. |
| *Il serait juste de louer.*<br>Il est (réellement) juste de louer. | **Aequum est** laudāre. |

Dans ce cas, le latin emploie donc **l'indicatif** pour traduire :

| | |
|---|---|
| *je pourrais* | *j'aurais pu* |
| *il faudrait* | *il aurait fallu* |
| *il conviendrait* | *il aurait convenu* |

et autres expressions du même genre.

### *Dixerit quispiam*

337 Un fait présenté comme **simplement possible** se met au MODE POTENTIEL.

1. Quand il s'agit du **présent,** on emploie le POTENTIEL DU PRÉSENT : **subjonctif présent** ou **parfait.**
   **Dixerit** quispiam (CIC. n. d. 3,76).
   *On pourrait dire, on dira peut-être.*
   **Vendat** aedes vir bonus (id. off. 3,13,54).
   *Supposons qu'un honnête homme mette en vente sa maison.*

2. Quand il s'agit du **passé,** on emploie le POTENTIEL DU PASSÉ : **subjonctif imparfait.**
   Souvent au sens de « **on** », à la 2$^{me}$ personne du singulier.
   Canes venaticos **diceres** (CIC. de sign. 13,31).
   *On aurait dit des chiens de chasse.*
   Maesti, **crederes** victos, redeunt in castra (LIV. 2,43,9).
   *Tristes, on aurait dit des vaincus, ils rentrent au camp.*

### *Plura scriberem*

339 Un fait présenté comme **irréel** se met au **subjonctif.** — MODE IRRÉEL.

1. Dans le PRÉSENT : **subjonctif imparfait.**
   Plura **scriberem,** si ipse possem (CIC. Att. 8,15,3).
   *J'écrirais plus au long, si je pouvais écrire moi-même.*
   Sine amīcis vita tristis **esset.**
   *Sans amis la vie serait triste.*

2. Dans le PASSÉ : **subjonctif plus-que-parfait.**
   Si pecuniam habuissem, pauperi **dedissem.**
   *Si j'avais eu de l'argent, je l'aurais donné au pauvre.*
   Domine, si fuisses hic, non **esset mortuus** frater meus.
   *Seigneur, si tu avais été ici, mon frère ne serait pas mort.*

---

338 1. La **2$^{me}$ pers. sing. du subjonctif** se rencontre (au sens du français **on**) quand on s'adresse à un interlocuteur imaginaire.
   Ubi istum **invenias** qui... ? (CIC. am. 64).
   *Où trouverait-on un homme qui... ?*

2. On emploie le POTENTIEL pour **adoucir une affirmation.**
   **Velim** mihi ignoscas (id. fam. 13,75,1).
   *Je voudrais que tu me pardonnes.*
   Hoc sine ullā dubitatiōne **confirmaverim** (id. Brut. 25).
   *Je l'affirmerais sans la moindre hésitation.*

340 Devant tout **conditionnel** français, il faut réfléchir :
« S'agit-il d'un **potentiel** ou d'un **irréel ?** »

## 2. INTERROGATIVE

| *Canis nonne similis lupo ?* |
|---|

L'interrogation peut porter : { sur un seul *mot* / sur toute la *proposition*. **341**

I. Lorsque l'interrogation porte sur **un seul mot,** elle s'exprime comme en français par un **interrogatif** (adjectif, pronom ou adverbe : n. 109, 110 ; 125-140).

| | |
|---|---|
| **Quando** venies? | *Quand viendras-tu?* |

II. Lorsqu'elle porte sur **toute la proposition,** elle est introduite par une des **particules** qui suivent.

1. **-nĕ** joint au mot sur lequel on appuie.
On ne sait pas si la réponse sera *oui* ou *non.*

| | |
|---|---|
| Sumus**ne** parāti? | *Sommes-nous prêts?* |
| Videtis**ne** illam stellam? | *Voyez-vous cette étoile?* |
| Est**ne** frater tuus domi? | *Ton frère est-il à la maison?* |

2. **Nonne,** *n'est-il pas vrai que ? n'est-ce pas que ?* attend une réponse **affirmative.**

| | |
|---|---|
| Canis **nonne** similis lupo? (Cic. n. d. 1,97). | *Le chien ne ressemble-t-il pas au loup ?* |
| **Nonne** meministi? (id. fin. 2,10). | *Ne vous souvenez-vous pas ?* |

3. **Num,** *est-ce que par hasard ?* attend une réponse **négative.**

| | |
|---|---|
| **Num** insānis? | *Est-ce que tu deviens fou?* |

**Num** eloquentiā Platōnem superāre possŭmus?
*Pourrions-nous par hasard dépasser Platon en éloquence?*

---

1. Pour répondre **oui,** on peut : **342**
   a) Reprendre le mot sur lequel porte la question.
   Estisne vos legāti ? — **Sumus.** Deditisne vos in meam diciōnem ? — **Dedimus** (Liv. 1,38).
   *Êtes-vous les députés ? — Oui. Vous livrez-vous en mon pouvoir ? — Oui.*
   b) Employer une particule affirmative :

| | |
|---|---|
| etiam, ita | *oui* |
| sane, vero | *certainement.* |

2. Pour répondre **non,** on peut :
   a) Reprendre le mot sur lequel porte la question, précédé de *non.*
   Refer ad senātum. — **Non referam** (Cic. Cat. 1,20).
   *Fais un rapport au sénat. — Non.*
   b) Employer une particule négative :

| | |
|---|---|
| non, non ita | *non* |
| minime | *pas du tout.* |

***Quis dubitet ?***

343 La proposition **interrogative** se met au MÊME MODE QUE L'ÉNONCIATIVE correspondante.

| | | |
|---|---|---|
| 1. **Réel** (n. 335). | Quo **vadis** ? | *Où vas-tu ?* |
| | Nonne **errasti** ? | *Ne t'es-tu pas trompé ?* |
| 2. **Potentiel** (n. 337). | Quis **dubitet** ? | *Qui pourrait douter ?* |
| | Quis **crederet** ? | *Qui aurait pu croire ?* |
| 3. **Irréel** (n. 339). | Quid **fecisses** ? | *Qu'aurais-tu fait ?* |
| | Num **tacuisses** ? | *Aurais-tu gardé le silence ?* |

---

***Eloquar an sileam ?***

344 **Subjonctif délibératif**

Quand *on se demande ce qu'on doit faire,* qu'*on hésite* sur le parti à prendre, l'interrogative se met au **subjonctif.**

1. Dans le PRÉSENT, subjonctif **présent.**
   **Eloquar an sileam** ?(VERG. Aen. 3,39). *Faut-il le dire ou le taire ?*
   Quid **agam,** iudices ? (CIC. Verr. II,5,2). *Que faire, juges ?*
   Nobilissimas urbes captas esse **commemorem** ? (id. imp. Pomp. 33).
   *Rappellerai-je la prise de villes illustres ?*
2. Dans le PASSÉ, subjonctif **imparfait.**
   Quid **agerem** ? (id. Sest. 42). *Que devais-je faire ?*
   Non ego illi argentum **redderem** ? (PLAUT. Trin. 123).
   *Ne fallait-il pas lui rendre l'argent ?*

***Utrum pacem an bellum vultis ?***

346 I. L'interrogation **disjonctive** laisse *le choix entre deux choses.* En français les deux membres sont unis par *ou.* En latin :

1. Le premier membre est introduit par **utrum** ou par **-nĕ.** Parfois il n'a pas de particule.
2. Le second membre et les autres, s'il y en a, sont introduits par **an.** *Ou ne pas* se rend par **annon** (rarement par *necne*).

| | |
|---|---|
| **Utrum** pacem **an** bellum vultis ? | *Voulez-vous la paix ou la guerre ?* |
| **Utrum** servus es **an** liber ? | *Es-tu un esclave ou un homme libre ?* |
| Roma**mne** venis **an** ibi manes ? | *Viens-tu à Rome ou restes-tu là ?* |
| Is**ne** est quem quaero, **an non** ? (TER. Phorm. 5,6,12). | *Est-ce celui que je cherche ou non ?* |

II. On trouve aussi **an** dans l'interrogation **simple.**
   **An** existimas... ? *Crois-tu par hasard que... ?*
   Cuius pecus ? **An** Meliboei ? (VERG. buc. 3,1).
   *A qui ce troupeau ? Sans doute à Mélibée ?*

## 3. IMPÉRATIVE

*Ne mortem timueritis*

**I. Ordre** 347

| | |
|---|---|
| 2me personne | *impératif* |
| 3me personne | *subjonctif présent.* |
| **Venīte** ad me. | *Venez à moi.* |
| Fortes **estōte.** | *Soyez courageux.* |
| **Recēdant** omnes. | *Que tous se retirent.* |

**II. Exhortation**

1re personne du *subjonctif présent* (négation *ne*).

| | |
|---|---|
| **Amēmus** patriam. | *Aimons la patrie.* |
| **Eāmus, ne cunctēmur !** | *Allons, n'hésitons pas !* |

**III. Défense**

1. **Noli, nolīte** + *infinitif présent.*

| | |
|---|---|
| **Nolīte timēre.** | *Ne craignez pas.* |
| **Noli** me **tangere.** | *Ne me touche pas.* |

2. **Ne** (nemo, nihil, etc.) + *subjonctif.*

| | |
|---|---|
| 2me personne | subjonctif *parfait* |
| 3me personne | subjonctif *présent.* |
| **Ne** mortem **timueritis.** | *Ne craignez pas la mort.* |
| **Nihil** omnīno **scripseris.** | *N'écris absolument rien.* |
| **Ne exeant** ante lucem. | *Qu'ils ne sortent pas avant le jour.* |
| **Nemo legat** tales libros. | *Que nul ne lise de tels livres.* |

---

1. La 2me personne du subjonctif **présent** 348
ne s'emploie guère que pour *un sujet indéterminé.*
Isto bono **utāre,** dum adsit (Cic. sen. 33).
*Usez de ce bien* (la jeunesse) *tant qu'il est là.*

2. **Fac, cura,** *veille à...* / **Cave,** *garde-toi de...* } + subjonctif présent sans conjonction (n. 366).
**Fac cogites...** *Veille à penser, songe...*
**Cave deformes...** *Garde-toi de gâter, ne va pas gâter...*

3. Dans les défenses **on emploie indifféremment :**

| | | | |
|---|---|---|---|
| nemo | ne quis | nunquam | ne unquam |
| nullus | ne ullus | nusquam | ne usquam. |
| nihil | ne quid | | |

**Ne quid** nimis ! (Ter. And. I,1,61). *Pas d'excès !*

4. Une défense qui suit un ordre est introduite par **neve** (neu) ou **neque.**
A une première défense une seconde se relie par **neve** (neu) : n. 464.

## 4. OPTATIVE

| |
|---|
| *Utinam illum diem videam !* |

349 I. Le **souhait** s'exprime par le **subjonctif présent**, souvent précédé de *utinam*. La négation est *ne*.

**Utinam** illum diem **videam !** (Cic. Att. 3,3).
*Puissé-je voir ce jour !*
**Sit** tibi terra levis !
*Que la terre te soit légère !* (sur une tombe).
Di omen avertant ! (Cic. Phil. 3,35).
*Puissent les dieux détourner ce présage !*
**Valeant** cives mei ! **Sint** incolŭmes, **sint** florentes, **sint** beāti ! (id. Mil. 93).
*Que mes concitoyens vivent heureux ! Qu'ils jouissent de la paix, de la prospérité, du bonheur !*

II. Le **regret** (un IRRÉEL) s'exprime par le **subjonctif** :

**imparfait** s'il se rapporte au PRÉSENT
**plus-que-parfait** s'il se rapporte au PASSÉ.

Il est toujours précédé de **utinam.** La négation est *ne*.

**Utinam viveret !** *Ah ! s'il vivait encore !*
**Utinam** omnes servāre **potuisset !** (Cic. Phil. 5,39).
*Ah ! s'il avait pu les sauver tous !*
**Utinam** istam calliditātem hominibus di **ne dedissent !** (id. n. d. 3,75).
*Si seulement les dieux n'avaient pas donné aux hommes cette habileté !*

---

## 5. CONCESSIVE

| |
|---|
| *Sit fur, at est bonus imperātor* |

350 Une **concession** (*admettons que ...*) se met au **subjonctif** :

dans le PRÉSENT : subjonctif **présent**
dans le PASSÉ : subjonctif **parfait.**

La négation est *ne*.

**Sit** fur, at est bonus imperātor (Cic. Verr. II,5,4).
*Un voleur, soit ! mais c'est un bon général.*
**Ne sit** sane summum malum dolor, malum certe est (id. Tusc. 2,14).
*Admettons que la douleur ne soit pas le souverain mal ; c'est tout de même un mal.*
**Habeat** incommoda senectus ; voluptatibus certe non caret.
*Que la vieillesse ait ses inconvénients, soit ! Elle n'est pourtant pas sans joies.*
**Fuerint** cupidi, **fuerint** irāti ... (Cic. Lig. 18).
*Admettons qu'ils aient été cupides, emportés ...*

# B — PROPOSITION SUBORDONNÉE

CHAPITRE I

## EMPLOI DES MODES

### 1. COMPLÉTIVE

1. On appelle ainsi toute proposition subordonnée qui est **indispensable** pour que la phrase ait un sens. **351**

   Elle peut être { proposition *sujet*
   { proposition d'*objet* { *direct* / *indirect.*

2. Les propositions complétives revêtent en latin des **formes multiples.** L'exposé de la grammaire suit, une à une, **ces sortes** de complétives.
   Une *même construction* englobe souvent des *verbes de types différents.*
   Par contre, il est fréquent qu'une *même catégorie de verbes* (de volonté, de sentiment, etc.) admette *deux constructions.* Elles seront signalées chaque fois.
   Une **table des complétives** (n. 373) permettra d'ailleurs de faire les regroupements qui s'imposent.

3. Bien que **l'infinitif** employé seul ne soit pas une proposition, son étude se place naturellement avec celle de la proposition infinitive.

4. Tu remarqueras la **parenté de certaines propositions.**
   Quand une COMPLÉTIVE et une CIRCONSTANCIELLE se construisent de même, ce n'est pas l'effet du hasard. Ces deux propositions ont une *origine commune* et gardent un *sens voisin.* Ainsi :

| | | | | |
|---|---|---|---|---|
| **quod** | + indicatif | *complétive*<br>**causale** | Gaudeo quod vales<br>Quoniam nox est | 363<br>401 |
| **ut (ne)** | + subjonctif | *complétive*<br>**finale** | Cura ut valeas<br>Ego vēni ut vitam habeant, ne pereant | 365<br>403 |
| **ut (ut non)** | + subjonctif | *complétive*<br>**consécutive** | Saepe fit ut errēmus<br>Tam debilis erat ut incedere non posset | 368<br>405 |

## 1. PROPOSITION INFINITIVE

| ***Errāre humānum est*** |
|---|

**353** L'*infinitif* ou la *proposition infinitive* servent de **sujet** :

1. Au verbe **est** accompagné d'un **attribut.**
   L'adjectif attribut se met au *neutre.*

| | | | |
|---|---|---|---|
| utile est | *il est utile* | satis est | *il suffit* |
| turpe est | *il est honteux* | fas est | *il est permis* |
| decōrum est | *il est beau* | mos est | *c'est la coutume.* |

**Errāre** humānum est. *Il est humain de se tromper.*
Bonum est **nos** hic **esse.** *Il nous est bon d'être ici.*
Dulce et decōrum est pro patriā **mori** (HOR. od. 3,2,13).
*Il est doux, il est beau de mourir pour la patrie.*

2. A un grand nombre de verbes **impersonnels.**

| | | | |
|---|---|---|---|
| vidētur | *il semble* | interest | *il importe* |
| licet | *il est permis* | oportet } | *il faut* |
| decet | *il convient* | opus est } | |
| prodest | *il est utile* | necesse est | *il est nécessaire.* |

Licet **venīre.** *Il est permis de venir.*
**Legem brevem esse** oportet. *Il faut qu'une loi soit brève.*
**Confīdĕre** decet, **timēre** non decet (CIC.).
*Il convient d'avoir confiance ; il ne convient pas d'avoir peur.*
Licet nemini contra patriam **ducere** exercitum (id. Phil. 13,14).
*Il n'est permis à personne de conduire une armée contre sa patrie.*

---

**354** 1. **Oportet, licet, necesse est** peuvent aussi se construire avec le *subjonctif sans conjonction.*

Me ipsum **ames** oportet, non mea (CIC. fin. 2,85).
*C'est moi que vous devez aimer, et non mes biens.*
Leuctrica **pugna** immortālis **sit** necesse est (NEP. Ep. 10).
*La bataille de Leuctres doit être immortelle.*

2. **L'attribut** qui accompagne l'infinitif se met à l'**accusatif,** même quand le sujet n'est pas exprimé.

Non esse **cupidum,** pecunia est. **Contentum** suis rebus esse, maximae sunt divitiae (CIC. parad. 6,51).
*Ne pas être cupide, c'est de l'argent. Être content de ce qu'on a, c'est la plus grande richesse.*

3. Quand **licet** a son complément au datif, l'**attribut** se met aussi au **datif.**

Illis **timidis** et **ignāvis** esse licet (LIV. 21,44,8).
*Il leur est permis d'être timides et lâches.*

***Vincere scis, Hannibal***

**L'infinitif** sert de **complément** : 355

1. A plusieurs verbes tels que **savoir, pouvoir, devoir, oser.**

| | | | |
|---|---|---|---|
| scire | *savoir* | debēre | *devoir* |
| nescīre | *ne pas savoir* | audēre | *oser* |
| posse | *pouvoir* | non dubitāre | *ne pas hésiter.* |

**Vincere** scis, Hannibal ; victoriā **uti** nescis (Liv. 22,51,4).
*Tu sais vaincre, Hannibal ; mais tu ne sais pas profiter de la victoire.*

2. A certains verbes qui expriment un **acte de la volonté.**

| | | | |
|---|---|---|---|
| velle | *vouloir* | malle | *préférer* |
| nolle | *ne pas vouloir* | cupere | *désirer.* |

Omnes cupimus quam primum te **vidēre** (Cic. fam. 16,3,2).
*Nous désirons tous te voir au plus tôt.*

3. Aux verbes qui marquent les **étapes de l'action.**

| | | | |
|---|---|---|---|
| omittere | *s'abstenir* | pergere | *continuer* |
| conāri | *essayer* | festināre | *se hâter* |
| incipere | *commencer* | solēre | *avoir l'habitude* |
| coepi | *j'ai commencé* | desinere | *cesser.* |

Coepit adulescentes **docēre** (Cic. Tusc. 1,7).
*Il commença à instruire les jeunes gens.*

---

1. Les verbes de **volonté** (n. 355,2) 356
peuvent toujours régir une **proposition infinitive** (n. 357,4).

2. Quand le **sujet** de l'infinitif est **le même** que celui du verbe principal, on préfère **l'infinitif seul.**
Volo **esse clemens.** *Je veux être clément.*
Plutôt que : volo me esse clementem.

3. **L'attribut** qui accompagne l'infinitif **seul** s'accorde avec le sujet du verbe principal.
Volo et esse et habēri **gratus** (Cic. fin. 2,72).
*Je veux être reconnaissant et passer pour tel.*

4. D'autres verbes de **volonté** et d'**activité** se construisent avec *ut* et le **subjonctif** (n. 365).

***Credo Deum esse sanctum***

**357** La **proposition infinitive** sert de **complément** :

1. Aux verbes de **perception** ou d'**opinion.**

| | | | |
|---|---|---|---|
| *voir* | *apprendre* | *se souvenir* | *croire* |
| *entendre* | *comprendre* | *oublier* | *penser* |
| *sentir* | *savoir* | *espérer* | *juger* |
| *remarquer* | *ignorer* | *soupçonner* | *être d'avis.* |

Credo **Deum esse sanctum.** — *Je crois que Dieu est saint.*
Scio **vitam esse brevem.** — *Je sais que la vie est courte.*
Sentīmus **calēre ignem.** — *Nous sentons que le feu est chaud.*

2. Aux verbes de **déclaration.**

| | | | |
|---|---|---|---|
| *dire* | *informer* | *avouer* | *enseigner* |
| *assurer* | *annoncer* | *nier* | *promettre* |
| *répondre* | *raconter* | *écrire* | *jurer.* |

Dicunt **Homērum caecum fuisse.** *On dit qu'Homère était aveugle* (n. 362).

3. Aux verbes de **sentiment.** Voir aussi n. 363,I.

| | |
|---|---|
| *se réjouir* | *s'étonner* |
| *regretter* | *supporter avec peine.* |

Gaudeo **te valēre.**
*Je me réjouis que tu sois bien portant.*
**Exercitum** in Galliā **hiemāre** moleste ferēbant Galli.
*Les Gaulois supportaient avec peine de voir l'armée passer l'hiver en Gaule.*

4. Aux verbes qui marquent un **acte de la volonté** (n. 355,2).

Haec omnia **te scire** volui. — *J'ai voulu que tu saches tout cela.*

5. A certains verbes qui expriment une **manifestation de la volonté.** Voir aussi n. 365.

| | | | |
|---|---|---|---|
| cogĕre | *forcer* | prohibēre | *empêcher* |
| iubēre | *commander* | sinĕre | *permettre* |
| vetāre | *défendre* | pati | *permettre.* |

Ces verbes n'ont *jamais au datif* la personne à laquelle on commande, défend ou permet quelque chose.

Iubet **legātos abīre.** — *Il ordonne aux envoyés de partir.*
Lex vetat **nos** domum redīre. — *La loi nous interdit de rentrer chez nous.*

***Spero me brevi ventūrum***

I. Les verbes qui marquent un acte de la **volonté** ou sa manifestation, tels que *désirer, commander, défendre* (n. 357, 4 et 5), se construisent avec l'**infinitif présent.** **359**
Iubet illos sequenti die **proficisci.**
*Il leur ordonne de partir le lendemain.*

II. Les verbes qui signifient **espérer, promettre, menacer** se construisent avec l'**infinitif futur.**
Ils admettent aussi les infinitifs présents *posse* et *velle.*

| | |
|---|---|
| Spero me brevi **ventūrum.** | *J'espère venir bientôt.* |
| Promīsit se hoc **factūrum.** | *Il a promis de le faire.* |
| Spero me **posse** vincere hostem. | *J'espère pouvoir vaincre l'ennemi.* |

A l'INFINITIF FUTUR on *sous-entend* souvent l'auxiliaire *esse.*

---

1. Avec les verbes de **perception,** on emploie de préférence le **participe présent** pour fixer l'attention sur la personne *durant son action.* **360**

| | |
|---|---|
| Vidi regem **ingredientem.** | *J'ai vu le roi entrer.* |
| Audīvi te **loquentem.** | *Je t'ai entendu parler.* |

2. Avec les verbes de **volonté,** on emploie le **participe parfait** sans *esse* pour souligner *l'achèvement de l'action.*
Rem publicam **defensam** volunt (Cic. Att. 8,3,4).
*Ils veulent que la république soit en sûreté.*

3. Les verbes **volo, nolo, malo** et l'impératif **sine, sinite** } admettent aussi le **subjonctif sans conjonction.**
Velim tuam valetudinem **cures** (Cic. fam. 14,9).
*Je voudrais que vous soigniez votre santé.*

***Caesar dicitur venīre***

1. Il existe, en latin comme en français, une CONSTRUCTION IMPERSONNELLE. **362**
*On dit que César arrive* peut donc se traduire (n. 357,2) :
Dicitur Caesarem venīre.
Mais les écrivains classiques préfèrent la **construction personnelle au passif :**
**Caesar dicitur** venīre. (César est dit venir).
De même, *On rapporte qu'Homère était aveugle* se traduira de préférence : **Homērus traditur caecus** fuisse.

2. Cette construction personnelle au passif est
**préférée** avec : *on dit, on rapporte, on apprend, on estime*
**obligatoire** avec : *on ordonne, on permet, on empêche, on voit que je.*
**Captīvi iubentur** facere pontem.
*On ordonne aux prisonniers de construire un pont.*

## 2. QUOD ET L'INDICATIF

***Gaudeo quod vales***

363 I. Les verbes de **sentiment** (n. 357,3) admettent deux constructions :

1. la proposition infinitive
2. **quod** et l'**indicatif.**

| | |
|---|---|
| Gaudeo **quod vales.** | *Je me réjouis que tu te portes bien.* |
| Dolet **quod** matrem **amīsit.** | *Il souffre d'avoir perdu sa mère.* |

II. Les verbes suivants se construisent toujours avec **quod** et l'**indicatif :**

*louer, blâmer, féliciter, remercier, accuser.*

Gratias agimus tibi **quod redemisti** nos.
*Nous te rendons grâces de nous avoir rachetés.*

---

364 1. *Quod et l'indicatif* se rencontre dans plusieurs **expressions :**

| | | | |
|---|---|---|---|
| accēdit quod | *à cela s'ajoute que* | mitto quod | *j'omets le fait que* |
| adde quod | *ajoute que* | praetereo quod | *je passe le fait que* |
| accidit incommode quod | | *il est arrivé par malheur que* | |
| bene facis quod | | *tu fais bien de.* | |

2. **Quod explicatif**

Proche de son origine, un relatif neutre, il **explique** le sens d'un *pronom neutre* ou d'un *nom.*

Unum **illud** est admiratiōne dignum, **quod** captīvos retinendos censuit (Cic. off. 3,111).
*La seule chose qui soit digne d'admiration, c'est qu'il fut d'avis de retenir les prisonniers.*
Mihi videntur homines **hac re** maxime bestiis praestāre, **quod** loqui possunt (id. inv. 1,5).
*Il est un point, me semble-t-il, où apparaît surtout la supériorité de l'homme sur la bête : le don de la parole.*

3. **Quod** signifie aussi *quant à ce fait que.*
Il se place alors au début de la phrase.

**Quod** vero secūri percussit filium, vidētur ... (Cic. fin. 1,23).
*Quant au fait d'avoir frappé son fils de la hache, il semble ...*

4. Suivi de certaines conjonctions, *quod* sert à lier les phrases : **quod si, quod nisi,** etc.

**Quod si** legibus obtemperāre debētis (Cic. inv. 1,70).
*Que si vous devez obéir aux lois ...*

5. *Quod* + le **subjonctif.** Voir n. 432.

## 3. COMPLÉTIVE AU SUBJONCTIF

***Cura ut valeas***

**Ut** et le **subjonctif.** S'il faut une négation : **ne** (parfois *ut ne*). **365**
Telle est la construction régulière des verbes de **volonté,** d'**effort.** Comme beaucoup d'entre eux admettent aussi la *proposition infinitive,* il est pratique de les classer en QUATRE CATÉGORIES.

I. Ont comme construction normale l'**infinitif** ou la **proposition infinitive** (n. 355,357) :

| | | | |
|---|---|---|---|
| *vouloir* | velle | *préférer* | malle |
| *ne pas vouloir* | nolle | *désirer* | cupere. |

Plurimi cupiunt **eum salvum esse.**
*Un très grand nombre désirent son salut.*

Les trois premiers se construisent parfois avec le **subjonctif seul** (n. 360,3).

II. Emploient toujours **ut** et le **subjonctif** :

| | | | |
|---|---|---|---|
| *souhaiter* | optāre | *demander* | petere, rogāre, postulāre |
| *veiller à* | providēre, prospicere, cavēre | *réclamer* | poscere |
| *avoir soin* | curāre, operam dare | *exiger* | flagitāre |
| *faire en sorte* | facere, efficere, id agere | *conseiller* | suadēre |
| *prier* | orāre | *exhorter* | hortāri |
| | | *amener* | adducere |
| | | *obtenir* | impetrāre, assequi, adipisci. |

Cura **ut valeas.** — *Veille à te bien porter.*
Suadeo tibi **ut legas.** — *Je te conseille de lire.*
A te peto **ne id facias.** — *Je te demande de ne pas le faire.*
Opto **ut** victor **redeas.** — *Je souhaite que tu reviennes vainqueur.*
Hortātur eos **ut** fortiter **pugnent.** — *Il les exhorte à lutter vaillamment.*

Mais **conāri,** *s'efforcer,* veut l'**infinitif** (n. 355,3).

Conantur **exīre** de finibus suis.
*Ils entreprennent de sortir de leur territoire.*

III. A un **même verbe** français peuvent correspondre des verbes latins de **construction différente** :

| | PROPOSITION INFINITIVE | UT + SUBJONCTIF |
|---|---|---|
| **permettre** | sinere<br>ferre<br>pati | concedere<br>permittere |
| **commander** | iubēre | imperāre<br>mandāre<br>praecipere |
| **défendre** | vetāre<br>prohibēre (n. 369) | interdicere (ne). |

Sinite **hos abīre.** *Laissez partir ceux-ci.*
Concēdo tibi **ut** ea **praetereas.**
*Je te permets de passer ces faits sous silence.*

Iussit **eos rescindere** pontem.
*Il leur ordonna de couper le pont.*
Suis imperāvit **ne** tela **reicerent.**
*Il ordonna aux siens de ne pas relancer les traits.*

A legionibus **legātos discedere** vetuerat.
*Il avait défendu à ses lieutenants de quitter leur légion.*
Interdīcit omnibus **ne** quemquam **interficiant.**
*Il interdit à tous de tuer qui que ce soit.*

IV. **Le même verbe** admet **deux constructions** :

1. Sans changer de sens :

| | | | |
|---|---|---|---|
| *forcer* | cogere | *ut* + subjonctif | propos. infin. |
| *s'efforcer* | contendere | *ut* + subjonctif | infinitif |
| *s'appliquer* | studēre | *ut* + subjonctif | infinitif. |

2.

| | | | |
|---|---|---|---|
| *dire* | dicere | *être d'avis* | censēre |
| *écrire* | scribere | *concéder* | concedere |
| *avertir* | monēre | *décider* | statuere<br>decernere. |
| *persuader* | persuadēre | | |

Pour un **énoncé** : PROPOSITION INFINITIVE.

Pour un **ordre** : UT et le SUBJONCTIF.

Haec **se audisse** scribit Caelius (CIC. div. 1,56).
*Célius écrit qu'il a entendu ces choses.*
Quibus scripseram **ut** Romae **manērent** (id. Att. 7,17,5).
*Je leur avais écrit de rester à Rome.*

---

**366** **Fac** *veille à* / **Cave** *garde-toi de* — admettent le **subjonctif sans conjonction.**

Fac **cogites** in quantā calamitāte sis (SALL. Cat. 44).
*Songe au péril dans lequel tu te trouves.*
Cave **deformes** multa bona uno vitio (LIV. 30,14).
*Garde-toi de gâter beaucoup de talents par un seul défaut.*

### *Timeo ne hostis veniat*

Avec les verbes qui signifient **craindre** on emploie : **367**
**ne** et le **subjonctif** quand on craint que la chose *n'arrive*
**ne non** et le **subjonctif** quand on craint qu'elle *n'arrive pas.*

| | |
|---|---|
| Timeo **ne** hostis **veniat.** | *Je crains que l'ennemi ne vienne.* |
| Timeo **ne** mater **non veniat.** | *Je crains que ma mère ne vienne pas.* |
| Timēbat **ne** quid **praeterīret.** | *Il craignait de passer quelque chose.* |
| Metuo **ne non sis** parātus. | *Je crains que tu ne sois pas prêt.* |

**Verēri + infinitif** = *ne pas oser.*

| | |
|---|---|
| Vereor **loqui.** | *Je n'ose pas parler.* |

---

### *Saepe fit ut errēmus*

I. 1. On emploie **ut** et le **subjonctif**, et s'il faut une négation, **ut non** avec les verbes et les expressions qui signifient : **368**
*il arrive, il reste, il s'ensuit, il est possible, il est d'usage,* etc.

| | |
|---|---|
| Saepe fit **ut errēmus.** | *Il arrive souvent que nous nous trompions.* |
| Ei contigit **ut** te **vidēret.** | *Il a eu la chance de vous voir.* |

Reliquum est **ut** de bello pauca **dicāmus.**
*Il nous reste à dire quelques mots de la guerre.*
Sequitur **ut** sapiens semper beātus **sit.**
*Il s'ensuit que le sage est toujours heureux.*
Mos erat Lacedaemoniōrum **ut** duos **habērent** reges.
*C'était l'usage des Spartiates d'avoir deux rois.*

2. Certains de ces verbes admettent **en outre** une autre construction.

| | | |
|---|---|---|
| fit<br>accidit<br>evenit } | *il arrive* | **quod + indicatif**<br>(n. 364,1) |
| accēdit | *à cela s'ajoute* | |
| sequitur | *il s'ensuit* | **proposition infinitive**<br>(n. 353) |
| mos est<br>consuetūdo est } | *il est d'usage* | |

II. Expliquent le sens d'un pronom neutre ou d'un nom (n. 364,2) :

| | | |
|---|---|---|
| **quod explicatif** | + indicatif | *le fait que* |
| **ut explicatif** | + subjonctif | *à savoir que.* |

**Hoc** proprium est animantium **ut** aliquid **appetant** (Cic. n. d. 1,104).
*C'est le propre des êtres vivants d'avoir quelque désir.*

| *Dolōre impedior ne plura scribam* |
|---|

369 1. Avec les verbes qui signifient **empêcher, s'opposer** on emploie le **subjonctif** introduit par

**ne** ou **quominus** si la principale est *affirmative*
**quin** ou **quominus** si la principale est *négative*
de forme ou de sens.

| | | | |
|---|---|---|---|
| impedīre<br>prohibēre | *empêcher* | obstāre<br>obsistere | *s'opposer* |
| deterrēre | *détourner* | recusāre | *refuser.* |

Dolōre impedior **ne** plura **scribam** (Cic. Att. 11,13,5).
*La douleur m'empêche d'écrire davantage.*
Sententiam **ne diceret** recusāvit (id. off. 3,100).
*Il refusa de donner son avis.*
Quid obstat **quominus sit** deus beātus ? (id. n. d. 1,95).
*Qu'est-ce qui empêche un dieu d'être heureux ?*
**Quin loquar** nullo modo me potes deterrēre (Plaut. Amph. 2, 1,10).
*Tu ne peux absolument pas m'empêcher de parler.*

2. **Prohibēre** se construit souvent avec la **proposition infinitive** (n. 357,5).

Belgae **Teutŏnos** intra fines suos **ingredi** prohibuērunt (Caes. b. g. 2,4,2).
*Les Belges ont empêché les Teutons d'entrer sur leur territoire.*

---

| ***Non dubito quin ita sit*** |
|---|

370 I. On emploie d'ordinaire **quin** et le **subjonctif** :

1. Avec les verbes qui signifient **douter** accompagnés d'une *négation* ou d'une *interrogation à sens négatif.*

Non dubito **quin** ita **sit.** *Je ne doute pas qu'il n'en soit ainsi.*
Quis dubitāre potest **quin** Dei munus **sit** vita nostra ? (Sen.).
*Qui peut douter que notre vie soit un présent de Dieu ?*
Non erat dubium **quin** totīus Galliae plurimum Helvetii **possent** (Caes. b. g. 1,3,7).
*On n'en pouvait douter : les Helvètes étaient le peuple le plus puissant de toute la Gaule.*

2. Avec d'autres **expressions négatives** ou **interrogatives.**

Facere non possum **quin rideam.** *Je ne puis m'empêcher de rire.*
Fieri non potest **quin** te **laudem.** *Il m'est impossible de ne pas te louer.*

II. 1. **Dubitāre,** *hésiter,* veut l'**infinitif.**

Quis dubitet pro patriā mortem **oppetere ?**
*Qui hésiterait à affronter la mort pour sa patrie ?*

2. **Dubitāre,** *se demander,* se construit avec l'**interrogation indirecte** (n. 371).

## 2. INTERROGATION INDIRECTE

***Dic mihi quid agas***

I. En latin comme en français, il y a **deux sortes d'interrogations.** 371

| INTERROGATION DIRECTE | INTERROGATION INDIRECTE |
|---|---|
| *Que fais-tu ?* | *Dis-moi ce que tu fais.* |
| Quid agis ? | Dic mihi **quid agas.** |
| *Qui a pris le livre ?* | *Je demande qui a pris le livre.* |
| Quis cepit librum ? | Rogo **quis** librum **ceperit.** |
| *Quand viendront-ils ?* | *Je voudrais savoir quand ils viendront.* |
| Quando venient ? | Scire velim **quando ventūri sint.** |

II. **De quels verbes dépend** l'interrogation indirecte ?

Des verbes qui signifient
- **savoir** ou *ignorer*
- **faire savoir** *dire*
- **chercher à savoir** *demander.*

III. Quels sont les **mots qui l'introduisent ?**

1. **Pas** la conjonction *si,* en latin.
2. En général, les mêmes *interrogatifs* et les mêmes *particules* que l'interrogation **directe** (n. 109, 110 ; 125-140).
3. Mais attention à deux différences :
   a) **Num** = *-ne.* Donc, il n'attend pas nécessairement une réponse négative.
   b) **Nonne** est rare. Employé seulement avec quaerere, *demander.*

IV. Une **différence importante** entre le français et le latin.

Souvent le français emploie un pronom **relatif** là où se trouve en réalité **une question.**

Dans ce cas, le latin considère cette proposition comme une **interrogative indirecte.**

Donc on trouvera en latin un plus grand nombre d'interrogatives qu'en français.

Veille à t'habituer à ceci : découvrir une question sous un pronom relatif.

*Je ne sais pas ce qu'ils ont fait.* Nescio **quid fecerint.**
*Raconte-moi ce qui t'est arrivé.* Narra mihi **quid** tibi **acciderit.**

V. **Mode** de l'interrogation indirecte : le **subjonctif.**

VI. **Temps :** règles de la **Concordance des temps** (n. 449-460).

**Dubito an** *je me demande si* } + interrogation indirecte 372
**Haud scio an** *je ne sais pas si* }

exprimeut une affirmation modeste : *peut-être ...*

**Haud scio an venerit.** *Peut-être est-il venu.*

## TABLE DES COMPLÉTIVES

373 a

prop. = proposition infinitive.

| | | SUBJONCTIF | INFINITIF | AUTRES MODES |
|---|---|---|---|---|
| s'**abstenir** | | | | |
| de dire | mittere<br>praeterīre | | | *quod* ind. |
| de faire | omittere | | seul | |
| **accuser** | accusāre<br>reum facere<br>insimulāre<br>arguere | | | *quod* ind. |
| **ajouter** | addere | | prop. | *quod* ind. |
| à cela s'ajoute | accēdit | *ut* (*ut non*) | | *quod* ind. |
| **amener** | adducere | *ut* (*ne*) | | *ad* gérond. |
| **annoncer** | nuntiāre<br>nuntium afferre | } ordre : *ut* (*ne*)<br>} interr. ind. | fait : prop. | |
| s'**appliquer** | studēre | *ut* (*ne*) | seul | |
| **apprendre** | | | | |
| annoncer | nuntiāre | interr. ind. | prop. | |
| enseigner à | docēre | | seul | |
| enseigner que | docēre | interr. ind. | prop. | |
| apprendre à | discere | | seul | |
| apprendre que | cognoscere<br>accipere<br>comperīre<br>discere | interr. ind. | prop. | |
| par expérience | experīri | | prop. | |
| il **arrive** | est, usu venit<br>fit, evenit | *ut* (*ut non*)<br>*ut* (*ut non*) | | + adverbe : *quod* ind. |
| bonheur<br>malheur | contingit<br>accidit | *ut* (*ut non*)<br>*ut* (*ut non*) | | + adverbe : *quod* ind. |
| **attendre** | exspectāre | *si*<br>*dum, quoad* | | |
| il est **avantageux** | condūcit<br>interest<br>expedit<br>refert | | seul et prop. | |
| **avertir** | monēre | ordre : *ut* (*ne*) | fait : prop. | |
| être d'**avis** | censēre | ordre : *ut* (*ne*) | fait : prop. | adj. verbal |
| **avouer** | fatēri | interr. ind. | prop. | |

| 373 b | | SUBJONCTIF | INFINITIF | AUTRES MODES |
|---|---|---|---|---|
| **blâmer** | vituperāre<br>reprehendere | | | *quod* ind. |
| il est **certain** | constat<br>appāret<br>patet, liquet | | prop. | |
| **cesser** | desinere<br>desistere | | seul | |
| **commander** | iubēre<br>imperāre | <br>*ut* (*ne*) | prop. | |
| **commencer** | incipere<br>aggredi<br>ordīri | | seul | |
| j'ai commencé<br>on a commencé | coepi<br>coeptus est | | seul<br>inf. passif | |
| **comprendre** | intellegere<br>percipere<br>perspicere | interr. ind. | prop. | |
| **concéder** que<br>de | concedere<br>concedere<br>permittere<br>pati<br>sinere | <br>*ut* (*ne*)<br>*ut* (*ne*) | prop.<br><br><br>prop.<br>prop. | |
| **conseiller** | hortāri *Acc.*<br>suadēre *D.* | *ut* (*ne*)<br>*ut* (*ne*) | | |
| **constater** | vidēre<br>cernere | interr. ind. | prop. | partic. prés. |
| **continuer** | pergere<br>perseverāre | | seul | |
| **convenir** que<br>de | consentīre<br>consentīre | | prop.<br>seul | |
| il **convient** | decet<br>convenit | | seul et prop. | |
| **craindre** que<br><br><br>de | timēre<br>metuere<br>verēri<br>verēri | *ne* (*ne non*) | <br><br><br>seul | |
| **croire**<br>penser | credere<br>putāre<br>arbitrāri<br>existimāre<br>censēre<br>opināri | | prop.<br>prop. | |

| **373** c | | SUBJONCTIF | INFINITIF | AUTRES MODES |
|---|---|---|---|---|
| **décider** | statuere<br>constituere<br>decernere | ordre : *ut* (*ne*) | projet : seul | |
| **décréter** | censēre | *ut* (*ne*) | | adj. verbal |
| **défendre** | vetāre<br>prohibēre<br>interdicere | <br>*ne, quominus*<br>*ne* | prop.<br>prop. | |
| **demander** (question) | quaerere<br>rogāre | interr. ind. | | |
| se **demander** | quaerere<br>dubitāre | interr. ind. | | |
| demander (prière) | rogāre<br>petere<br>poscere<br>postulāre | *ut* (*ne*) | | |
| **démontrer** | demonstrāre<br>probāre | | prop. | |
| il **déplaît** | displicet | | seul et prop. | |
| **désirer** | cupere | | seul et prop. | |
| **déterminer** | adducere | *ut* (*ne*) | | *ad* gérond. |
| **détourner** | deterrēre | *ne, quominus* | | |
| **devoir** | debēre | | seul | |
| **dire** | dicere | ordre : *ut* (*ne*)<br>interr. ind. | fait : prop. | |
| on dit | fertur<br>traditur | | prop.<br>seul (n. 362) | |
| **douter**<br>ne pas douter | dubitāre<br>non dubitāre | interr. ind.<br>*quin* | | |
| **écrire** | scribere | ordre : *ut* (*ne*)<br>interr. ind. | fait : prop. | |
| s'**efforcer** | conāri<br>molīri<br>contendere | <br><br>*ut* (*ne*) | seul<br>seul<br>seul | |
| **empêcher** | impedīre<br>prohibēre | *ne, quominus*<br>*ne, quominus* | <br>prop. | |
| ne pas » | non impedīre<br>non prohibēre | *quin, quominus*<br>*quin, quominus* | <br>prop. | |
| je ne puis m'empêcher | facere non possum | *quin* | | |
| cela m'**ennuie** | me taedet | | seul et prop. | |

| **373** d | | SUBJONCTIF | INFINITIF | AUTRES MODES |
|---|---|---|---|---|
| **enseigner** à | docēre | | seul | |
| que | docēre | interr. ind. | prop. | |
| il s'**ensuit** | sequitur | *ut* (*ut non*) | prop. | |
| **entendre** | audīre | | prop. | partic. prés. |
| **entreprendre** | aggredi<br>adorīri<br>instituere | | seul | |
| **espérer** | sperāre | | prop. inf. fut. | |
| **essayer** de | conāri | | seul | |
| si | conāri<br>temptāre<br>experīri | *si* | | |
| **estimer** | existimāre | | prop. | |
| s'**étonner** | mirāri | interr. ind. | prop. | *quod* ind. |
| **exciter** | impellere | *ut* (*ne*) | | |
| **exhorter** | hortāri | *ut* (*ne*) | | |
| **faire en sorte** | efficere<br>id agere<br>facere | *ut* (*ne*) | | |
| il **faut** | opus est | | seul et prop. | |
| | oportet<br>necesse est | seul | seul et prop. | |
| **féliciter** | gratulāri | | | *quod* ind. |
| **forcer** | cogere | *ut* (*ne*) | prop. | |
| se **garder** de | cavēre | *ne* | | |
| garde-toi de | cave | seul | | |
| avoir **l'habitude** | solēre<br>consuēvi | | seul | |
| **habituer** | assuefacere | | seul | |
| se **hâter** | festināre | | seul | |
| **hésiter** | dubitāre<br>cunctāri | | seul | |
| **ignorer** | nescīre<br>ignorāre | interr. ind. | prop. | |
| il **importe** | condūcit<br>interest<br>expedit<br>refert | | seul et prop. | |
| il est **impossible** | fieri<br>non potest | *ut* (*quin*) | | |

| 373 e | | SUBJONCTIF | INFINITIF | AUTRES MODES |
|---|---|---|---|---|
| **informer** | certiōrem facere | interr. ind. | prop. | |
| avoir l'**intention** | habēre in animo | | seul | |
| **interdire** | interdicere | *ne* | | |
| | vetāre | | prop. | |
| **jurer** | iurāre | | prop. | |
| **louer** | laudāre | | | *quod* ind. |
| **mériter** | merēre<br>merēri | *ut* | | |
| il mérite | dignus est | *qui* | | |
| il est **nécessaire** | necesse est<br>oportet | seul | seul et prop. | |
| | opus est | | seul et prop. | |
| **négliger** | neglegere<br>omittere | | seul | |
| **nier** | negāre | | prop. | |
| **obtenir** | impetrāre<br>assequi<br>adipisci | *ut* (*ne*) | | |
| s'**opposer** | obstāre<br>obsistere | *ne, quominus* | | |
| ne pas » | non obstāre<br>non obsistere | *quin, quominus* | | |
| **ordonner** | iubēre | | prop. | |
| | imperāre | *ut* (*ne*) | | |
| **oser** | audēre | | seul | |
| **oublier** que<br>j'oublie | oblivisci<br>me praeterit | interr. ind. | prop. | |
| oublier de | oblivisci | | seul | |
| **paraître** | vidēri | | seul et prop. | |
| je suis **peiné** | me piget | | seul | |
| **penser** à | cogitāre | interr. ind. | seul | |
| que | putāre<br>arbitrāri<br>existimāre<br>censēre<br>opināri | | prop. | |

| 373 f | | SUBJONCTIF | INFINITIF | AUTRES MODES |
|---|---|---|---|---|
| **permettre** | concedere | *ut* (*ne*) | | |
| | permittere | *ut* (*ne*) | | |
| | pati | | prop. | |
| | sinere | | prop. | |
| il est **permis** | licet | seul | seul et prop. | |
| par les dieux | fas est | | seul et prop. | |
| **persister** | instāre | | seul | |
| **persuader** que | persuadēre *D.* | | prop. | |
| | suadēre *D.* | | | |
| de | persuadēre *D.* | *ut* (*ne*) | | |
| | suadēre *D.* | | | |
| je suis **persuadé** que | persuāsum habeo | | prop. | |
| | mihi persuāsum est | | prop. | |
| se **plaindre** | queri | | prop. | *quod* ind. |
| il me **plaît** | mihi placet | | seul et prop. | |
| | me iuvat | | seul et prop. | |
| | mihi libet | | seul | |
| il est **possible** | fieri potest | *ut* (*ut non*) | | |
| **pousser** à | inducere | *ut* (*ne*) | | |
| **pouvoir** | posse | | seul | |
| **préférer** | malle | seul | seul et prop. | |
| **prévoir** | providēre | interr. ind. | prop. | |
| **prier** | orāre | *ut* (*ne*) | | |
| | rogāre | | | |
| **projeter** | cogitāre | | seul | |
| **promettre** | pollicēri | | prop. inf. fut. | |
| | promittere | | | |
| **prouver** | probāre | | prop. | |
| | demonstrāre | | | |
| se **rappeler** | memini | interr. ind. | prop. | |
| | recordāri | | | |
| on **rapporte** | fertur | | seul et prop. | |
| | traditur | | | |
| **refuser** | recusāre | *ne* | seul | |
| ne pas » | non recusāre | *quin*, *quominus* | seul | |
| **regretter** | dolēre | | prop. | *quod* ind. |
| je regrette | me paenitet | | seul | |
| se **réjouir** | gaudēre | | prop. | *quod* ind. |
| | laetāri | | | |

| 373 g | | SUBJONCTIF | INFINITIF | AUTRES MODES |
|---|---|---|---|---|
| **remarquer** | sentīre<br>animadvertere | interr. ind. | prop. | |
| **remercier** | gratias agere | | | *quod* ind. |
| je me **repens** | me paenitet | | seul | |
| il **reste** | relinquitur<br>restat | *ut* (*ut non*) | | |
| se **retenir**<br>ne pas » | se tenēre<br>non se tenēre | *ne*<br>*quin, quominus* | | |
| **réussir** à | assequi | *ut* (*ne*) | | |
| je **rougis** | me pudet | | seul | |
| **savoir** (faire)<br>ne pas »<br>connaître<br>ne pas savoir | scire<br>nescīre<br>scire<br>nescīre | <br><br>interr. ind.<br>interr. ind. | seul<br>seul<br>prop.<br>prop. | |
| **sembler** | vidēri | | seul et prop. | |
| **sentir** | sentīre<br>animadvertere | interr. ind. | prop. | |
| avoir **soin** | curāre<br>enīti<br>operam dare | *ut* (*ne*)<br>*ut* (*ne*)<br>*ut* (*ne*) | | adj. verbal |
| **songer** à<br>» à ce que | cogitāre<br>cogitāre | <br>interr. ind. | seul | |
| se **soucier** de | curāre | | seul | |
| **souhaiter** | optāre | *ut* (*ne*) | | |
| se **souvenir** | memini<br>recordāri | interr. ind. | prop. | |
| il **suffit** | satis est | *ut* | seul et prop. | |
| **supporter** avec peine | moleste, aegre, graviter ferre | | prop. | *quod* ind. |
| **taire** | mittere<br>praeterīre | | | *quod* ind. |
| **tarder** à | morāri | | seul | |
| il est d'**usage** | mos est<br>consuetūdo est | *ut* (*ut non*) | seul et prop. | |
| **veiller** à | cavēre<br>providēre<br>prospicere | *ut* (*ne*) | | |
| **voir** | vidēre<br>cernere | interr. ind. | prop. | partic. prés. |
| **vouloir**<br>ne pas vouloir | velle<br>nolle | seul<br>seul | seul et prop.<br>seul et prop. | |

## 3. CIRCONSTANCIELLE

### I. CONDITIONNELLE

I. En latin comme en français, la phrase conditionnelle se compose de DEUX PROPOSITIONS : **375**

1. La *subordonnée,* qui contient **la condition.**
**S'il travaillait,** *il serait premier.*

2. La *principale,* qui indique ce qui arrive si la condition est remplie.
*S'il travaillait,* **il serait premier.**

II. Dans toute phrase conditionnelle, il y a un **lien logique** entre la condition et la conséquence qui en découle.
Ce lien logique est *toujours* affirmé.
Il est *la structure même* de la phrase conditionnelle.

III. Mais il faut tenir compte, **en outre,** de ceci.
L'esprit humain, quand il envisage une hypothèse, **prend** presque toujours **position** vis-à-vis d'elle.
Pour sentir la chose, compare les trois phrases suivantes :

1. *Si Socrate est un homme, il est mortel.*

2. *Si tu venais chez moi, tu verrais mes fleurs.*

3. *S'il avait fait beau, j'aurais été me promener.*

1. Dans le PREMIER CAS, la condition est considérée comme **remplie.**
*Si* équivaut alors à *s'il est vrai que.*
L'usage est d'appeler ce cas **réel.**

La condition est **supposée** remplie.
Si l'on veut affirmer davantage et souligner qu'elle est **réalisée de fait,** on emploie *puisque ;*
c'est alors une proposition CAUSALE.

*S'il est mort, nous n'avons plus à le craindre.*
*Puisqu'il est mort, nous n'avons plus à le craindre.*

2. Dans le SECOND CAS, nous sommes dans une hypothèse
 qui **pourrait** arriver.
 C'est *plus* qu'une simple condition.
 Ce qui *pourrait* arriver est appelé
 **potentiel** (du latin **posse,** *pouvoir*).

 *Si tu venais chez moi*
 (et la chose est bien possible ; et cela pourrait fort bien arriver),
 *tu verrais mes fleurs.*

3. Dans le TROISIÈME CAS, *l'hypothèse* est nettement sentie
 comme **ne cadrant pas avec la réalité.**
 C'est une supposition **irréelle.**

 *S'il avait fait beau* (mais en réalité il n'a pas fait beau),
 *j'aurais été me promener.*

IV. La seule difficulté pratique consiste à
 **distinguer le potentiel de l'irréel.**
 Car le français n'a *pas deux manières grammaticales*
 de les exprimer. Il emploie dans les deux cas :
 { l'indicatif imparfait ou plus-que-parfait dans la subordonnée
 { le conditionnel dans la principale.

 a) *Si je travaillais, je réussirais* (mais je n'ai pas envie de travailler). — IRRÉEL.
 b) *Si je travaillais* (et je pourrais bien m'y mettre), *je réussirais.* — POTENTIEL.

 a) *S'il faisait beau, les moissons mûriraient plus vite*
 (mais le temps est détestable cette année). — IRRÉEL.
 b) *S'il faisait beau* (et la chose est possible), *les moissons mûriraient plus vite.* — POTENTIEL.

 *L'intention précise de celui qui parle*
 se tirera, autant que possible,
 du *contexte* ou de *la nature des choses.*
 Dans les cas qui restent douteux,
 le latin emploie plus souvent *l'irréel.*

V. La condition est introduite par **si,**
 parfois par **nisi,** *excepté si, à moins que.*
 La négation est **non.**

## I — MODE RÉEL

| |
|---|
| *Si vis pacem, para bellum* |

I. La condition envisagée comme **remplie** se met à **l'indicatif.** **377**

**Si vis** pacem, para bellum.
*Si tu veux la paix, prépare la guerre.*
**Si** veritātem **dico** vobis, quare non creditis mihi ?
*Si je vous dis la vérité, pourquoi ne me croyez-vous pas ?*
**Si** male **locūtus sum,** testimonium perhibe de malo ; si autem bene, quid me caedis ?
*Si j'ai mal parlé, montre où est le mal ; mais si j'ai bien parlé, pourquoi me frappes-tu ?*

II. Le **temps** est exprimé avec plus de rigueur qu'en français.

1. Si la condition se rapporte à *l'avenir*, son verbe se met au **futur** (et non au *présent* comme en français).

Natūram **si sequēmur** ducem, nunquam aberrabimus (Cic. off. 1,100).
*Si nous prenons la nature pour guide, nous ne nous égarerons jamais.*

2. Il se met au **futur antérieur si** l'action de la subordonnée doit précéder, dans l'avenir, celle de la principale.

**Si salutaveritis** fratres vestros tantum, quam mercēdem habebitis ?
*Si vous ne saluez que vos frères, quelle récompense aurez-vous ?*

Le latin est beaucoup plus logique.

## II — MODE POTENTIEL

| |
|---|
| ***Si quis vos interroget, quid respondeātis ?*** |

379 La condition envisagée comme une chose qui **pourrait arriver** se met au **subjonctif présent.**

**Si** quis vos **interroget,** quid **respondeātis ?** (Liv.).
*Si quelqu'un vous interrogeait, que répondriez-vous ?*
Haec **si** tecum patria **loquātur,** nonne impetrāre **debeat ?** (Cic. Cat. 1, 19).
*Si la patrie t'adressait ces paroles, ne devrait-elle pas avoir gain de cause ?*

---

380 1. La subordonnée dont l'action **précède** celle de la principale se met au **subjonctif parfait.**

**Si** gladium quis apud te sanā mente **deposuerit, repetat** insaniens, reddere peccātum **sit** (Cic. off. 3,95).
*S'il arrivait que quelqu'un jouissant de sa raison ait déposé chez toi une épée, et qu'il te la réclame une fois devenu fou, ce serait une faute de la lui rendre.*

2. Pour exprimer le **potentiel dans le passé,** on emploie le **subjonctif imparfait.**

**Si diceret,** non crederētur (Cic. Rosc. Am. 103).
*S'il avait parlé, on ne l'aurait pas cru.*
(Supposez qu'il soit venu témoigner, ...).

**Sin** autem locum tenēre **vellent,**
**neque tela** vitāri poterant (Caes. b. g. 5,35,4).
*Voulaient-ils, au contraire, tenir leur position,*
*ils ne pouvaient éviter les traits.*

## III — MODE IRRÉEL

| |
|---|
| ***Plura scriberem, si ipse possem*** |

I. La condition envisagée comme **ne se réalisant pas** dans le **présent** se met au **subjonctif imparfait.** 381

Plura **scriberem, si** ipse **possem** (Cic. Att. 8,15,3).
*J'écrirais plus au long, si je pouvais écrire moi-même.*
Amīcum **invitārem, si** aeger non **essem.**
*J'inviterais mon ami, si je n'étais pas malade.*
**Si** Alexander non **essem, vellem** esse Diogenes.
*Si je n'étais Alexandre, je voudrais être Diogène.*
**Si viveret,** verba eius **audirētis** (Cic. Rosc. com. 14,42).
*S'il était vivant, vous entendriez ses paroles.*

II. La condition envisagée comme **ne s'étant pas réalisée** dans le **passé** se met au **subjonctif plus-que-parfait.**

**Si quievissem,** nihil **evenisset** mali (Ter. Andr. 604).
*Si je m'étais tenu tranquille, rien de mal ne serait arrivé.*
Domine, **si fuisses** hic, frater meus non **esset mortuus.**
*Seigneur, si tu avais été ici, mon frère ne serait pas mort.*

---

### REMARQUES SUR LES CONDITIONNELLES

I. **Modes et temps** 382

1. Les règles qui précèdent concernent surtout la subordonnée. Pour la **principale,** voir les règles n. 335-349.

2. Comme en français, le **temps** de la principale peut être **différent** de celui de la subordonnée.
**Si** Roscius cavēre **potuisset, viveret** (Cic. Rosc. Am. 17).
*Si Roscius avait pu se tenir sur ses gardes, il vivrait encore.*

3. Les règles ont l'air de supposer que la condition et la conséquence doivent toujours se trouver *au même mode* (réel, potentiel ou irréel). La lecture des auteurs fera vite voir qu'il n'y a
**pas de correspondance automatique.**
Ainsi à une *condition potentielle*
répond parfois une *conséquence réelle.*

   **Si** fractus **illabātur** orbis, impavidum **ferient** ruīnae (Hor. od. 3,3,7-8).
   *Que le monde se brise et s'écroule,*
   *ses ruines le frapperont sans qu'il ait peur.*

4. A l'**irréel du présent** et au **potentiel du passé**
*on maintient l'imparfait du subjonctif* (n. 458,III)
quel que soit le temps du verbe principal.

## II. Conjonctions conditionnelles

1. **Sin, sin autem,** *mais si.*

2. Avec **sive** ... **sive,** *soit que* ... *soit que,* on met l'**indicatif.**

   Illo loco uti soleo, **sive** quid mecum ipse **cogito, sive** quid **scribo** aut **lego** (Cic. leg. 2,1).
   *C'est là que je me rends d'ordinaire, soit que je réfléchisse tout seul, soit que j'aie quelque chose à composer ou à lire.*

3. **Dum, modo, dummodo,** *pourvu que* veulent le **subjonctif.** Négation **ne.**

   Omnia recta et honesta neglegunt,
   **dummodo** potentiam **consequantur** (id. off. 3,82).
   *Ils n'ont aucun souci de ce qui est droit et honnête,*
   *pourvu qu'ils arrivent au pouvoir.*

## III. Ne pas confondre

1. Je te demande *si tu l'as vu.*
*Si tu l'as vu* n'est **pas une conditionnelle.**
C'est une **interrogation indirecte,** qui, en latin,
n'est jamais introduite par *si* (n. 371,III,1).

2. C'est une **complétive** au **subjonctif** qu'on trouve après les verbes :

| | | |
|---|---|---|
| conāri, temptāre si | *essayer de, tenter de* | |
| exspectāre si | *attendre* | *pour voir si* / *pour le cas où.* |

## II. CONCESSIVE

> ***Etsi multa scio, plura tamen ignōro***

Trois constructions différentes, **383**
d'après **la conjonction** qui introduit la concessive.

I. Indicatif

**Etsi, tametsi, quamquam,** *quoique, bien que.*

**Etsi** multa **scio,** plura tamen ignōro.
*Bien que je sache beaucoup de choses, j'en ignore pourtant davantage.*
Nostri **tametsi** ab duce et a Fortūna **deserebantur,** tamen omnem spem salūtis in virtūte ponēbant (Caes. b. g. 5,34,2).
*Bien qu'ils fussent abandonnés par leur chef et par la Fortune, les nôtres plaçaient tout leur espoir de salut dans leur courage.*
**Quamquam est** incredibili audaciā, tamen pertimuit (Cic. Verr. II,2,74).
*Bien qu'il soit d'une audace incroyable, il prit peur.*

II. Comme les conditionnelles

Réel, potentiel, irréel : n. 377-382.
**Etiamsi, si,** *même si, quand même.*

Nam ista veritas, **etiamsi** iucunda non **est,**
mihi tamen grata est (Cic. Att. 3,24,2).
*Car ta franchise, même si elle n'a pas de quoi me réjouir,*
*je t'en sais gré.*
**Etiamsi nolit,** cogam (Ter. Ad. 851).
*Même s'il ne voulait pas, je le forcerais.*
Etiamsi timidi **essēmus,** tamen omnem timōrem abicerēmus
(Cic. fam. 11,21,4).
*Même si nous étions craintifs, nous rejetterions toute crainte.*

III. Subjonctif

1. **Quamvis** (autant que tu veux), *à quelque degré que.*

Illa, **quamvis** ridicula **essent,** mihi tamen risum non movērunt
(Cic. fam. 7,32,3).
*Mais ces choses, si plaisantes qu'elles fussent, ne m'ont pourtant pas fait rire.*

2. **Licet,** *il est permis.*
Ce verbe impersonnel sert de conjonction concessive avec le subjonctif (n. 354,1) :
*en admettant que, je veux bien que, quoique.*
Comme il garde sa valeur de présent, il ne peut introduire qu'une subordonnée au *présent* ou au *parfait* (n. 451,I).

**Licet** omnes **fremant,** dicam quod sentio (CIC. de or. 1,195).
*Ils ont beau protester tous, je dirai ce que je pense.*

DEUX REMARQUES GÉNÉRALES

1. La NÉGATION de la concessive est **non.**
2. Souvent la PRINCIPALE débute par **tamen,** *cependant,* ou un mot analogue.

---

**384** 1. **Ut,** *à supposer que.*

**Ut desint** vires, tamen est laudanda voluntas (OV. Pont. 3,4,79).
*Supposé que les forces manquent, l'intention n'en est pas moins louable.*

2. **Cum,** *quoique.*

Graecia, **cum** iam diu **excellat** in eloquentiā **praestet**que ceteris, tamen omnes artes vetustiōres habet (CIC. Brut. 26).
*Bien que la Grèce depuis longtemps excelle en éloquence et qu'elle y surpasse les autres peuples, cependant chez elle tous les autres arts sont plus anciens.*

3. **Cum adversatif**

*Cum* et le SUBJONCTIF exprime parfois une **opposition** : *alors que.*

Socrates, **cum** facile **posset** edūci e custodiā, noluit (CIC. Tusc. 1,71).
*Socrate, alors qu'il pouvait facilement être tiré de sa prison, refusa.*
Phocion fuit perpetuo pauper, **cum** divitissimus esse **posset** (NEP. 19,1,2).
*Phocion fut perpétuellement pauvre, alors qu'il aurait pu vivre très riche.*

## III. COMPARATIVE

***Quasi sit frater meus***

Les **comparatives conditionnelles** ont leur verbe au **subjonctif.** **385**

Elles sont introduites par une conjonction signifiant *comme si :*

| | |
|---|---|
| quasi | ut si |
| tamquam (si) | velut si. |

Eum amo **quasi sit** frater meus.
*Je l'aime comme s'il était mon frère.*
**Tamquam clausa sit** Asia, sic nihil perfertur ad nos (Cic. fam. 12,9,1).
*Comme si l'Asie était fermée, aucune nouvelle ne nous parvient.*
Aristippus, **quasi** animum nullum **habeāmus,** corpus solum tuētur (id. acad. 2,139).
*Aristippe ne considère que le corps, comme si nous n'avions pas d'âme.*
Absentis Ariovisti crudelitātem, **velut si** coram **adesset,** horrēbant (Caes. b. g. 1,32,4).
*En l'absence d'Arioviste, ils redoutaient sa cruauté comme s'il était là.*

---

1. Après **quasi, tamquam** on observe les règles de la *concordance des temps* (n. 449-460). **386**

Ex me quaeris quid putem, **quasi** ego quicquam **sciam** (Cic. fam. 9,17,1).
*Tu me demandes ce que je pense, comme si je savais quelque chose.*

2. Après **ut si, velut si, ac si** on suit les règles des *conditionnelles* (potentiel. irréel).

Eius negotium sic velim suscipias **ut si esset** res mea (Cic. fam. 2,14).
*Je voudrais que tu prennes en main son affaire comme si c'était la mienne.*

***Sic est ut narro tibi***

387 Les autres **comparatives** ont leur verbe à l'**indicatif.**
Elles sont d'ordinaire introduites par :

1. **ut, sicut, quemadmodum,** *comme, de même que.*
2. **quam** après un *comparatif.*
3. **ac, atque** après les adjectifs et les adverbes signifiant

a) la RESSEMBLANCE :

| | | | |
|---|---|---|---|
| similis | *semblable* | similiter | *pareillement* |
| par / aequus | *égal* | pariter / aeque | *également* |
| idem | *le même* | | |

b) la DIFFÉRENCE :

| | | | |
|---|---|---|---|
| alius | *autre* | aliter | *autrement.* |

Haec res sic est **ut narro** tibi (PLAUT. Most. 1034).
*La chose est comme je te le dis.*
Perge **ut instituisti** (CIC. de or. 2,124).
*Continue comme tu as commencé.*
Cave **simili** fortūnā utāris **atque** ego.
*Garde-toi d'avoir le même sort que moi.*
**Aliter** dicit **ac** sentit. *Il parle autrement qu'il ne pense.*

---

388 1. Les **corrélatifs** (n. 125-140) introduisent des propositions **relatives** (n. 423-430).

2. Au lieu de *idem ac* (*atque*) on peut employer **idem qui.**
Servi moribus **iisdem** erant **quibus** dominus (CIC. Verr. II,3,62).
*Ses esclaves avaient les mêmes manières que leur maître.*

3. **Nihil aliud nisi,** *rien d'autre que,* est classique.
A l'époque impériale : *aliud quam, alio modo quam.*

4. **Potius quam,** *plutôt que.*
Construction la plus courante : le **subjonctif.**
Depugna **potius quam servias** (CIC. Att. 7,7,7).
*Combats plutôt que d'être esclave.*
TITE-LIVE : souvent *ut* et le subjonctif.
STYLE INDIRECT : compare parfois deux infinitifs ou deux adjectifs verbaux.
Affirmāvi quidvis me **potius perpessūrum quam** ex Italiā **exitūrum** (CIC. fam. 2,16,3).
*J'ai assuré que je subirais n'importe quoi plutôt que de quitter l'Italie.*

5. **Ut** et l'**indicatif** peut exprimer une nuance de *cause.*
Aiunt hominem, **ut erat** furiōsus, respondisse (id. Rosc. Am. 33).
*On dit que l'homme, furieux comme il l'était, répondit.*

## IV. TEMPORELLE

### *Ubi nuntiātum est*

Les conjonctions suivantes se construisent toujours avec l'**indicatif.** **389**
Indicatif **parfait** pour un fait passé non répété.

| | | | |
|---|---|---|---|
| Ubi | ut primum | simul | *dès que,* |
| ut | cum primum | simul ac | *aussitôt que* |
| | postquam | posteāquam | *après que.* |

Quod **ubi nuntiātum est,** erexit se (Cic. Verr. II,5,63).
*A cette nouvelle, il se dressa.*
Hamilcar, **posteāquam** mare **transiit** in Hispaniamque **vēnit,** magnas res gessit (Nep. Ham. 4).
*Ayant franchi la mer, débarqué en Espagne, Hamilcar fit de grandes choses.*

### *Dum haec geruntur*

I. **Dum,** *tandis que, pendant que,* veut l'**indicatif présent,** **391**
même si le français emploie un autre temps (n. 333,1).
**Dum** haec **geruntur,** reliqui discessērunt (Caes. b. g. 4,34,3).
*Pendant que ces événements se déroulaient, ceux qui étaient restés se retirèrent.*
**Dum** pauca mancipia retinēre **vult,** fortūnas omnes perdidit (Cic. Caecil. 56).
*Pour avoir voulu conserver quelques esclaves, il perdit tous ses biens.*

II. **Dum,** *aussi longtemps que.*
D'ordinaire **le même temps de l'indicatif**
dans la principale et dans la subordonnée.
Haec civitas, **dum erit, laetabitur** (Cic. am. 14).
*Notre cité, tant qu'elle existera, s'en réjouira.*
Hoc **feci, dum licuit** (id. Phil. 3,33).
*Ainsi ai-je fait, tant que ce fut possible.*

---

**Quoad,** dès l'époque classique **392**
**donec,** à l'époque impériale
ont aussi le sens : *aussi longtemps que*
et la même construction que *dum* (II).
Cato, **quoad vixit,** virtūtum laude **crevit** (Nep. 24,2,4).
*Caton, tant qu'il vécut, ne fit que grandir en réputation de vertu.*
**Donec eris** felix, multos **numerābis** amīcos (Ov. trist. 1,9,5).
*Tant que tu seras heureux, tu compteras beaucoup d'amis.*

***Antequam legi — Priusquam se reciperent***

394 Avec **antequam, priusquam,** *avant que,* on emploie :
l'**indicatif** pour marquer simplement *le temps,* la date, le moment
le **subjonctif** quand s'y ajoute une *prise de position personnelle.*

I. **Indicatif**

1. PARFAIT : *un fait passé, qui a réellement eu lieu.*

**Antequam** tuas **legi** litteras, hominem ire cupiēbam (CIC. Att. 2,7,2).
*Avant d'avoir lu ta lettre, je désirais que l'homme partît.*
Neque **prius** fugere destitērunt **quam** ad flumen Rhenum **pervenērunt** (CAES. b. g. 1,53,1).
*Ils ne s'arrêtèrent dans leur fuite qu'une fois parvenus au Rhin.*

2. FUTUR ANTÉRIEUR : *action future* ; verbe principal accompagné d'une *négation.*

De Carthagine verēri non **ante** desinam **quam** illam excīsam esse **cognovero** (CIC. sen. 18).
*Quant à Carthage, je ne cesserai de la craindre qu'après avoir appris sa ruine.*

3. On emploie aussi l'indicatif PRÉSENT pour une *action future.*

II. Le **subjonctif** exprime une **intention** : on veut *empêcher* ou *prévenir* une action.

**Priusquam** hostes se **reciperent,** in fines Suessiōnum exercitum duxit (CAES. b. g. 2,12,1).
*Sans laisser à l'ennemi le temps de se ressaisir, il conduisit son armée au pays des Suessions.*
**Prius** ad hostium castra pervēnit **quam** quid agerētur Germāni sentīre **possent** (id. 4,14,1).
*Il parvint au camp ennemi avant que les Germains pussent s'apercevoir de ce qui se passait.*
**Antequam** verbum **facerem,** de sellā surrexit atque abiit (CIC. Verr. II,4,147).
*Avant que je pusse ouvrir la bouche, il se leva de son siège et s'en alla.*

396 **Dum, quoad** classiques } *jusqu'à ce que.*
**donec** époque impériale }

I. **L'indicatif** marque simplement **le temps.**

Tityre, **dum redeo,** pasce capellas (VERG. buc. 9,23).
*Tityre, jusqu'à mon retour, fais paître mes chèvres.*

II. Le **subjonctif** indique une **intention,** une **attente.**

**Quoad** legiōnes collocātas munītaque hiberna **cognovisset,** in Galliā morāri constituit (CAES. b. g. 5,24,8).
*Il résolut de rester en Gaule jusqu'à ce qu'il sût les légions en place et les camps d'hiver fortifiés.*

### *Cum Caesar in Galliam vēnit*

**Cum,** *lorsque, au moment où, à l'époque où,* **397**
se construit avec **l'indicatif**
quand il marque simplement le **temps** — **Cum temporel.**

**Cum** Caesar in Galliam **vēnit,** alterius factiōnis principes erant Haedui, alterius Sequăni (Caes. b. g. 6,12,1).
*A l'époque où César vint en Gaule, un des partis avait pour chefs les Héduens et l'autre les Séquanes.*
Facile omnes, **cum valēmus,** recta consilia aegrōtis damus (Ter. Andr. 309).
*Il nous est facile à tous, quand nous sommes bien portants, de donner de bons conseils aux malades.*
Vicesimus annus est, **cum** omnes scelerāti me unum **petunt** (Cic. Phil. 12,24).
*Voilà vingt ans que tous les scélérats m'attaquent, moi seul.*
Scipiōni ille dies clarissimus fuit, **cum** domum **reductus est** a patribus (id. am. 12).
*Pour Scipion, le plus beau jour de sa vie fut celui où il fut reconduit à sa maison par les sénateurs.*

---

**L'indicatif** est toujours employé dans les constructions suivantes. **398**

I. **Cum inversif.** La proposition introduite par *cum* :

exprime **le fait le plus important**
et se trouve placée **après** le verbe principal.

Celui-ci est d'ordinaire accompagné de
iam, *déjà* — nondum, *ne ... pas encore* — vix, *à peine.*

Dies **nondum** decem intercesserant, **cum** ille alter filius **necātur** (Cic. Cluent. 28).
*Dix jours ne s'étaient pas écoulés que le second fils est tué.*
Hannibal **iam** subībat muros, **cum** repente in eum **erumpunt** Romāni (Liv. 29,7,8).
*Déjà Hannibal était au pied des murs, quand tout à coup les Romains fondirent sur lui.*

II. **Cum d'équivalence**

indique qu'une action étant faite, l'autre se produit nécessairement.

Le verbe de la subordonnée :
est *au même temps* de l'indicatif que le verbe de la principale
et se traduit d'ordinaire en français par *en* et le *participe présent.*

**Cum quiescunt,** probant ; **cum patiuntur,** decernunt ; **cum tacent,** clamant (Cic. Cat. 1,21).
*En restant calmes, les sénateurs m'approuvent ; en souffrant mon langage, ils te condamnent ; en se taisant, ils crient.*

| |
|---|
| *Cum Argos oppugnāret, interiit* |

399 I. **Cum historique.** Dans la narration, **cum,** *comme, alors que,* se construit avec l'IMPARFAIT ou le PLUS-QUE-PARFAIT du **subjonctif** pour marquer les **circonstances** encadrant le fait principal.

Pyrrhus, **cum** Argos oppidum **oppugnāret,** lapide ictus interiit (NEP. reg. 2).
*Comme Pyrrhus assiégeait la ville d'Argos, il fut atteint d'une pierre et périt.*
Darius, **cum** ex Eurōpā in Asiam **redisset,** classem comparāvit (id. Milt. 4).
*Revenu d'Europe en Asie, Darius équipa une flotte.*

II. Souvent (pas toujours) à la *circonstance* s'ajoute une idée de **cause :**

**Cum** ad oppidum **accessisset** castraque ibi **poneret,** pueri mulieresque pacem ab Romānis petiērunt (CAES. b. g. 2,13,3).
*Comme il s'était approché de la ville et y plaçait son camp, les enfants et les femmes demandèrent la paix aux Romains.*
**Cum** undique bellum parāri **vidēret,** maturius sibi de bello cogitandum putāvit (id. 6,2,3).
*Voyant que de toutes parts on préparait la guerre, il pensa qu'il fallait se mettre en campagne sans tarder.*
**Cum vidēret** Germānos tam facile impelli ut in Galliam venīrent, suis quoque rebus timēre voluit, **cum intellegerent** et posse et audēre populi Romāni exercitum Rhenum transīre (id. 4,16,1).
*Voyant avec quelle facilité les Germains se décidaient à venir en Gaule, il voulut qu'eux aussi eussent à craindre pour leurs biens, quand ils comprendraient qu'une armée romaine pouvait et osait traverser le Rhin.*

Ces exemples se rapprochent insensiblement du *cum* proprement *causal* (n. 401,I).

## V. CAUSALE

| |
|---|
| ***Quae cum ita sint — Quoniam nox est*** |

I. La conjonction **cum,** *puisque, vu que,* veut le **subjonctif.** **401**

Quae **cum** ita **sint,** Catilīna, perge quo coepisti (Cic. Cat. 1,10).
*Puisqu'il en est ainsi, Catilina, poursuis ton entreprise.*
**Cum** vita sine amīcis insidiārum et metus plena **sit** (id. fin. 1,66).
*Puisque la vie sans amis est pleine d'embûches et de crainte.*

II. Les **autres conjonctions** causales veulent l'**indicatif** :

| | | | |
|---|---|---|---|
| quod<br>quia | *parce que* | quoniam<br>quandoquidem<br>siquidem | *puisque.* |
| quando | *du moment que* | | |

**Quoniam** iam nox **est,** in vestra tecta discedite (Cic. Cat. 3,29).
*Puisque la nuit est déjà tombée, retirez-vous dans vos maisons.*
Ego primam partem tollo, **quoniam nominor** leo.
Secundam, **quia sum** fortis, tribuētis mihi (Phaedr. I,5,7-8).
*Je prends la première part, vu que je m'appelle lion.*
*La seconde, vous me la donnerez, parce que je suis vaillant.*

---

Les conjonctions qui veulent d'ordinaire l'*indicatif* (n. 401,II) **402**
se construiront avec le **subjonctif** dans les deux cas suivants :

1. Quand la raison donnée représente **la pensée d'un autre.**
L'auteur la rapporte sans la prendre à son compte
ou se prononcer sur sa réalité (n. 432).

Noctu ambulābat in publico Themistocles, **quod** somnum capere non **posset** (Cic. Tusc. 4,44).
*Thémistocle se promenait la nuit dans les rues parce que, disait-il, il ne pouvait trouver le sommeil.*
Aristīdes nonne ob eam causam expulsus est patriā, **quod** praeter modum iustus **esset** ? (id. Tusc. 5,105).
*Aristide n'a-t-il pas été exilé parce qu'on trouvait que sa justice dépassait la mesure ?*

2. Pour indiquer **un motif qu'on n'admet pas.**

Pugiles, etiam cum feriunt adversarium, ingemiscunt, **non quod doleant animōve succumbant,** sed quia profundendā voce omne corpus intenditur (id. Tusc. 2,56).
*Les pugilistes, même lorsqu'ils frappent l'adversaire, poussent un soupir, non qu'ils souffrent ou que leur courage faiblisse, mais parce qu'une expiration bruyante fait que tous leurs muscles se tendent.*

## VI. FINALE

| ***Ego vēni ut vitam habeant, ne pereant*** |
|---|

**403** Le **but** s'exprime par **ut,** *pour que, afin que,* et le **subjonctif.**
**Ne** (parfois *ut ne*) = *pour que ne ... pas, afin que ne ... pas.*

Ego vēni **ut** vitam **habeant, ne pereant.**
*Je suis venu pour qu'ils aient la vie, pour qu'ils ne périssent pas.*
Ego elēgi vos **ut eātis** et fructum **afferātis** et fructus vester **maneat.**
*C'est moi qui vous ai choisis pour que vous alliez et que vous portiez du fruit et que votre fruit demeure.*
Romāni ab arātro abduxērunt Cincinnātum **ut** dictātor **esset.**
*Les Romains enlevèrent Cincinnatus à sa charrue pour en faire un dictateur.*
Castella constituit **ne** hostes suos circumvenīre **possent** (CAES. b. g. 2,8,4).
*Il établit des fortins pour empêcher l'ennemi de cerner ses soldats.*

---

**404** I. AUTRES MANIÈRES D'EXPRIMER LE BUT.

1. La **relative** de *but* (n. 425).
2. **Ad** + l'ACCUSATIF de l'**adjectif verbal** (n. 421,II,3)
   ou du **gérondif** (n. 417,2).
3. **Causā** ou **gratiā,** *à cause de, en vue de,*
   précédés du GÉNITIF de l'*adjectif verbal* ou du *gérondif* (n. 421,II,2).
4. **L'adjectif verbal** après les verbes qui signifient *donner, confier,* etc.
   Illi dat pueros **educandos.** — *Il lui donne ses enfants à élever.*
   Pontem **faciendum** curāvit. — *Il fit construire un pont.*
5. **Quo** + un **comparatif.**
   Legem brevem esse oportet, **quo facilius** teneātur.
   *Il faut qu'une loi soit brève, pour qu'on la retienne plus facilement.*
6. Le **supin** en **-um** après les verbes de *mouvement.*
   Cum cenātus **cubitum** isset (CIC. Rosc. Am. 64).
   *Comme après le dîner il était allé se coucher.*
7. Le **datif** de but (n. 268,c).

II. La phrase : *Il envoya des ambassadeurs pour demander la paix* peut donc se traduire en latin de plusieurs façons, les premières étant les plus courantes.

Legātos misit {
**ut pacem peterent**
**qui pacem peterent**
**ad pacem petendam**
pacis petendae causā
pacis petendae gratiā
pacem petītum (rare)
pacem petitūros (post-classique).

## VII. CONSÉCUTIVE

| ***Tam debilis erat ut incedere non posset*** |
|---|

La **conséquence** s'exprime par **ut, ut non** et le **subjonctif.** **405**

**Tam** debilis erat **ut** incedere **non posset.**
*Il était si faible qu'il ne pouvait plus marcher.*
Atticus **sic** graece loquebātur **ut** Athēnis natus **viderētur** (NEP. Att. 4).
*Atticus parlait le grec avec une telle aisance qu'on l'eût cru né à Athènes.*
**Tanta** tempestas subito coorta est, **ut** nulla eārum (navium) cursum tenēre **posset** (CAES. b. g. 4,28,2).
*Il s'éleva soudain une tempête si violente qu'aucun des navires ne put tenir sa direction.*
Quis **tam** demens est **ut** suā voluntāte **maereat?** (CIC. Tusc. 3,71).
*Qui est assez fou pour se causer volontairement du chagrin?*

---

I. **Trop** ... **pour** = comparatif + **quam ut** et consécutive. **406**

**Maior** sum et ad **maiōra** genitus, **quam ut** mancipium **sim** mei corporis (SEN. ep. 65,21).
*Je suis trop grand, destiné de naissance à de trop grandes choses pour être l'esclave de mon corps.*
Signa **rigidiōra quam ut imitentur** veritātem (CIC. Brut. 70).
*Des statues trop raides pour imiter la vie.*

II. Les consécutives suivent des règles particulières pour la **concordance des temps** (n. 458,II).

III. Pour les **relatives** de conséquence, voir n. 430,III.

IV. NE PAS CONFONDRE **finales** et **consécutives.**

1. FINALES (négation *ne*)
   un **but,** un **idéal**
   ce qu'on vise, ce qu'on veut obtenir
   ce vers quoi on tend son effort.

2. CONSÉCUTIVES (négation *non*)
   un **résultat,** une **conséquence**
   souvent un fait réalisé
   qui n'est pas nécessairement voulu.

| | |
|---|---|
| BUT : | Il travaille **pour être premier.** |
| CONSÉQUENCE : | Il a tant mangé **qu'il est malade.** |

407

| | |
|---|---|
| COMPARAISON | *Il n'est pas si vaillant que toi.*<br>Non est tam fortis quam tu. |
| CONSÉQUENCE | *Il est si vaillant qu'il n'a pas peur.*<br>Tam fortis est ut non timeat. |
| CONCESSION | *Si vaillant qu'il soit, je ne le crains pas.*<br>Quamvis fortis sit, non timeo eum. |
| CONDITION | *S'il est vaillant, qu'il vienne !*<br>Si fortis est, veniat ! |
| INTERROG. INDIRECTE | *Je demande s'il est vaillant.*<br>Quaero num fortis sit. |
| REGRET | *Ah ! s'il était vaillant !*<br>Utinam fortis esset ! |

## VIII. PARTICIPE

***Plato scribens est mortuus***

409 Le **participe** qui s'accorde avec le sujet ou le complément d'un verbe **tient** souvent **lieu d'une proposition circonstancielle.**

1. TEMPORELLE

Plato **scribens** est mortuus (CIC. sen. 13).
*Platon mourut pendant qu'il écrivait.*

2. CAUSALE

Dionysius, cultros **metuens** tonsorios, candenti carbōne sibi adurēbat capillum (id. off. 2,25).
*Denys, craignant le rasoir du barbier, se brûlait la barbe avec un charbon ardent.*

3. CONDITIONNELLE

Epistola offendit non loco **reddita.**
*Une lettre indispose, si elle n'est pas remise au bon moment.*

4. CONCESSIVE

Risus ita repente erumpit, ut eum **cupientes** tenēre nequeāmus (CIC. de or. 2,235).
*Le rire éclate tout d'un coup, au point qu'on ne peut le retenir, malgré le désir qu'on en a.*

***Deo iuvante, vincam***

I. Lorsque le participe présent ou passé est employé avec **un sujet propre, différent** du sujet ou d'un autre nom de la proposition principale, la proposition ainsi formée s'appelle **proposition participiale.** **411**

**Le chat parti,** les souris dansent.
**Le maître étant absent,** ce lui fut chose aisée.

II. En latin, cet usage est **très fréquent.**

Le participe et son sujet se mettent alors à l'*ablatif*.
C'est l'**ablatif absolu,**
qui tient lieu d'une *proposition circonstancielle.*

1. Temporelle

Legāti, **omnibus agris vastātis,** se ad Caesarem recepērunt (Caes. b. g. 4,38,3).
*Les lieutenants, après avoir ravagé tous les champs,*
(littéralement : tous les champs ayant été ravagés)
*se retirèrent auprès de César.*

2. Causale

Flaminius, **religiōne neglectā,** cecidit apud Trasumēnum (Cic. n. d. 2,8).
*Pour avoir négligé les auspices, Flaminius tomba près du lac Trasimène.*

3. Conditionnelle

**Deo iuvante,** vincam. *Dieu aidant, je vaincrai.*
**Sublātā causā,** tollitur effectus.
*La cause supprimée, l'effet disparaît.*

4. Concessive

Oppidum, **paucis defendentibus,** expugnāre non potuit (Caes. b. g. 2, 12,2).
*Il ne put enlever la place, malgré le petit nombre des défenseurs.*

*Suite des règles de l'ablatif absolu : voir n. 415.*

413

| | |
|---|---|
| **Quod** | 1. Pronom **relatif**<br>2. Relatif de liaison<br>3. Adjectif **interrogatif**<br>4. Adjectif **indéfini**<br>5. **Conjonction**<br>Complétive<br>Causale { INDICATIF / SUBJONCTIF |
| **Ut** | INDICATIF<br>{ Comparative / Temporelle |
| | SUBJONCTIF<br>{ Complétive { sujet / objet<br>Interrogation indirecte<br>Finale<br>Consécutive<br>Concessive<br>Comparative conditionnelle. |
| **Cum** | 1. **Préposition** + ablatif<br>2. **Adverbe** : cum ..., tum ... |
| | 3. **Conjonction**<br>INDICATIF : Temporelle |
| | SUBJONCTIF { Historique / Causale / Concessive |

# RÉCAPITULATIF

| | |
|---|---|
| Age quod agis<br>Quod cum vidisset<br>Quod templum vidisti ?<br>Si quod munus accepisti<br><br>Gaudeo quod vales<br>Quod nemo voluit<br>Quod dormīre non posset | *Fais bien ce que tu fais*<br>*Ayant vu cela*<br>*Quel temple as-tu vu ?*<br>*Si tu as reçu un cadeau*<br><br>*Je me réjouis que tu te portes bien*<br>*Parce que personne n'a voulu*<br>*Sous prétexte d'insomnie* |
| Ut supra dictum est<br>Haec ut audīvit | *Comme on l'a dit plus haut*<br>*Dès qu'il apprit cette nouvelle* |
| Fieri potest ut errem<br>Cura ut valeas<br>Miror ut potuerit<br>Edo ut vivam<br>Tantum comēdit ut aeger sit<br>Ut desint vires<br>Ut si dictātor esset | *Il se peut que je me trompe*<br>*Veille à te bien porter*<br>*Je me demande comment il a pu*<br>*Je mange pour vivre*<br>*Il a tant mangé qu'il est malade*<br>*A supposer que les forces manquent*<br>*Comme s'il était dictateur* |
| Cum amīco meo<br>Cum semper, tum hodie | *Avec mon ami*<br>*Toujours, mais surtout aujourd'hui* |
| Cum in Galliam vēnit | *Quand il vint en Gaule* |
| Cum Argos oppugnāret<br>Quae cum ita sint<br>Cum innocens esset | *Comme il assiégeait Argos*<br>*Puisqu'il en est ainsi*<br>*Bien qu'il fût innocent* |

| *Natūrā duce* |
|---|

415 On trouve aussi l'**ablatif absolu sans participe.**
On peut sous-entendre alors le participe *étant*
ou considérer l'attribut comme ayant *la valeur d'un participe.*

| | |
|---|---|
| Natūrā duce. | *Avec la nature pour guide.* |
| Cicerōne consule. | *Sous le consulat de Cicéron.* |
| Hannibăle vivo. | *Du vivant d'Hannibal.* |
| Deo teste. | *Avec Dieu pour témoin.* |
| Te invīto. | *Contre ton gré.* |

---

416 1. Le participe est quelquefois **accompagné d'une particule** qui met en relief la circonstance qu'il exprime.

Verres, **quasi praedā** sibi **advectā,** eos in hostium numero ducit (Cic. Verr. II,5,64).
*Comme devant une proie qu'on lui aurait amenée, Verrès les tient pour ennemis.*

2. On trouve aussi, surtout à partir de Tite-Live, des **participes parfaits neutres** employés seuls à l'ablatif singulier **avec une complétive** qui en dépend.

**Cognito** vivere Ptolemaeum. *Quand on sut que Ptolémée était en vie.*

# IX. GÉRONDIF ET ADJECTIF VERBAL

| *Mens alitur discendo* |
|---|

Le **gérondif** permet de *décliner l'infinitif.* **417**
On le rencontre surtout :

1. au **génitif,** comme complément d'un nom ou d'un adjectif.
   Tempus tacendi. — *Le moment de se taire.*
   Cupidus videndi. — *Désireux de voir.*

2. à **l'accusatif** avec **ad** marquant le but.
   Surgit ad loquendum. — *Il se lève pour parler.*

3. à **l'ablatif** seul ou avec une préposition.
   Mens alitur discendo. — *L'esprit se nourrit par l'étude.*
   Firmitas in credendo. — *La fermeté dans la foi.*

| *Delenda Carthāgo* |
|---|

**L'adjectif verbal** en *-ndus* a **trois emplois.** **419**

I. Il exprime l'**obligation**
   1. soit au NEUTRE IMPERSONNEL.
   Moriendum est. — *Il faut mourir.*
   2. soit au PASSIF PERSONNEL.
   Delenda Carthāgo. — *Il faut détruire Carthage.*
   Legendi sunt libri. — *Il faut lire les livres.*
   La personne à qui incombe l'obligation se met au DATIF (n. 265).

II. Il **remplace** souvent **le gérondif**
   accompagné d'un complément d'objet direct (n. 421).
   Il n'a alors *aucune* idée d'obligation.

III. Il marque le **but,** l'**intention** après certains verbes (n. 404,I,4).
   Dedit mihi libros legendos. — *Il me donna des livres à lire.*

***Ad aquam hauriendam***

**421** Le gérondif suivi d'un complément d'objet direct

I. **peut** être remplacé par l'adjectif verbal
s'il est au *génitif* ou à l'*ablatif sans préposition.*
On *peut* donc dire également :

Cupidus urbem videndi. / Cupidus urbis videndae. — *Désireux de voir la ville.*
Historiam scribendo tempus consūmit.
Historiā scribendā tempus consūmit.
*Il passe son temps à écrire de l'histoire.*

II. **doit** être remplacé par l'adjectif verbal
s'il est au *datif* ou dépend d'*une préposition.*
Dans ces cas le gérondif est incorrect.
On est donc *obligé* de dire :

1. Au DATIF :

Impar ferendo oneri. — *Incapable de porter le fardeau.*
Tempora fructibus percipiendis accommodāta.
*Les saisons propres à recueillir les fruits.*

2. Au GÉNITIF dépendant de *causā, gratiā* :

Patriae servandae causā. — *Pour sauver la patrie.*
Honōris conferendi gratiā. — *Pour conférer un honneur.*

3. A l'ACCUSATIF avec *ad* marquant le **but** :

Ad aquam hauriendam. — *Pour puiser de l'eau.*
Ad milites hortandos. — *Pour exhorter les soldats.*

4. A l'ABLATIF avec une *préposition* :

In curando grege. — *Dans le soin du troupeau.*
De contemnendā morte. — *Sur le mépris de la mort.*

---

**422** 1. En général, quand le génitif a un complément d'objet direct (n. 421,I), **on préfère** lui **substituer l'adjectif verbal** en *-ndus.*

2. Cependant **on maintient** régulièrement le gérondif au **génitif** s'il a pour complément d'objet direct un pronom ou un adjectif neutre.

Consilium aliquid faciendi. — *Le projet de faire quelque chose.*
Ars vera ac falsa diiudicandi. — *L'art de discerner le vrai du faux.*

## 4. RELATIVE

### I. A L'INDICATIF

***Germāni, qui trans Rhenum incŏlunt***

La proposition relative qui ne fait que *préciser l'antécédent* se met à l'**indicatif,** mode de *la réalité.* **423**

Germāni, **qui** trans Rhenum **incŏlunt** (CAES. b. g. 1,1,3).
*Les Germains, qui habitent au-delà du Rhin.*
Erant hae difficultātes, **quas** supra **ostendimus** (id. 3,10,1).
*Il y avait ces difficultés, que nous avons montrées plus haut.*

### II. AU SUBJONCTIF

***Legātos misit qui pacem peterent***

La relative qui exprime le **but** se met au **subjonctif.** **425**

Legātos misit **qui** pacem **peterent.**
*Il envoya des ambassadeurs pour demander la paix.*
Exploratōres praemittit, **qui** locum idoneum castris **deligant**
*Il envoie en avant des éclaireurs pour choisir un bon endroit pour le camp.* (CAES. b. g. 2,17,1).

---

***Quisquis es, moriēris***

Les **relatifs indéfinis** sont d'ordinaire suivis de l'**indicatif.** **424**

**Quisquis es,** moriēris. *Qui que tu sois, tu mourras.*
**Quoscumque** de te queri **audīvi, quācumque potui** ratiōne placāvi.
*Tous ceux que j'ai entendus se plaindre de toi, je les ai calmés par tous les moyens possibles* (CIC. Quint. fr. 1,2,4).
**Ubicumque es,** in eādem navi es (id. fam. 2,5,1).
*Où que tu sois, tu es sur le même bateau.*

***O fortunāte, qui inveneris !***

La relative qui exprime la **cause** se met au **subjonctif.** **426**

O fortunāte adulescens, **qui** tuae virtūtis Homērum praecōnem **inveneris** ! (CIC. Arch. 24).
*Heureux jeune homme, qui as trouvé Homère pour chanter ta vaillance !*
Me caecum, **qui** haec ante non **viderim** ! (id. Att. 10,10,1).
*Aveugle que je suis, de ne pas avoir vu cela avant !*

La cause est souvent mise en relief par **quippe,** *vu que.*

Tribunōrum potestas mihi pestifera vidētur, **quippe quae** in seditiōne et ad seditiōnem **nata sit** (id. leg. 3,19).
*Le pouvoir des tribuns me semble désastreux, vu qu'il est né de la révolution et pour la révolution.*

| ***Haec qui videat, nonne cogātur ?*** |
|---|

428 La relative qui équivaut à une **conditionnelle**
se construit comme la conditionnelle correspondante.

Haec **qui videat,** nonne cogātur confitēri Deum esse ?
*Celui qui verrait ces choses, ne serait-il pas forcé d'admettre l'existence de Dieu ?*
— POTENTIEL.
**Qui vidēret,** urbem captam diceret.
*A voir ce spectacle, on eût dit la prise d'une ville.* — POTENTIEL DU PASSÉ.

| ***Dicis quod ad rem pertineat*** |
|---|

430 On met au **subjonctif** les relatives qui expriment :

I. Une **concession,** une **opposition.**

Ego, **qui** sero ac leviter Graecas litteras **attigissem,** tamen complūres dies Athēnis sum commorātus (CIC. de or. 1,82).
*Moi, qui n'avais abordé la littérature grecque que tard et superficiellement, je suis pourtant resté plusieurs jours à Athènes.*

II. Une **restriction.**

Non venerat, **quod sciam** (id. Att. 16,2,4).
*Il n'était pas venu, que je sache.*

III. Une **conséquence.**

Nunc dicis aliquid **quod** ad rem **pertineat** (CIC. Rosc. Am. 52).
*Maintenant tu dis quelque chose qui concerne l'affaire.*

Le relatif introduisant la conséquence se rencontre surtout :

1. Après les **démonstratifs** *is, talis, eiusmodi, tantus, tam.*

Non sumus **ii quibus** nihil verum esse **videātur** (CIC. n. d. 1,12).
*Nous ne sommes pas de ceux qui tiennent qu'il n'y a rien de vrai.*
Nemo est **tam** senex **qui** se annum non **putet** posse vivere (id. sen. 24).
*Nul n'est si vieux qu'il ne croie pouvoir vivre encore un an.*

2. Après les **adjectifs** *dignus, indignus, idoneus, aptus.*

**Indigni** erant **qui impetrārent.**
*Ils étaient indignes d'obtenir.*

3. Après plusieurs **expressions indéterminées :**
*sunt qui, non desunt qui, nemo est qui ...*

**Sunt qui putent.** *Il y a des gens qui croient.*

# SUBORDONNÉES AU SUBJONCTIF

Même là où les règles précédentes feraient attendre l'indicatif, on trouve le subjonctif dans les trois cas suivants.

***Socrates accusātus est quod corrumperet iuventūtem***

Toute proposition personnelle subordonnée dans laquelle l'auteur exprime **la pensée d'une autre personne** veut son verbe au **subjonctif.** **432**

Socrates accusātus est quod **corrumperet** iuventūtem (QUINT. inst. or. 4,4,5).
*Socrate fut accusé de corrompre la jeunesse.* (C'est la pensée des accusateurs).
Necāta est Gemini mater, quod filii necem **flevisset** (TAC. An. 6,10).
*La mère de Géminus fut mise à mort pour avoir pleuré le meurtre de son fils.* (Motif de l'accusation).

**Attraction modale** **434**

Quand une subordonnée où l'on attendrait l'*indicatif* dépend d'une proposition qui a son verbe au *subjonctif*, elle se met parfois elle-même **au subjonctif par attraction.**

Tanta huius belli ad barbaros opinio perlāta est, uti ab iis nationibus quae trans Rhenum **incolerent** mitterentur legāti ad Caesarem (CAES. b. g. 2,35,1).
*Telle fut la renommée de ces campagnes parmi les barbares que plusieurs nations qui habitaient au-delà du Rhin envoyèrent des ambassadeurs à César.*
(On attendrait : quae incolēbant).
Cum postridie venissēmus quam apud Catulum fuissēmus (CIC. Ac. 2,9).
*Étant venus le lendemain du jour où nous avions été chez Catulus.*
(On attendrait : fuerāmus).

REMARQUE IMPORTANTE.

L'attraction modale *ne peut pas servir de passe-partout.*
Elle est relativement *rare,*
la plupart des subjonctifs *ayant leur explication* ailleurs :

- idée d'éventualité, d'indétermination
- nuance de cause, d'opposition
- énoncé de la pensée d'un autre, etc.

Un **subjonctif de répétition** tendit à se développer, surtout à l'époque impériale, *au lieu de l'indicatif.* **436**

Id ubi **dixisset,** hastam in fines eōrum emittēbat (LIV. 1,32,3).
*A ces mots* (qu'il prononçait à chaque déclaration de guerre), *il lançait la javeline sur leur territoire.*

## 5. STYLE INDIRECT

437 I. Le style **direct** rapporte les paroles de quelqu'un *telles qu'il les a prononcées.*

Il leur dit : « *Luttez avec courage ! Je viendrai à votre secours.* »

Le style **indirect** rapporte ces paroles *en les subordonnant* à un verbe qui signifie *dire* ou *penser.*

Il leur dit *de lutter avec courage, qu'il viendrait à leur secours.*

II. Le passage de la citation textuelle, entre guillemets, au style indirect entraîne **plusieurs changements** qui affectent

1. les *personnes* — n. 439,I
2. les *adverbes* — n. 439,II
3. les *modes* — n. 441-448
4. les *temps* — n. 449-460.

439 I. **Les personnes**

Tous les *verbes* personnels seront à la **troisième personne,** comme en français.

Tous les *pronoms,* personnels et possessifs, passent à la **troisième personne.**

| | | | | | |
|---|---|---|---|---|---|
| DIRECT | ego | nos | me, nos (Acc.) | mei, nostri | mihi, nobis |
| INDIRECT | ipse | ipsi | se | sui | sibi |
| DIRECT | tu | vos | meus, noster | tuus | vester |
| INDIRECT | is, ille | ii, illi | suus | eius | eōrum. |

C'est ici que s'appliquent les règles du **réfléchi indirect** (n. 331,332).

II. **Les adverbes** qui expriment *le temps* changent comme en français.

| | | | | |
|---|---|---|---|---|
| DIRECT | nunc | hodie | heri | cras |
| INDIRECT | tunc | illo die | pridie | postridie. |

440 On garde cependant la *première personne* quand le narrateur rapporte des paroles qui le concernent lui-même ou son groupe ; et la *deuxième personne* pour des paroles qui concernent ceux auxquels il les rapporte.

Dixit **nos** victōres fore si **vestro** auxilio niti **possēmus.**

*Il a dit que nous serions vainqueurs si nous pouvions nous appuyer sur votre aide.*

### III. Les modes

***Ariovistus respondit se parātum esse decertāre***

1. Les propositions **énonciatives** qui, dans le style direct, seraient *indépendantes* et à l'*indicatif*, se mettent à l'**infinitif.** **441**
Simple application de la règle n. 357.

Ariovistus respondit **se parātum esse** decertāre (Caes. b. g. 1,44,4).
*Arioviste répondit qu'il était prêt au combat.*

2. Les propositions **impératives,** *optatives, concessives* (n. 347-350) restent ou se mettent au **subjonctif.**

Maesti patres fremunt : **irent, creārent** consules ex plebe (Liv. 7,6).
*Les patriciens répétaient, sarcastiques : « Allez ! faites des consuls plébéiens. »*
Style direct : ite, creāte.

Alius alium confirmāre, ne nomina darent : patres **militārent,** patres arma **caperent** (id. 2,24).
*Ils s'excitent l'un l'autre à ne pas s'enrôler : que les patriciens, disent-ils, se fassent soldats, que les patriciens prennent les armes.*
Style direct : militent, capiant.

***Quid vellet ? Cur venīret ?***

Les propositions **interrogatives** restent ou se mettent au **subjonctif.** **443**

Quid **vellet ?** Cur in suas possessiōnes **venīret ?** (Caes. b. g. 1,44,8).
*Que voulait César ? Pourquoi venait-il sur ses possessions ?*
Style direct : Quid vis ? Cur venis ?

Quid de praedā faciendum **censērent** ? (Liv. 5,20,3).
*Que voulaient-ils qu'on fît du butin ?* Style direct : Quid censētis ?
Quis hoc sibi **persuadēret ?** (Caes. b. g. 5,29,5).
*Qui pourrait se persuader cela ?* Style direct : Quis sibi persuadeat ?

---

Quand l'**interrogation** est **de pure forme,** la proposition équivaut à une *énonciative négative.* Elle se met alors à l'**infinitif.** **444**

Quamdiu tranquillam multitudinem **fore ?** (Liv. 2,32).
*Combien de temps durerait le calme de la foule ?*
Style direct : Quamdiu erit tranquilla ? = Non erit diu tranquilla.

***Quoniam superāti essent***

445 Les propositions **personnelles subordonnées** du style direct restent ou se mettent au **subjonctif.**

Ariovistus respondit : Haeduos sibi, quoniam belli fortūnam **temptassent** et armis **congressi** ac **superāti essent,** stipendiarios esse factos (CAES. b. g. 1,36,3).

*Arioviste répondit : les Héduens étaient devenus ses tributaires, parce qu'ils avaient tenté le sort des armes, avaient livré bataille et s'étaient fait battre.*

Style direct : Quoniam temptavērunt, congressi sunt, superāti sunt.

---

446 Il n'est pas rare de rencontrer dans le style indirect des *subordonnées* à l'**indicatif.**

Ce sont des **réflexions** ou des **explications** que l'auteur intercale plus librement.

Apud Hypanim fluvium, **qui** ab Eurōpae parte in Pontum **influit,** Aristoteles ait bestiolas quasdam nasci quae unum diem vivant (CIC. Tusc. 1,94).

*Sur le bord de l'Hypanis, qui se jette dans le Pont-Euxin du côté de l'Europe, naissent, dit Aristote, certains insectes qui ne vivent qu'un jour.*

**Modes dans le style indirect**

448

| | PROPOSITION | | MODE |
|---|---|---|---|
| **Indépendante** | énonciative | | **infinitif** |
| | interrogative | réelle | **subjonctif** |
| | | oratoire | infinitif |
| | impérative | | **subjonctif** |
| **Subordonnée** | en général | | **subjonctif** |
| | parenthèses | | indicatif |

# CONCORDANCE DES TEMPS

## Emploi des temps dans les subordonnées

### 1. INDICATIF

Les temps ont **la même valeur qu'en français.** **449**
Il faut pourtant faire attention aux deux points suivants.

I. Après **dum,** *tandis que, pendant que* (n. 391,I), un fait passé se met au *présent historique* (n. 333,1).
**Dum ambulat,** cecidit. *Tandis qu'il se promenait, il fit une chute.*

II. Le « **conditionnel** » a, en français, **deux usages** qu'il faut nettement distinguer :

1. Le **conditionnel.**
Mode qui exprime la conséquence d'une hypothèse potentielle ou irréelle.
Si tu voyais le roi, tu l'**aimerais.**
Si tu étais venu, tu l'**aurais vu.**

2. Le **futur du passé.**
Après un verbe principal au passé, il exprime un événement **futur** et sera donc considéré comme un futur en latin.
Il a dit qu'il **viendrait.**
Je savais que la ville **brûlerait.**

---

Le latin marque les rapports de temps avec **plus de précision** que le français. **450**

1. Futur
Natūram si **sequēmur** ducem, nunquam aberrabimus (Cic. off. 1,100).
*Si nous prenons la nature pour guide, nous ne nous égarerons jamais.*

2. Futur antérieur
Quidquid **iusseris,** faciēmus.
*Nous ferons tout ce que tu ordonneras.*

3. Plus-que-parfait
Ubi aliquos ex navi egredientes **conspexerant,** impedītos adoriebantur (Caes. b. g. 4,26,2).
*Dès qu'ils apercevaient quelques hommes sortant d'un navire, les ennemis, profitant de leur embarras, les attaquaient.*

## 2. SUBJONCTIF

451 En général, l'emploi des temps y est **le même qu'en français.** Les règles de concordance tiennent dans le tableau suivant.

Temps **passé** = imparfait, parfait ou plus-que-parfait.
AVANT, PENDANT, APRÈS = l'action du verbe de la subordonnée a lieu avant, pendant, après l'action du verbe de la proposition principale.

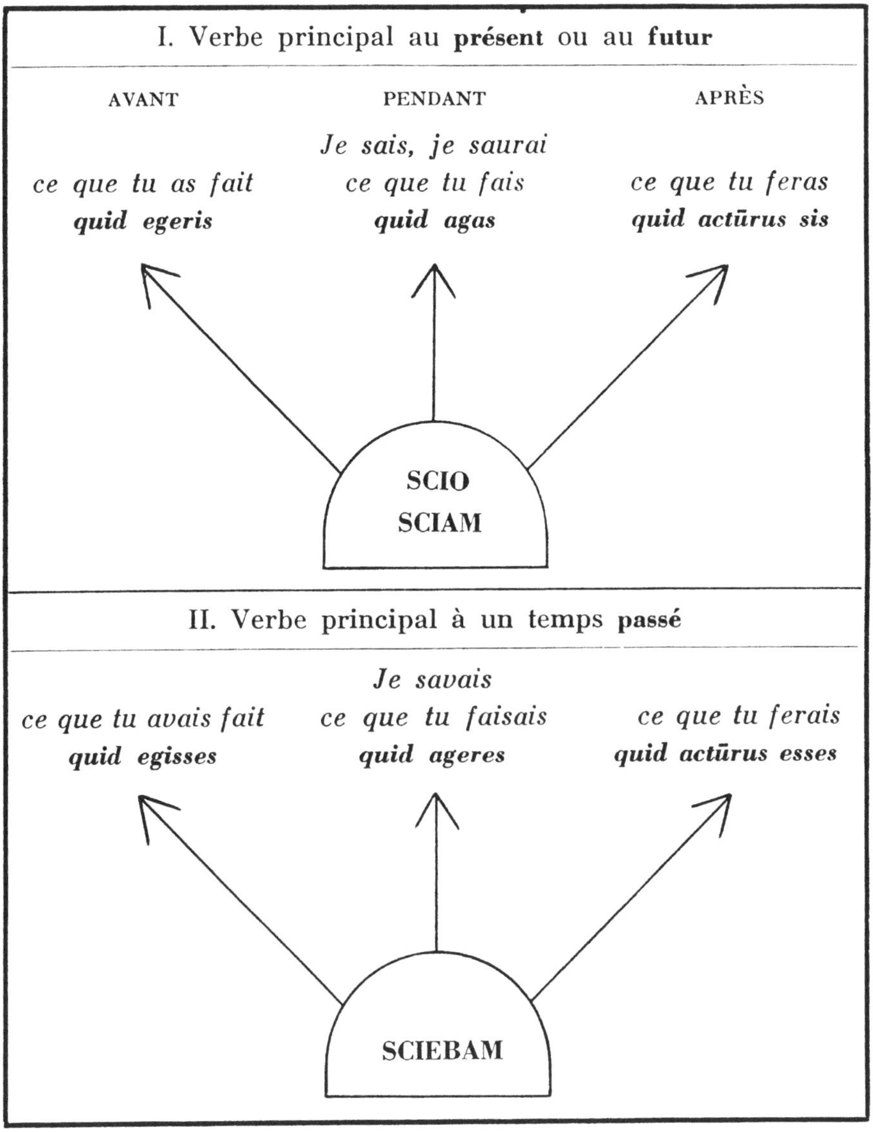

**Rogābam ut venīret**

Les tournures en ***-ūrus sim, -ūrus essem*** ne sont *pas fréquentes.* **453**
On ne les rencontre guère que { dans l'interrogation indirecte
{ dans les complétives avec *quin.*
Ailleurs, seulement pour éviter une ambiguïté.
*Jamais* dans les propositions **finales** ou **complétives** avec **ut (ne).**
C'est qu'en lui-même *le subjonctif contient une idée de futur.*
Pour une subordonnée qui est dans l'avenir par rapport à la principale, on utilisera donc le SUBJONCTIF :

PRÉSENT après un verbe principal *présent* ou *futur*
IMPARFAIT après un verbe principal à un temps *passé.*

Opto **ut valeas.** *Je souhaite que tu te portes bien.*
Rogābam **ut venīret.** *Je lui demandais de venir.*
Legātum relīquit **ut** oppidum **caperet.**
*Il laissa un lieutenant pour prendre la place.*
Rogavērunt medicum ut, si aegrōtum **vidēret,** curam de eo **ageret.**
*Ils demandèrent au médecin, s'il voyait le malade, de prendre soin de lui.*

## 3. INFINITIF

Les temps ont **la même valeur qu'en français.** **455**

Attention au **futur du passé !** (n. 449,II).
*Il avait dit qu'il viendrait.* Dixerat se **ventūrum esse.**
C'est un FUTUR. Il avait dit : « Je viendrai. »

---

1. L'INFINITIF FUTUR est parfois remplacé par **456**

**fore ut** / **futūrum esse ut** } et le SUBJONCTIF.

Cette périphrase est *nécessaire* pour les verbes qui n'ont pas de supin.

Spero **fore ut studeas.** *J'espère que tu étudieras.*

2. INFINITIF POTENTIEL : **-ūrum esse**
INFINITIF IRRÉEL : **-ūrum fuisse.**

Dico te, si hoc putes, **erratūrum esse.**
*Je dis que, si tu pensais cela, tu te tromperais.*
Dicēbam te, si hoc putavisses, **erratūrum fuisse.**
*Je disais que, si tu avais pensé cela, tu te serais trompé.*

## PARTICULARITÉS DE LA CONCORDANCE DES TEMPS

**458** I. Quand le verbe principal est au **présent historique,**

on peut le considérer { soit comme un *présent* / soit comme un *passé*

et faire la concordance { d'après la *forme* (un présent) / ou d'après le *sens* (un passé).

Sur ce point les auteurs les plus classiques sont très libres.
Ils vont jusqu'à faire alterner les deux accords dans la même phrase.

II. Les **consécutives** suivent d'ordinaire la concordance des temps.
Après un verbe principal au **passé,**
elles seront donc le plus souvent à l'**imparfait** du subjonctif.
Cependant, on les trouvera parfois au **présent** ou au **parfait** :

1. pour souligner que la conséquence est **un fait qui a réellement eu lieu.**

Puer ita cecidit ut crus **fregerit.**
*L'enfant est tombé de telle manière qu'il s'est cassé la jambe.*
Tanta fuit exiguitas temporis ut ad galeas induendas tempus **defuerit** (Caes. b. g. 2,21,5).
*On fut tellement pris de court que le temps manqua pour mettre les casques.*
Adeōne pudōrem perdidisti, ut dicere **ausus sis ?** (Cic. Phil. 2,15).
*As-tu donc perdu à ce point la pudeur, que tu as osé dire ?*

2. pour souligner **un résultat acquis,** dont **l'effet dure encore.**

Verres Siciliam per triennium ita vexāvit ac perdidit, ut ea restitui in antīquum statum nullo modo **possit** (id. Verr. I,12).
*En l'espace de trois années, Verrès a tellement ruiné la Sicile par ses vexations, qu'elle ne peut plus être rétablie dans son ancien état.*
Adeo excellēbat Aristīdes abstinentiā, ut Iustus **sit appellātus** (Nep. Arist. 1).
*Aristide était d'un désintéressement si remarquable qu'on lui a donné le nom de Juste.*

III. A l'**irréel du présent** et au **potentiel du passé** (n. 381,I et 380,2)
on *maintient l'imparfait* du subjonctif,
quel que soit le temps du verbe principal.

Dubitāre debet nemo quin Caesar, si **posset,** multos ab inferis **revocāret** (Cic. Marc. 17).
*Sans aucun doute, César, s'il le pouvait, en rappellerait beaucoup des enfers.*

IV. A l'**irréel du passé,** la périphrase **-ūrus fuerim**
remplace parfois le subjonctif plus-que-parfait.

Dic quidnam **factūrus fueris,** si eo tempore censor fuisses (Liv. 9,33).
*Dis-nous ce que tu aurais fait, si tu avais été censeur en ce temps-là.*

## RÉCAPITULATION

### STYLE INDIRECT ET CONCORDANCE DES TEMPS

459

| | |
|---|---|
| *Le roi déclara : « Mes enfants,* | |
| Dixit rex : « Pueri, | |
| Dixit rex pueris suis | |
| *n'hésitez pas à poursuivre mon œuvre.* | |
| ne dubitaveritis opus meum perficere. | |
| ne **dubitārent** opus **suum** perficere. | 441,2 — 439,I |
| *Hier et aujourd'hui, vous vous entendez bien.* | |
| Heri et hodie, concordes estis. | |
| **Pridie ac illo die illos** concordes **fuisse.** | 439,II et I — 441,1 et 455 |
| *Continuez comme vous avez commencé.* | |
| Pergite ut instituistis. | |
| **Pergerent** ut **instituissent.** | 441,2 — 455 et 451,II |
| *Si par hasard vous vous disputiez, demandez* | |
| Si forte contendātis, quaerite | |
| Si forte **contenderent, quaererent** | 445 et 453 — 441,2 |
| *au sénat romain comment retrouver la paix.* | |
| a Romāno senātu quomodo ad pacem redeātis. | |
| a Romāno senātu quomodo ad pacem **redīrent.** | 443 et 453 |
| *Si je n'étais pas si vieux,* | |
| Si non essem adeo provectus aetāte, | |
| Si **ipse** non **esset** adeo provectus aetāte, | 439, I |
| *je vous apprendrais à gouverner.* | |
| docērem vos artem gubernandi. | |
| **se doctūrum fuisse illos** artem gubernandi. | 441,1 et 456,2 |
| *Combien de temps vivrai-je encore ?* | |
| Quamdiu vivam ? | |
| Quamdiu **se vivere.** | 444 |
| *Croyez-vous que je mourrai aujourd'hui ? »* | |
| Creditisne me hodie moritūrum esse ? » | |
| **Crederent**ne **se illo die moritūrum esse.** | 443—439, I et II—455 |

---

I. Si l'on te demande de traduire un discours en style indirect, fais d'abord cette transformation **en français.** Tu verras : 460

- les *pronoms* et les *possessifs* passer spontanément à la 3^me^ personne
- les *adverbes* de temps et de lieu changer en ceux qui conviennent
- et la plupart des *verbes* se mettre au temps requis en latin.

II. Le style indirect dépendant souvent d'un verbe *passé,* la plupart des verbes personnels seront au **subjonctif imparfait.**

# C — NÉGATIONS

**461** Deux négations de base : **non, nē,** *ne ... pas.*
Dans les *énonciatives :* **non** nie *un fait.*
Dans les *volitives :* **nē** nie *une idée.*
On trouvera donc **nē** dans les propositions :
- INDÉPENDANTES de défense, souhait, regret
- SUBORDONNÉES de volonté, crainte, empêchement, but.

Partout ailleurs on emploie **non.**

**463** 1. **Neque** ou **nec** = *et ne ... pas*
remplace régulièrement *et non,* qui est rare.
**Et non** = *et non pas plutôt.*

2. **Neque** ... **neque** = *ni ... ni ...*

3. **Non modo ..., sed etiam** / **non solum ..., sed etiam** — *non seulement ... mais encore.*

4. **Ne** ... **quidem** = *ne ... pas même, non plus.*
On intercale entre *ne* et *quidem*
les mots sur lesquels porte cette locution.

Gloriae iactūram **ne** minimam **quidem** facere vellent (CIC. off. 1,84).
*Ils ne consentiraient pas même à la moindre perte de prestige.*
Curio milites in acie collocat. **Ne** Varus **quidem** dubitat copias producere (CAES. b. c. 2,33,3).
*Curion range ses soldats en bataille. Varus non plus n'hésite pas à faire avancer ses troupes.*

---

**462** Une négation peu fréquente : **haud,** *ne ... pas*
porte en général sur un **adjectif** ou un **adverbe.**

**Haud** mediocris vir. — *Un homme peu ordinaire.*
**Haud** procul ab urbe. — *Non loin de la ville.*

Rarement sur un verbe, sauf l'expression :
**haud** scio an (n. 372). — *J'incline à croire que.*

**464** **Neve** ou **neu,** *et que ne ... pas*
remplace régulièrement *et ne,* qui est rare.

Ne clamaveris **neve** sis irātus. *Ne crie pas et ne te fâche pas.*
Caesar milites cohortātus est, uti suae pristinae virtūtis memoriam retinērent, **neu** perturbarentur animo (CAES. b. g. 2,21,2).
*César exhorta ses soldats à se souvenir de leur ancienne bravoure et à ne pas se troubler.*

Après un premier membre *affirmatif*
on trouve parfois **neque** au lieu de **neve.**

I. **Deux négations** dans une même proposition *se détruisent* et équivalent à une *affirmation*. **465**

1. **Affirmation atténuée.**

| | | |
|---|---|---|
| non nulli | (nonnulli) | *quelques-uns* |
| non nunquam | (nonnunquam) | *quelquefois.* |

Quae res etiam **non nullam** afferēbat deformitātem (Nep. 17,8,1).
*Cette chose lui apportait même quelque laideur.*

2. Le plus souvent, **affirmation renforcée.**

**Nemo non** videt. { *Il n'est personne qui ne voie.* / *Tout le monde voit.* }

**Non** possumus **non** loqui.

{ *Nous ne pouvons pas nous taire.* / *Nous ne pouvons pas nous empêcher de parler.* }

II. Toutefois la première négation **n'est pas détruite** quand elle est suivie de :

1. **neque ... neque**
Nemo unquam, **neque** poēta **neque** orātor, fuit qui quemquam meliōrem quam se arbitrarētur (Cic. Att. 14,20,3).
*Il n'y eut jamais personne, ni poète ni orateur, qui en jugeât un autre comme lui étant supérieur.*

2. **ne ... quidem**
**Non** enim praetereundum est **ne** id **quidem** (id. Verr. I,155).
*Il ne faut pas non plus passer cela sous silence.*

---

I. Pour traduire les expressions françaises *et personne, et rien, et jamais* etc. on n'emploie **pas** en latin *et* + un pronom ou adverbe négatif. **466**
Mais on dit :

| | |
|---|---|
| *et personne* | **nec quisquam** |
| *et rien* | **nec quidquam** |
| *et aucun* | **neque ullus** |
| *et jamais* | **neque unquam** |
| *et nulle part* | **neque usquam.** |

Veni Athēnas, **neque** me **quisquam** ibi **agnōvit** (Cic. Tusc. 5,104).
*Je suis venu à Athènes, et personne ne m'y a reconnu.*

II. Certaines expressions **changent de sens** suivant la place de la négation *non.*

| | |
|---|---|
| { non nemo novit | *plus d'un sait* |
| { nemo non novit | *tout le monde sait* |
| { nonnulli rident | *quelques-uns rient* |
| { nullus non ridet | *tout le monde rit.* |

# D — CONJONCTIONS

**ET**

467 I. 1. **Et** { signifie *et*
parfois *aussi* (etiam).

**-que,** *et,* se joint toujours à un mot.

| | |
|---|---|
| Senātus populus**que** Romānus. | *Le Sénat et le peuple romain.* |
| Ob eam**que** causam. | *Et pour cette raison.* |

Il marque souvent un lien étroit entre deux mots.

**Ac, atque** (devant voyelle et h, d'ordinaire atque), *et.*

Il donne plus de poids à ce qui suit.

2. Dans une **énumération** on peut :
   a. répéter **et** devant chaque membre
   b. ne le mettre devant aucun
   c. relier le dernier seul aux précédents par **-que.**

II. **Etiam,** *aussi,* se place **devant** le mot sur lequel il porte.

**Quoque,** *aussi,* se place **après** le mot sur lequel il porte.

| | |
|---|---|
| **Etiam** ipse interfui. | *Moi aussi je fus présent.* |
| Nobis **quoque** licet. | *Il nous est permis à nous aussi.* |

III. **Tum ... tum** / **Modo ... modo** } *tantôt ... tantôt.*

**Cum ... tum** *et ... et, non seulement ... mais*
insiste davantage sur le second membre.

IV. **Adverbes** dans une **énumération :**

| | |
|---|---|
| *d'abord* | primum, primo |
| *ensuite, alors* | deinde, tum, postea |
| *enfin* | denique, postrēmo. |

**OU**

469 1. **Aut,** *ou,* sépare des termes dont l'un **exclut** l'autre.

Omne pronuntiātum est verum **aut** falsum (Cic.).
*Tout énoncé est vrai ou faux.*
Hic vincendum **aut** moriendum est (Liv.).
*Il faut ici vaincre ou mourir.*

2. **Vel** (*si tu veux,* de *velle*), *ou*
**laisse le choix** entre deux termes.

**Vel** imperatōre **vel** milite me utimini (Sall.).
*Prenez-moi comme chef ou comme simple soldat.*

De même **sive ... sive,** *soit ... soit.*

3. **-ve,** *ou,* se joint à un mot. Sens faible.

| | |
|---|---|
| **Plus minusve.** | *Plus ou moins.* |
| **Bis terve.** | *Deux ou trois fois.* |

**MAIS**

1. **Sed, verum,** *mais* 471
   marquent UNE OPPOSITION à ce qui précède
   s'emploient d'ordinaire après un membre de phrase *négatif*
   servent aussi soit à *interrompre* un raisonnement, un récit, soit à le *reprendre.*
2. **Autem, vero,** *mais*
   marquent UNE OPPOSITION PLUS FAIBLE,
   qui souvent n'est pas rendue en français.
   **Vero** marque aussi une forte affirmation :
   *certainement, assurément.*
   **Autem** est employé dans le raisonnement au sens de *or.*
   Ces deux particules se placent toujours **après** un mot.
3. **At** (parfois **ast**), *mais*
   marque UNE FORTE OPPOSITION
   sert à introduire *une objection.*
4. **Tamen,** *cependant* (souvent deuxième mot)
   **Attamen,** *cependant* (renforcé ; premier mot)
   supposent une concession dans ce qui précède.
5. **Atqui,** *et pourtant, eh bien !*
   Dans un raisonnement : *or.*

**CAR**

**Enim,** *car, en effet.* Après un mot. 473

**Nam, namque, etenim,** *car, en effet.* En tête de phrase.

**DONC**

1. CONSÉQUENCE LOGIQUE. 475
   **Ergo, igitur,** *donc.*
   **Igitur** a aussi les autres sens du français *donc.*
   Il se place le plus souvent après un mot.
2. RÉSULTAT D'UN FAIT.
   **Itaque,** *c'est pourquoi.*
   Il se place au début de la phrase.
3. Introduit un ORDRE ou une EXHORTATION.
   **Proinde,** *donc, par conséquent.*

**Place des conjonctions**

477

| | |
|---|---|
| Toujours en tête | sed, verum, at, attamen<br>nam, namque, etenim, itaque |
| Devant un mot | etiam |
| Souvent second mot | tamen, igitur |
| Toujours second mot | autem, vero, enim, quoque |

QUATRIÈME PARTIE

# STYLISTIQUE

Si tu ne fais qu'appliquer les règles de syntaxe, tu n'arriveras sans doute qu'à construire des phrases *correctes, mais sans beauté.* **479**

Le latin, comme chaque langue, a *son génie, ses tournures de style,* sa façon propre de mettre en relief.

Il y a *un art d'écrire en bon latin.*

Les pages qui suivent te donneront *une première orientation* dans cette voie.

Ce sont des remarques, des conseils, plutôt que des règles rigides.

Affaire d'*intuition,* de *goût,* de *souci du parfait.*

Fruit d'une *lecture* attentive et intelligente des grands écrivains.

Mais il est bon qu'on t'ait montré *l'essentiel.*

# 1 — CHOIX DES MOTS

## TOURNURES PRÉFÉRÉES

### 1. NOMS

**481** Le français exprime volontiers la pensée sous une *forme abstraite.* Le latin préfère l'**expression concrète.** Aussi emploiera-t-il souvent :

1. un **nom concret** au lieu d'un *nom abstrait.*

| | |
|---|---|
| A puero. | *Depuis l'enfance.* |
| Quibus absentibus. | *En leur absence.* |
| Romulo regnante. | *Sous le règne de Romulus.* |
| Cicerōne consule. | *Sous le consulat de Cicéron.* |
| Ab Urbe conditā. | *Depuis la fondation de Rome.* |
| Defendi rem publicam adulescens. | *J'ai défendu la république dans ma jeunesse.* |

2. le **nom des habitants** au lieu du *nom du pays.*

| | |
|---|---|
| Alexander, rex Macedonum. | *Alexandre, roi de Macédoine.* |
| In Persas est profectus. | *Il est parti pour la Perse.* |
| Per Helvetios iter fecit. | *Il fit route à travers la Suisse.* |

3. une **proposition** au lieu d'un *nom abstrait.*

| | |
|---|---|
| Cura ut valeas. | *Soigne ta santé.* |
| Ea quae exportantur. | *Les articles d'exportation.* |
| Cum Athēnis essem. | *Pendant mon séjour à Athènes.* |
| Deum esse credimus. | *Nous croyons à l'existence de Dieu.* |
| Requirēbat cur ita faceret. | *Il lui demandait les motifs de sa conduite.* |
| Cum apud Delium male pugnātum esset. | *Après la défaite de Délium.* |

Novit omnia vates, quae sint, quae fuerint, quae ventūra sint.
*Le devin connaît tout : le présent, le passé et l'avenir.*

**483** Le latin est souvent **plus précis** que le français :

1. dans certaines **expressions.**

| | |
|---|---|
| Curāre **corpus.** | *Se soigner.* |
| Alicuius **animum** commovēre. | *Émouvoir quelqu'un.* |

2. Il met au **pluriel** les noms qui représentent plusieurs personnes ou plusieurs objets.

| | |
|---|---|
| **Odia** civium. | *La haine des citoyens.* |
| **Aures** praebēre alicui. | *Prêter l'oreille à quelqu'un.* |
| Hostes **terga** vertunt. | *Les ennemis tournent le dos.* |

Par contre, le **singulier** est parfois employé dans un sens **collectif.**

| | |
|---|---|
| Miles, eques. | *Les soldats, la cavalerie.* |
| Romānus, Poenus. | *Les Romains, les Carthaginois.* |

Ailleurs nos langues modernes l'emportent en précision. **485**
Là où nous recherchons le terme propre,
le latin se contente d'**un pronom neutre** ou du mot **res.**
Au contexte de préciser la valeur de ces mots.

| | |
|---|---|
| **Illud** Platōnis. | *Cette parole de Platon.* |
| **Quae** cum ita sint. | *Dans ces conditions.* |
| **Quibus rebus** permōta civitas. | *Ces mesures émeuvent la ville.* |

Cum de senectūte vellem **aliquid** scribere.
*Voulant écrire un traité sur la vieillesse.*
**Haec** quae vastāre iam pridem studes.
*Cette ville que depuis longtemps tu songes à saccager.*
Quorsus igitur **haec** tam **multa** de Maximo ?
*Pourquoi cette longue digression au sujet de Maximus ?*

---

Le français emploie couramment **486**
un nom *abstrait*, un nom de *chose*
comme *sujet d'un verbe actif.*

Le latin **évite cette construction.**
Il choisira un autre tour, par exemple le passif.

| | |
|---|---|
| *Si l'occasion se présente.* | Occasiōne datā. |
| *Ta lettre m'a appris.* | Ex tuis litteris cognōvi. |
| *La ville ferme ses portes.* | Clauduntur portae civitātis. |
| *Le travail fortifie le corps.* | Corpus labōre firmātur. |
| *Tes menaces ne m'émeuvent pas.* | Minis non moveor tuis. |
| *Le vent a détruit la maison.* | Domus vento delēta est. |

## 2. ADJECTIFS

**487** I. Le latin emploie souvent un adjectif **au lieu d'un nom** précédé d'une préposition.

| | |
|---|---|
| *Le palais du roi.* | Domus regia. |
| *La loi de Manilius.* | Lex Manilia. |
| *Dion de Syracuse.* | Dion Syracusānus. |
| *Une tour de bois.* | Turris lignea. |
| *Un vase d'argent.* | Vas argenteum. |
| *Une couronne d'or.* | Corōna aurea. |
| *Le soulèvement des esclaves.* | Servīlis tumultus. |
| *La haine pour les décemvirs.* | Decemvirālis invidia. |
| *La guerre contre les Carthaginois.* | Bellum Punicum. |

II. **Par contre,** à un ADJECTIF français correspond parfois en latin **un nom au génitif.**

| | |
|---|---|
| *Les qualités morales.* | Animi virtutes. |
| *Les douleurs physiques.* | Dolōres corporis. |
| *La cavalerie ennemie.* | Equitātus hostium. |

**489** *Le sommet de la montagne* se dira en latin : **summus mons.**
On construit de même les noms :
{ *le commencement, le milieu, la fin*
{ *le haut, le bas, le reste.*

| | |
|---|---|
| *Au point du jour.* | Primā luce. |
| *Le milieu de la nuit.* | Media nox. |
| *A la fin de l'hiver.* | Extrēmā hieme. |
| *Le sommet des herbes.* | Summa gramina. |
| *Au fond du sanctuaire.* | In sacrario intimo. |

---

**488** Une **apposition** qui renferme une idée d'éloge ou de blâme est souvent au **superlatif** en latin.
L'adjectif qualifie rarement le nom propre sans qu'on ajoute à celui-ci **un nom commun** : *homo, vir, urbs.*

| | |
|---|---|
| Ulixes, vir callidissimus. | *L'astucieux Ulysse.* |
| Corinthus, urbs nobilissima. | *La célèbre Corinthe.* |

Sulla et Murēna, fortissimi viri et summi imperatōres.
*Sylla et Muréna, vaillants guerriers, grands généraux.*

**490** L'*adjectif attribut* a parfois **valeur d'adverbe.**

| | |
|---|---|
| Invītus profectus est. | *Il partit à contrecœur.* |
| Laetus venēnum bibit. | *Il but le poison avec joie.* |
| Superior stabat lupus. | *Le loup se tenait plus haut.* |

## 3. VERBES

**Comment suppléer** à des formes qui n'existent pas en latin ? 491

I. Les verbes *déponents* et les verbes *intransitifs* n'ont **pas de passif.**

On y supplée en utilisant des **noms verbaux** équivalents.

| | |
|---|---|
| In invidiā esse. | *Être envié.* |
| In suspiciōnem venīre. | *Être soupçonné.* |
| In obliviōnem addūci. | *Être oublié.* |
| Odio sum Romānis. | *Je suis détesté des Romains.* |

Magna est admiratio copiōse dicentis (Cic.).
*On admire beaucoup celui qui parle avec abondance.*

II. Les verbes *déponents* n'ont **pas de participe parfait passif.**

On se servira d'une **tournure active** { soit le participe parfait / soit un mode personnel.

Hannibal aggressus urbem.
Cum esset aggressus urbem. } *La ville ayant été attaquée par Hannibal.*

III. Seuls les verbes déponents ont un **participe parfait** de sens **actif.**

Les autres verbes suppléent à cette absence :

1. au moyen d'un **ablatif absolu.**

**Cognito** Caesaris **adventu,** Ariovistus legātos mittit.
*Ayant appris l'arrivée de César, Arioviste lui envoie des députés.*

2. au moyen du participe parfait actif d'un verbe **déponent** synonyme.

| | | |
|---|---|---|
| **Locūtus** | *ayant dit* | dicere |
| **Veritus** | *ayant craint* | timēre |
| **Reversus** | *étant revenu* | redīre. |

3. au moyen d'une **construction personnelle** équivalente.

Darīus in fugā, **cum** aquam turbidam **bibisset,** negāvit unquam se bibisse iucundius (Cic. Tusc. 5,97).
*Darius, dans sa fuite, ayant bu de l'eau trouble, dit qu'il n'avait jamais bu avec plus de plaisir.*

IV. On supplée de même à l'absence d'un **participe présent passif.**

*Étant averti* { monitiōne acceptā / cum monerētur / cum monērent eum.

---

Là où le français emploie *deux verbes coordonnés,* 492
le latin préfère remplacer le premier par **un participe.**

**Urbem captam** hostis diripuit.
*L'ennemi prit la ville et la pilla.*
Manlius **Gallum caesum** spoliāvit.
*Manlius tua le Gaulois et le dépouilla.*

# 2 — ORDRE DES MOTS

## 1. ORDRE HABITUEL

493 1. Le **sujet** et ses dépendances
les **compléments** du verbe
le **verbe** à la fin.

2. **Esse,** *être.*

a) Verbe COPULE : très mobile, souvent après l'attribut.

b) *Exister, il y a* : en tête de la phrase.

3. La place de l'**adjectif** dépend de sa fonction.

a) Simple **épithète,** il *précède* le nom.

| | |
|---|---|
| Pulchra domus. | *Une belle maison.* |
| Multi homines. | *Beaucoup d'hommes.* |
| Magnum periculum. | *Un grand danger.* |

b) Quand il a valeur **déterminative,** il *suit* le nom.
Il énonce alors un *caractère distinctif* de l'objet.
Il sert à le classer dans une *catégorie.*

| | |
|---|---|
| Civis Romānus. | *Un citoyen romain.* |
| Navis oneraria. | *Un navire de transport.* |
| Stella matutīna. | *L'étoile du matin.* |

4. L'adjectif **possessif** *suit* normalement le nom.

| | |
|---|---|
| Pater meus. | *Mon père.* |
| Cum classe suā. | *Avec sa flotte.* |

## 2. MISE EN RELIEF

495 Bien que les « règles » ci-dessus n'aient rien de strict, elles marquent des *préférences,* des *habitudes,* auxquelles on s'attend.
Tout *bouleversement* de cet ordre aura donc un effet d'*inattendu* et la surprise qu'il provoque suffira pour mettre un mot *en relief.*
On aura par exemple cette impression devant les constructions suivantes.

1. Le **verbe** *en tête* de la phrase.

**Ardēbant** oculi. **Exspectābant** omnes quo tandem progressūrus esset ... **Caedebātur** virgis in medio foro Messānae civis Romānus (CIC. Verr. V, 161-162).

*Ses yeux flamboyaient. Tous étaient en suspens. Jusqu'où donc irait-il? ... Voici qu'on flagellait, en plein forum de Messine, un citoyen romain !*

2. Un **complément** ou l'**attribut** *en tête* de la phrase.

**Audāces** fortūna iuvat.
*Aux audacieux le sort vient en aide.*
**Impavidum** ferient ruīnae (HOR. od. 3,3,8).
*Sans trembler il verra tomber sur lui les ruines.*
**Malum** mihi vidētur esse mors (CIC. Tusc. 1,9).
*La mort, à mon avis, est un mal.*
**Doctrīnā** Graecia nos et omni litterārum genere superābat (id. 1,3).
*Pour la culture générale et dans tous les genres littéraires, la Grèce l'emportait sur nous.*
**Ad mortem** te, Catilīna, duci iussu consulis iam pridem oportēbat (id. Cat. 1,2).
*C'est à la mort, Catilina, qu'on aurait dû te conduire depuis longtemps, sur ordre du consul.*

3. **Rejet** d'un mot **en fin de phrase.**

Quod aliud iter habērent **nullum** (CAES. b. g. 1,7,3).
*En fait d'autre passage, ils n'en avaient aucun.*
Quod ante id tempus accidit **nunquam** (id. b. c. 1,6,7).
*Ce qui, jusqu'à ce jour, ne s'était jamais vu.*

4. **Séparation de deux mots** qu'on s'attendrait à voir ensemble.

**Manibus** date lilia **plenis** (VERG. Aen. 6,883).
*Donnez des lis à pleines mains.*
**Labor** omnia vincit **imprŏbus** (id. Georg. 1,144-145).
*Un travail opiniâtre vient à bout de tout.*
**Maxima** debētur puero **reverentia** (IUV. sat. 14,47).
*Le plus grand respect est dû à l'enfant.*
**Infandum,** regīna, iubes renovāre **dolōrem** (VERG. Aen. 2, 3).
*Tu me commandes, reine,*
*De revivre à nouveau une indicible peine.*

5. **Inversion** de l'ordre habituel dans le groupe **nom-adjectif.**

| | |
|---|---|
| **Romāna** constantia. | *La fermeté romaine.* |
| **Punica** fides. | *Une mauvaise foi bien punique.* |

Hoc est proprium **liberae** civitātis (CIC. dom. 13,34).
*Tel est le propre d'une cité vraiment libre.*
Vel **nocturnis** itineribus experiar ut te videam (id. Att. 9,23,3).
*Fallût-il voyager la nuit, je tâcherai de te voir.*

6. Quand on oppose l'un à l'autre *deux groupes* de mots, on range parfois les mots du second dans l'**ordre inverse** du premier.
On appelle cette disposition **chiasme,** les mots affectant alors la figure d'un X grec.

**Fragile corpus animus sempiternus** movet (Cic. rep. 6,26).
*Ce corps fragile, une âme éternelle le meut.*

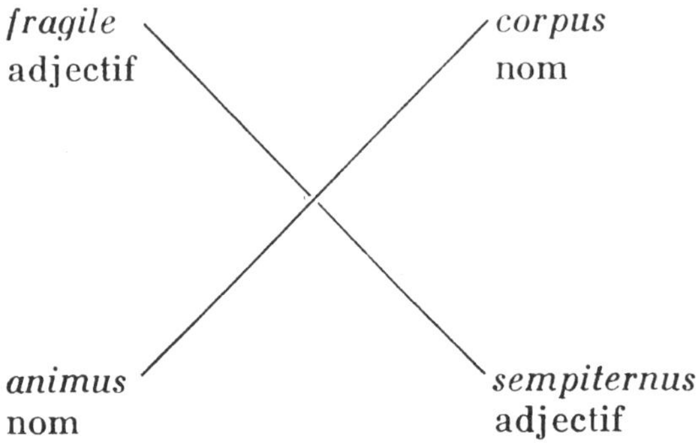


**Ratio nostra consentit, pugnat oratio** (id. fin. 3,10).
*Accord sur le fond, divergence verbale.*

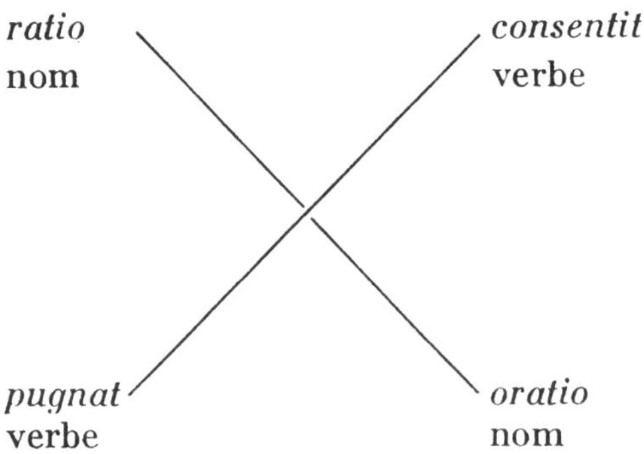


7. Mise en vedette d'un mot par sa **répétition** *au début de chaque membre* de phrase.

**Nihil**ne te nocturnum praesidium Palatii,
**nihil** urbis vigiliae, **nihil** timor populi,
**nihil** concursus bonōrum omnium,
**nihil** hic munitissimus habendi senātus locus,
**nihil** horum ora vultusque movērunt ? (Cic. Cat. 1,1).
*Rien, ni les troupes qui, la nuit, occupent le Palatin, ni les rondes à travers la ville, ni l'anxiété du peuple, ni ce rassemblement de tous les bons citoyens, ni le choix de ce lieu, le plus sûr de tous, pour la convocation du Sénat, ni l'air ni l'expression de tous ceux qui sont ici, non, rien n'a pu te déconcerter ?*

## 3 — ORDRE DES PROPOSITIONS

Un phénomène fréquent : **l'enclave.** **497**
Une subordonnée est **insérée** dans la principale.
Elle peut, à son tour, contenir comme enclave
une sous-subordonnée.

Haec magnitūdo maleficii facit **ut, nisi** paene manifestum parricidium **proferātur,** credibile non **sit** (Cɪᴄ. Rosc. Am. 68).
*C'est à cause de l'énormité du forfait que, si le parricide ne se révèle pas avec une évidence manifeste, on ne peut croire qu'il ait été commis.*

Nostri tamen, quod neque ordines servāre neque firmiter insistere neque signa subsequi poterant, atque alius aliā ex navi, quibuscumque signis occurrerat, se aggregābat, magnopere perturbabantur (Cᴀᴇs. b. g. 4,26,1).

*Cependant comme les nôtres ne pouvaient ni garder leurs rangs, ni se maintenir sur une position ferme, ni suivre leurs enseignes, et que sortant les uns d'un navire, les autres d'un autre, ils se rangeaient sous les enseignes qu'ils rencontraient, il en résultait une grande confusion.*

Consecūtus id quod animo proposuerat, Caesar receptui cani iussit, legionisque decimae, quacum erat, continuo signa constitērunt. At reliquārum legiōnum milites, non audīto tubae sono, quod satis magna valles intercedēbat, tamen a tribūnis militum legatisque, ut erat a Caesare praeceptum, retinebantur (id. 7,47,1-2).

*César, ayant atteint le but qu'il s'était proposé, ordonna de sonner la retraite et fit faire halte à la dixième légion, avec laquelle il était. Les soldats des autres légions n'entendirent pas le signal de la trompette, séparés qu'ils étaient par un assez large ravin ; pourtant, les tribuns militaires et les lieutenants, suivant les instructions de César, s'efforçaient de les retenir.*

CINQUIÈME PARTIE

# PROSODIE ET MÉTRIQUE

*CHAPITRE I*

## PROSODIE

I. Les **vers français** ont une rime **499**
et un nombre déterminé de syllabes.
Les **vers latins** n'ont *pas de rime.*
Leur rythme ne dépend pas du nombre des syllabes,
mais de leur *quantité.*

II. La **quantité d'une syllabe** est le temps requis pour la prononcer.
Certaines syllabes se prononcent vite ; ce sont les *brèves.*
La durée des autres est à peu près le double ; ce sont les *longues.*
Comme en musique : une noire vaut deux croches.

III. L'étude de la quantité des syllabes s'appelle **prosodie.**
Elle est une introduction **indispensable** à la *métrique* latine.
C'est elle qui permet de **scander** un vers latin,
c'est-à-dire de le décomposer en ses unités métriques,
basées sur la quantité des syllabes.
Sans elle donc, impossible
de reconnaître la facture spéciale d'un vers,
d'en marquer le rythme, d'en savourer la grâce ou la noblesse.
Préambule aride, mais entrée d'une cathédrale.
La poésie, comme la musique, a son solfège.
Tout art exige une élaboration matérielle.
C'est la technique au service du Beau.

I. Il n'y a pas de règles fixes pour la quantité de *toutes* les syllabes. **500**
La quantité de celles qui appartiennent au *radical* d'un mot s'apprend petit à petit par *l'usage*
ou par le recours à *un dictionnaire* qui marque les quantités.

II. Cependant, tu connaîtras vite la durée d'un grand nombre de syllabes grâce aux *règles* suivantes.

## 1. RÈGLES GÉNÉRALES

**501** Elles se trouvent, pour l'essentiel, au début de la Grammaire (n. 11 et 12).

Il faut pourtant y ajouter quelques précisions.

Sont **toujours longues** les voyelles suivantes :

1. Celles qui proviennent d'une *contraction.*

   **mī** (mihi) **nīl** (nihil) cōgere (co-agere).

2. Celles qui, appartenant normalement à deux syllabes distinctes, ne font parfois qu'*une syllabe* en poésie.

   cui deinde antehac.

3. Dans les mots *composés,* celles qui, avant la composition, étaient voyelles longues ou diphtongues.

| | | | |
|---|---|---|---|
| caedere | occīdere | aequus | inīquus |
| claudere | inclūdere | rēpere | obrēpere. |

**502** Une syllabe est **longue** quand elle renferme une voyelle *brève suivie de deux consonnes* (n. 11).

1. La lettre **h** ne compte pas comme consonne.

2. La syllabe est longue même si une des consonnes appartient *au début du mot suivant.* La chose est fréquente.

| | |
|---|---|
| **ōb** rixam | sternīt sata |
| solīs calor | alloquitūr Venus. |

Quand une syllabe contient une voyelle brève suivie du groupe **occlusive** + *l* ou *r* (n. 12), le **poète** peut, à son gré, considérer cette syllabe comme *brève* ou comme *longue*. **503**

On l'appelle syllabe **commune.**

| | | | | | |
|---|---|---|---|---|---|
| **ăgri** | *ou* | **ā**gri | **pă**tris | *ou* | **pā**tris |
| **rĕ**tro | *ou* | **rē**tro | phar**ĕ**tra | *ou* | phar**ē**tra. |

Toute *voyelle suivie d'une autre voyelle* (ou de **h** et d'une voyelle) dans un même mot est **brève.** **504**

pĭus, dĭu, audĭo, monĕam, trăhere.

Exceptions :

1. Dans la désinence **ius** au génitif de certains pronoms le **i** peut être considéré comme *bref* ou *long* en poésie.
   illius, istius, unius etc.

2. A la 5ᵐᵉ déclinaison, **e** entre deux **i** est long : diēi.

3. Les formes sans **r** de **fio** ont **ī** : **fīo**, **fīē**bam, **fī**am.

4. Au génitif et au vocatif des noms en **aius** et **eius**, la voyelle reste longue devant ī : **Gāi**, Pompēi.

5. Dans les mots empruntés au grec la longue suivie d'une voyelle garde sa quantité : **āēr**, Menel**ā**us.

## 2. RÈGLES SPÉCIALES

### I. AVANT-DERNIÈRE SYLLABE

505 ***Désinences nominales***

**Longues** Génitif pluriel : *-ārum, -ōrum, -ērum.*
Datif-Ablatif pluriels : *-ēbus.*
**Brèves** Datif-Ablatif pluriels : *-ĭbus, -ŭbus.*

506 ***Désinences verbales***

I. **Longues**

1. **ā** du thème de la 1re conjugaison *amāmus*
   **ē** » 2me » *monēre*
   **ī** » 4me » *audīvit.*
2. **bā,** suffixe caractéristique de l'imparfait : *volebāmus, videbātis.*
3. **rā,** dans les désinences en *-rāmus, -rātis* : *erāmus, habuerātis.*
4. Indicatif parfait, 3me pers. plur. : **-ērunt, -ēre.** *audiērunt, amavēre.*
5. Indicatif futur passif, 2me pers. sing. : **-ēris, -ēre.** *capiēris, capiēre.*
6. **ā, ē** du subjonctif : *amēmus, videāmus.*
7. **ī** du subjonctif présent : *sīmus, velītis.*
8. **ō** de l'impératif futur : *scitōte, mementōte.*
9. **ū** du participe futur : *futūrus, habitūrus.*

II. **Brèves**

1. **ĕ** ou **ĭ** du thème de la 3me conjugaison. *legĕre, legĭtis, legĭte.*
2. **ĭ** du parfait : *legĭmus, audīvĭmus.*
3. **-ĕram, -ĕrim, -ĕro** : *amavĕram, monuĕris, legĕrit, audiĕro.*

## II. SYLLABE FINALE TERMINÉE PAR UNE VOYELLE

**A** final est **bref** : rosă, pulchră, temporă. **507**

Exceptions — **a** final est *long* :

1. à l'ablatif singulier de la 1re déclinaison : rosā.
2. à la 2me pers. sing. de l'impér. prés. de la 1re conjug. : amā.
3. dans les adjectifs numéraux indéclinables : trigintā, quadragintā.
4. dans plusieurs adverbes et prépositions : contrā, anteā, praetereā, ā.

**E** final est **bref** : consulĕ, legĕ. **508**

Exceptions — **e** final est *long* :

1. à l'ablatif singulier de la 5me déclinaison : rē, diē.
2. à la 2me pers. sing. de l'impér. prés. de la 2me conjug. : monē, delē.
3. dans les adverbes formés des adjectifs en -us : doctē, longē (sauf benĕ, malĕ).
4. dans les pronoms personnels : mē, tē, sē.
5. dans les prépositions : dē, ē.

**I** final est **long** : bellī, navī, audī. **509**

Exceptions :

1. **i** final est bref dans : nisĭ, quasĭ.
2. **i** final est *commun* dans { mihi, tibi, sibi / ubi, ibi.

**O** final est **long** : dominō. **510**

Exceptions :

1. **o** final est *bref* dans { egŏ, duŏ, citŏ / modŏ, quomodŏ.
2. **o** final est devenu *commun* dans :
   les nominatifs en -o de la 3me décl. : homo, leo
   la première personne des verbes : amo, audio.

**U** final est **long** : manū, visū, cornū. **511**

## III. SYLLABE FINALE TERMINÉE PAR S

**512** **AS, ES, OS** sont **longs** à la fin des mots : rosās, militēs, agrōs.

Exceptions — **es** final est *bref* :

1. au nominatif des noms qui ont le génitif en -ĕtis, -ĭtis :
   segĕs, segĕtis    equĕs, equĭtis.

2. à la 2[me] pers. sing. indic. prés. de *esse* et de ses composés :
   ĕs, adĕs, potĕs.

**OS** final est *bref* dans : ŏs, ossis, l'*os*.

**513** **IS** final est **bref** : patrĭs, collĭs.

Exceptions — **is** final est *long* :

1. au datif et à l'ablatif pluriels : rosīs, bellīs, nobīs.
2. à l'accusatif pluriel : hostīs, omnīs (= hostēs, omnēs, n. 54).
3. à la 2[me] pers. sing. :
   - de l'indic. prés. de
     - la 4[me] conjug. : audīs
     - fio, volo : fīs, vīs
   - du subj. prés. : sīs, velīs, nolīs, malīs.
4. au nom. sing. : vīs, *force* ; līs, *procès*.

**514** **US** final est **bref** : dominŭs, tempŭs, amāmŭs.

Exceptions — **us** final est *long* :

1. *4[me] déclinaison* : gén. sing. et nom. voc. acc. plur. : fructūs, manūs.
2. *3[me] déclinaison* : les noms qui ont le gén. en -ūtis, -ūris.
   virtūs, virtūtis    tellūs, tellūris    iūs, iūris.

## IV. SYLLABE FINALE TERMINÉE PAR UNE CONSONNE AUTRE QUE S

**515** Toutes ces syllabes sont **brèves** : ăb, apŭd, flumĕn, patĕr, amăt.

Exceptions — La syllabe finale est *longue* dans :

1. Beaucoup de **monosyllabes** :

| | | | | |
|---|---|---|---|---|
| sōl | nōn | cūr | dīc | pār |
| sāl | quīn | sīc | dūc | vēr. |

2. Les ablatifs **hōc** et **hāc**.

3. Les **adverbes de lieu** en **c** :

| | | |
|---|---|---|
| hīc | hūc | hāc |
| istīc | istūc | istāc |
| illīc | illūc | illāc. |

# MÉTRIQUE

## I. NOTIONS DE MÉTRIQUE

I. Si l'âme d'un peuple se révèle surtout dans sa *poésie,* **516**
le caractère propre de chaque langue
marquera profondément le **rythme**
par lequel la poésie se distingue de la prose.

Alors qu'**en français** on ne conçoit guère de poème sans *rime,*
sans un *nombre régulier de syllabes,*
**les langues germaniques** baseront la cadence du vers
sur *l'accent tonique.*

II. En **grec** et en **latin classique**
le retour périodique d'une syllabe mise en relief
dépend essentiellement de *la quantité* des syllabes.

Le rythme y est constitué par une série régulière
de **temps forts** ou syllabes longues sur lesquelles on appuie
et de **temps faibles,** syllabes ou groupes de syllabes
sur lesquels on glisse plus légèrement.

III. La **métrique** étudie cette alternance des longues et des brèves
en vue de constituer les *vers* et les *strophes.*

**517** 1. Le **pied** est le couple formé par un temps fort et un temps faible.

2. **Principaux pieds :**

| | | | |
|---|---|---|---|
| dactyle | —́ ∪ ∪ | trochée | —́ ∪ |
| anapeste | ∪ ∪ —́ | iambe | ∪ —́ |
| spondée | — — | tribraque | ∪ ∪ ∪ |

3. Si l'on prend la syllabe brève comme mesure, elle vaut 1 temps. Les pieds de la première colonne ci-dessus valent donc *4 temps* et ceux de la seconde colonne *3 temps.*

4. Au point de vue de *l'accent rythmique,*
dactyle et trochée ont un **rythme descendant :**
—́ ∪ ∪    —́ ∪

tandis qu'anapeste et iambe ont un **rythme montant :**
∪ ∪ —́    ∪ —́

**518** **Substitutions fréquentes**

1. Une longue au lieu de deux brèves.

| | | |
|---|---|---|
| **spondée** | —́ — | au lieu du dactyle —́ ∪ ∪ |
| | — —́ | au lieu de l'anapeste ∪ ∪ —́ |

2. Deux brèves au lieu d'une longue.

| | | |
|---|---|---|
| **tribraque** | ∪ ∪́ ∪ | au lieu de l'iambe ∪ —́ |
| | ∪́ ∪ ∪ | au lieu du trochée —́ ∪ |

**519** 1. Un **membre** = la réunion de plusieurs pieds.

2. D'après le **nombre** de pieds qu'il contient, on l'appelle :

2 *dipodie*
3 *tripodie*
4 *tétrapodie*
5 *pentapodie*
6 *hexapodie.*

3. D'après l'**espèce** de pieds qu'il contient, on l'appelle *dactylique, iambique,* etc.

–́ ◡ ◡   –́ ◡ ◡   –́ ◡ ◡    tripodie dactylique

◡ –́   ◡ –́   ◡ –́   ◡ –́    tétrapodie **iambique.**

4. Un membre auquel il manque le temps faible du dernier pied est appelé **catalectique** (*incomplet*).

–́ ◡ ◡   –́ ◡ ◡   –́    tripodie catalectique.

**Césure** **520**

A des endroits déterminés, on exige *la fin d'un mot* avec *une pause* pour le sens.

Cette coupe, cet arrêt, qu'on appelle **césure,**
tantôt coïncide avec la fin d'un membre rythmique,
par exemple dans le pentamètre (n.- 527),
tantôt vient après un temps fort.

La **syllabe finale d'un vers,** par exemple d'un hexamètre, **521**
peut être *indifféremment longue ou brève.*

**Elision** **522**

1. A l'intérieur du vers, l'*hiatus* n'est pas admis.
   La voyelle (ou diphtongue) finale d'un mot est **élidée** devant la voyelle (ou diphtongue) initiale du mot suivant.
   La consonne **h** n'empêche pas l'élision.

2. En fin de mot, la voyelle suivie de **m** s'élide devant la voyelle initiale du mot suivant, comme si le **m** ne comptait pas.

   –́   ◡ ◡ –́   ◡ ◡ –́   – –́   – –́ ◡ ◡ –́ ◡
   Quamqu(am) ani/mus memi/niss(e) hor/ret || luc/tuque re/fugit.
   (VERG. Aen. 2,12).

3. Les **interjections** ne s'élident pas.

   –́ ◡ ◡ –́   ◡ ◡ –́ ◡   ◡ –́
   Te Cory/don, o A/lexi : tra/hit ... (VERG. buc. 2,65).

## II. PRINCIPAUX MÈTRES

### 1. Hexamètre dactylique

**523** 1. Il se compose de *deux tripodies dactyliques* (n. 519,3).
Les 4 premiers pieds sont *des dactyles ou des spondées.*
Le 5$^{me}$ pied est régulièrement *un dactyle* et le 6$^{me}$ *un spondée.*

2. Parfois le 5$^{me}$ pied est *un spondée ;* alors le 4$^{me}$ est normalement un dactyle.
Un vers de ce genre est appelé *spondaïque.*

–́ ◡◡ –́ ◡◡ –́ ◡◡ –́ ◡◡ –́ – –́ –
Constitit / atqu(e) ocu/lis || Phrygi(a) / agmina / circum/spexit.
(VERG. Aen. 2,68).

**524** **Césure de l'hexamètre**

1. Ordinairement *après le temps fort du 3$^{me}$ pied.*

–́ ◡ ◡ –́ ◡ ◡ –́ – –́ – –́ ◡ ◡ –́ –
Arma vi/rumque ca/no || Tro/iae qui / primus ab / oris ...
(VERG. Aen. 1,1).

2. Plus rarement *après le temps fort du 4$^{me}$ pied.*
On y joint d'ordinaire une césure secondaire après le 2$^{me}$ temps fort.

–́ ◡ ◡ –́ – –́ ◡◡ –́ – –́ ◡ ◡ –́ –
Quo gemi/tu || con/vers(i) ani/mi || com/pressus et / omnis
–́ ◡◡
Impetus ... (VERG. Aen. 2,73).

**525** **Fin du vers**

1. Les **monosyllabes** n'y sont employés qu'en vue d'un effet spécial.

–́ ◡◡ –́ ◡◡ –́ ◡ ◡ –́ – –́ ◡ ◡ –́ –
Sternitur / exani/misque tre/mens || pro/cumbit hu/mi bos.
(VERG. Aen. 5,481).

2. A la finale du vers on a d'ordinaire des mots de *deux ou trois syllabes.*
L'*accent tonique* coïncide le plus souvent avec l'*accent métrique* dans les deux derniers pieds.
Le mètre y est d'autant plus nettement marqué.

3. Rappelle-toi la règle *n. 521.*

COMMENT SCANDER UN HEXAMÈTRE ?

1. Fais les **élisions** (n. 522). **526**

2. Marque la quantité du **6$^{me}$ pied** :

spondée –́ –     ou trochée –́ ◡

3. Marque la quantité du **5$^{me}$ pied** :

d'ordinaire dactyle –́ ◡ ◡

parfois spondée (n. 523,2) –́ –

4. Pour les **4 premiers pieds,** marque la quantité des syllabes. Beaucoup seront connues grâce aux **règles** n. 501-515.

5. Les syllabes dont on ignore la quantité se grouperont facilement en

**dactyles** –́ ◡ ◡   ou **spondées** –́ –

6. Place { la **césure** n. 524,1
ou les césures n. 524,2 }
en repérant l'endroit où se fait normalement la coupe (fin de mot et arrêt pour le sens).

DEUX REMARQUES. Dans l'hexamètre et le pentamètre :

1. La première syllabe du vers est toujours longue.
2. Une syllabe placée entre deux longues est longue.

–́ ◡ ◡   –́ ◡ ◡ –́   – –́   – –́   ◡ ◡ –́ ◡
Daedalus / intere/a, || Cre/ten lon/gumque per/osus

–́ ◡ ◡ –́   – –́   ◡ ◡ –́   – –́ ◡ ◡ –́ ◡
exili/um, tac/tusque lo/ci || na/talis a/more,

–́ ◡ ◡ –́ ◡ ◡ –́   – –́ ◡ ◡ –́ ◡ ◡ –́ –
clausus e/rat pela/go. || « Ter/ras licet, / inquit et / undas

–́ ◡ ◡ –́ – –́   – –́ ◡ ◡ –́ ◡ ◡ –́ –
obstruat, / at cae/lum || cer/te patet : / ibimus / illac.

–́ ◡ ◡ –́ ◡ ◡ –́   – –́ ◡ ◡ –́ ◡ ◡ –́ –
Omnia / posside/at, || non / possidet / aera / Minos. »

(Ov. Metam. VIII, 183-187).

–́ ◡ ◡ –́   – –́   – –́ –   –́ ◡ ◡ –́ –
Conticu/er(e) om/nes || in/tenti/qu(e) ora te/nebant.

(VERG. Aen. 2,1).

### 2. Pentamètre dactylique

527 Il est formé de *deux tripodies dactyliques catalectiques* (n. 519,4).
En dépit de son nom, le pentamètre a donc *six pieds ;*
mais le dernier de chaque tripodie est *incomplet.*
Seuls les dactyles du *premier* membre peuvent être *remplacés par un spondée.*
La *césure* se situe entre les deux tripodies.

L'élision à la fin du premier membre est rare.

–́ ⏑⏑ –́ ⏑⏑ –́ || –́ ⏑ ⏑ –́ ⏑ ⏑ ⏑́

528 Le pentamètre n'est employé que joint à l'hexamètre.
Ensemble ils forment le **distique.**
Ovide, qui a excellé dans le vers élégiaque,
voulait que le sens fût complet après chaque distique.

–́ ⏑ ⏑ –́ – –́ – –́ ⏑ ⏑ –́ ⏑ ⏑ –́ –
Donec e/ris fe/lix, || mul/tos nume/rabis a/micos.

–́ ⏑⏑ –́ ⏑⏑ –́ –́ ⏑⏑ –́ ⏑ ⏑ ⏑́
Tempora / si fue/rint || nubila, / solus e/ris.

### 3. Sénaire iambique

529 C'est le **trimètre iambique** des Grecs.
Il a *trois mètres* contenant chacun deux **iambes,**
donc *6 iambes,* d'où son nom de **sénaire.**
Dans les *pieds impairs* (1, 3, 5), la brève de l'iambe
peut être remplacée par une longue.
La *césure* est d'ordinaire après la 5^me^ syllabe.
C'est le mètre préféré des *tragiques grecs.*
C'est aussi celui des *fables de* Phèdre.

⏑̄ – ⏑ – ⏑̄ || – ⏑ – ⏑̄ – ⏑ –

L'iambe peut toujours se résoudre en un *tribraque* (⏑⏑́⏑).
D'autres substitutions sont possibles (dactyle, anapeste).

– –́ ⏑ –́ – –́ ⏑⏑́⏑ – –́ ⏑⏑́
Aeso/pus auc/tor || quam / materi/am rep/perit,

– ⏑́⏑ ⏑–́ – –́ ⏑–́ – –́ ⏑–́
Hanc ego / poli/vi || ver/sibus / sena/riis.

(Phaedr. 1,1,1-2)

Voici les deux mètres dont HORACE s'est servi le plus fréquemment dans ses *Odes :*

### 4. Strophe sapphique

Du nom de la poétesse SAPPHO, de Lesbos. **530**

1. La **strophe sapphique** se compose de { 3 vers *sapphiques* / 1 vèrs *adonique.* }

2. Le **vers sapphique** a 5 pieds, 11 syllabes.
   Dactyle au 3^me^ pied. Chez HORACE, spondée au 2^me^ pied.
   Césure d'ordinaire après la 5^me^ syllabe.
   ´– ∪ | ´– – | ´– || ∪ ∪ | ´– ∪ | ´– ⏓

3. Le **vers adonique** ressemble à une fin d'hexamètre.
   Dactyle plus trochée ou spondée : ´– ∪ ∪ | ´– ⏓

´– ∪ ´– – ´– ∪ ∪ ´– ∪ ´– ⏓
Recti/us vi/ves, || Lici/ni, ne/qu(e) altum

´– ∪ ´– – ´– ∪ ∪ ´– ∪ ´– –
Semper / urgen/do, || neque / dum pro/cellas

´– ∪ ´– – ´– ∪ ∪ ´– ∪ ´– –
Cautus / horres/cis, || nimi/um pre/mendo

´– ∪ ∪ ´– ∪
Litus i/niquum.

(HOR. carm. II,10,1-4).

´– ∪ ´– – ´– ∪ ∪ ´– ∪ ´– –
Iste / confes/sor || Domi/ni, co/lentes

´– ∪ ´– – ´– ∪ ∪ ´– ∪ ´– ∪
Quem pi/e lau/dant || popu/li per / orbem,

´– ∪ ´– – ´– ∪ ∪ ´– ∪ ´– –
Hac di/e lae/tus || meru/it su/premos

´– ∪ ∪ ´– –
Laudis ho/nores.

### 5. Strophe alcaïque

531 Du nom du poète Alcée, également de Lesbos.

1. La **strophe alcaïque** se compose de
   - 2 vers de 11 syllabes
   - 1 vers de 9 syllabes
   - 1 vers de 10 syllabes.

2. En voici le **schème** :

⏓ | –́ ⏑ | –́ – ‖ –́ ⏑ ⏑ | –́ ⏑ | ⏒́
⏓ | –́ ⏑ | –́ – ‖ –́ ⏑ ⏑ | –́ ⏑ | ⏒́
⏓ | –́ ⏑ | –́ – ‖ –́ ⏑ | –́ ⏓
–́ ⏑ ⏑ | –́ ⏑ ⏑ | –́ ⏑ | –́ ⏓

3. Et un échantillon d'Horace :

– –́ ⏑ –́ – –́ ⏑ ⏑ –́ ⏑ ⏑́
E/heu fu/gaces, ‖ Postume, / Postu/me,

– –́ ⏑ –́ – –́ ⏑⏑ –́ ⏑ –́
La/buntur / anni, ‖ nec pie/tas mo/ram

– –́ ⏑ –́ – –́ ⏑ –́ –
Ru/gis et / instan/ti se/nectae

–́ ⏑⏑ –́ ⏑ ⏑ –́ ⏑ –́ –
Adferet / indomi/taeque / morti.

(Hor. carm. II,14,1-4).

SIXIÈME PARTIE

# MESURES, POIDS ET MONNAIES

## I. Mesures

1. MESURES ITINÉRAIRES 532

| | | |
|---|---|---|
| **Pes,** | le *pied* valait | environ 0,30 m. |
| **Passus,** | le *double pas* valait 5 pieds | environ 1,50 m. |
| **Mille passus,** | le *mille* valait | environ 1500 m. |

A chaque mille sur les routes romaines, se trouvait une borne milliaire, **lapis** ou **miliarium.** De là les expressions : ad sextum lapidem, a sexto miliario.

2. MESURES DE SUPERFICIE

| | | |
|---|---|---|
| **Iugerum,** | l'*arpent* valait | environ 0,25 Ha. |

C'est un rectangle de 240 pieds sur 120, c.-à-d. de 28.800 pieds carrés.

3. MESURES DE CAPACITÉ

| | | |
|---|---|---|
| **Modius,** | le *boisseau* (pour solides) | environ 8,75 l. |
| **Amphora,** | l'*amphore* (pour liquides) | environ 26 l. |

## II. Poids

L'unité était la *livre* (**as** ou **libra**) qui pesait environ 327 gr. La livre se divisait en 12 *onces* (**uncia** = 27,3 gr.).

## III. Monnaies

533 1. Jusqu'aux débuts de la République (± 500 av. J. C.), les Romains pratiquèrent le **troc du bétail** (bœufs, moutons). D'où le nom de *pecunia* : la fortune résultant du bétail (*pecu*).

Ils eurent recours plus tard à des **lingots de métal brut** (*aes rude*), composé de cuivre mélangé d'étain.

Entre le Vme et le IIIme siècle, apparaît la première **monnaie,** sous forme de lingots portant des effigies d'animaux (*aes signātum*).

2. En 269, **l'as de bronze** devint l'unité de monnaie. D'une livre au début — d'où le nom d'*as librālis* ou *librarius* —, le poids de l'as se réduisit progressivement. Durant le IIme siècle, il était d'une once, — d'où l'*as unciālis*.

En 269 aussi, apparut à Rome la **monnaie d'argent.** De style grec à ses origines, elle se romanisa peu à peu.

En 187, les anciennes unités firent place au **denier** (*denarius*) et à ses sous-multiples (le quinarius et le sestertius). Le denier valait 10 as, le *quinarius* 5 et le *sesterce* 2,5.

Le nom **sestertius** vient de semis tertius, 2 + la moitié du 3me. De là aussi, le signe qui le représente : IIS, plus tard HS. Au temps des Gracques (135-123 av. J. C.), le denier fut réévalué à 16 as.

En 43, le sesterce d'argent est remplacé par un **sesterce de bronze.**

En 217, a lieu une émission de **pièces d'or.** Elles n'eurent cours que jusqu'à la fin de la 2me Guerre punique.

En 49, César crée **l'aureus,** qui valait 100 sesterces ou 25 deniers.

3. TABLEAU DES VALEURS

| | | | |
|---|---|---|---|
| **as** | l'as, | 1/4 sesterce | 0,06 Fr or |
| **sestertius** | le sesterce, | 1 sesterce | 0,25 Fr or |
| **denarius** | le denier, | 4 sesterces | 1 Fr or |
| **aureus** | l'aureus, | 100 sesterces | 25 Fr or |
| **sestertium** | le gros sesterce, | 1.000 sesterces | 250 Fr or |

4. DÉCLINAISON DE SESTERTIUS

1. **De 1 à 1.000,** la forme *sestertius* est d'usage.

Quattuor sestertii, centum, mille sestertii : 4, 100, 1.000 sesterces.

2. **A partir de 1.000 :**

a) génitif pluriel *sestertium.*

Bina milia sestertium : 2.000 sesterces.

b) sestertium n'étant plus senti comme génitif a été pris comme un nom neutre = 1.000 sesterces.

Tria, septem, trecenta sestertia : 3.000, 7.000, 300.000 sesterces.
Et plus souvent avec les distributifs, bina sestertia : 2.000 sesterces.

3. **Les millions** sont désignés de deux façons :

a) decies, vicies, tricies *centena milia sestertium,*
10 fois, 20 fois, 30 fois 100.000 sesterces
= 1, 2, 3 millions de sesterces.

b) *suppression de centena milia* avec sestertium se déclinant, toujours au singulier et signifiant 100.000 sesterces.

Centies sestertio cenāre (SEN. Helv. 10,4).
*Faire un dîner de 10 millions de sesterces.*

# ABRÉVIATIONS USUELLES

534 **I. Abréviation des prénoms**

| | | | | | |
|---|---|---|---|---|---|
| A. | Aulus | L. | Lucius | S. (Sex.) | Sextus |
| App. | Appius | M. | Marcus | Ser. | Servius |
| C. | Gaius | M'. | Manius | Sp. | Spurius |
| Cn. | Gnaeus | P. | Publius | T. | Titus |
| D. | Decimus | Q. | Quintus | Ti (Tib.) | Tiberius |

Le citoyen romain porte un triple nom (tria nomina).
Le **praenōmen,** *prénom,* lui est propre.
Le **nomen,** *nom,* est commun à toute la gens (nomen gentilicium).
Le **cognōmen,** *surnom,* est commun aux membres d'une branche (stirps) de la gens.
Ex. : C. Iulius Caesar, P. Vergilius Maro, M. Tullius Cicero.

Indice à ses origines d'une particularité physique propre à un individu, le **cognōmen** passa ensuite à tous les membres de la branche (*stirps*) qui dépendait de cet individu. Ex. Cicero : *qui a un pois chiche.*

A ces trois noms *s'ajoutait parfois un surnom* qui est :
— soit un titre personnel (cognōmen ex virtūte).
Ex. : Cunctātor, Africānus.
— soit la trace d'une adoption.

Aux 3 noms de son père adoptif, *le fils adopté* ajoute un surnom tiré du nom de son père réel + le suffixe **-ānus.**
L. Aemilius Paulus, adopté par P. Cornelius Scipio s'appela :
P. Cornelius Scipio Aemiliānus.

**II. Abréviations des principales charges**

| | | | | | |
|---|---|---|---|---|---|
| Q. | Quaestor | Coss. | Consules | Imp. | Imperātor |
| Aed. | Aedīlis | Proc. | Proconsul | Leg. | Legātus |
| Pr. | Praetor | Cens. | Censor | Tr. pl. | Tribūnus plebis |
| Cos. | Consul | Praef. | Praefectus | Pont. max. | Pontifex maximus |

**III. Autres abréviations**

| | | | |
|---|---|---|---|
| A.U.C. | Ab Urbe conditā | S. | Senātus |
| P.R | Populus Romānus | S.C. | Senātus consultum |
| P.S. | Plebis scitum | S.P.Q.R. | Senātus populusque Romānus |

**Dans les lettres** on emploie :

| | |
|---|---|
| S. | Salūtem. |
| S.D. | Salūtem dat (*ou* dicit). |
| S.D.P. | Salūtem dat (*ou* dicit) plurimam. |
| S.V.B.E.E.V. | Si vales, bene est, ego valeo. |

# CALENDRIER ROMAIN

I. 1. L'année, qui jusqu'en 153 av. J. C. commençait en mars, 535
était divisée en *12 mois* selon le **système lunaire.**
**Mars, mai, juillet, octobre** comptaient 31 jours,
les autres mois 29 jours, sauf février, qui n'en avait que 28.
Le total était donc 355 jours.

Tous les deux ans, pour obtenir l'adéquation au système solaire, on intercalait entre le 23 et le 24 février un mois de 22 ou 23 jours, appelé *intercalāris* ou *mercedonius.*

2. En 46, **César,** en sa qualité de Grand Pontife,
**réforme** le calendrier romain et l'adapte au **système solaire.**
Les mois comptent dès lors le même nombre de jours qu'actuellement.
Tous les quatre ans, entre le 24 et le 25 février,
on intercale **un jour supplémentaire.**
Le 24 février se désigne : ante diem sextum Kalendas Martias ($6^{me}$ des calendes de Mars).
Le nouveau jour s'appelle donc : bis sextus.
D'où notre mot : année bissextile.

Notons que la majeure partie de la *correspondance de* Cicéron est antérieure à la réforme de César.

II. **Années**

1. Les années sont désignées : 536
   a) soit à partir de la fondation de Rome : **Ab Urbe conditā** (753 av. J. C.).
   b) soit à partir de l'expulsion des rois : post exactos reges (509).
   c) soit par le nom des consuls en charge.

   Ex. : M. Tullio C. Antonio consulibus.
   *Sous le consulat de Cicéron et d'Antoine.*

2. Pour situer **par rapport à l'ère chrétienne** une date chiffrée Ab Urbe conditā, *soustrais ce chiffre de 754.*
La différence donne la date avant J. C.
Exemple : pour l'an 554 Ab Urbe conditā :
754 — 554 = 200 avant J. C.

III. **Mois**

537 Les noms des mois étaient des *adjectifs* :

| | | | |
|---|---|---|---|
| Ianuarius | Aprīlis | Quintīlis | Octōber |
| Februarius | Maius | Sextīlis | November |
| Martius | Iunius | September | December. |

Quintīlis (le 5me) fut appelé plus tard Iulius en l'honneur de Jules César.
Sextīlis (le 6me) reçut le nom d'Augustus en l'honneur d'Auguste.

IV. **Jours**

538 Les Romains ne connaissent *pas* encore notre division en *semaines.*
Les **trois points de repère** de leur division sont les *calendes* du mois suivant, les *ides* et les *nones* (qui viennent toujours 8 jours avant les ides).
**Kalendae,** les *calendes,* le 1er jour du mois, nouvelle lune.
Kalendis Ianuariis : *le 1er janvier.*
**Nonae,** les *nones,* le 5me jour du mois, 1er quartier de lune.
Nonis Februariis : *le 5 février.*
**Idus,** les *ides,* le 13me jour du mois, pleine lune.
Idibus Decembribus : *le 13 décembre.*
En *mars, mai, juillet et octobre* : les nones tombent le 7, les ides le 15.
Idibus Martiis : *le 15 mars.*
Pour les autres jours, la date se donne par rapport à ces 3 jours fixes,
mais le calcul présente deux particularités importantes :
— d'abord, *on compte à rebours*
— ensuite, *on inclut le jour de départ et le jour d'arrivée.*
Ainsi le 29 juin se dira : Tertio die ante Kalendas Iulias.
Le plus souvent on abrège la formule :
**tertio** (die) **Kalendas Iulias.**
Ou bien on fait passer *ante* devant, et l'on dit :
ante diem tertium Kalendas Iulias (qu'on écrit a. d. III Kal. Iul.).
Pridie Kalendas = *la veille des calendes.*

**Pour transposer dans notre calendrier une date du calendrier romain,** il suffit de défalquer le chiffre donné dans la date, du jour où tombent les nones ou les ides + 1 ;
pour les calendes, du nombre de jours contenu dans le mois précédent + 2.
Ex. : a. d. III Kal. Iul. = le 3me des calendes de juillet
= 30 + 2 — 3 = 29 juin.

Le tableau suivant offre un aperçu du calendrier romain. **539**

| | Mars, mai, juillet, octobre (31 jours) | | Janvier, août, décembre (31 jours) | | Avril, juin, septembre, novembre (30 jours) | | Février (28 jours ; année bissextile : 29) | |
|---|---|---|---|---|---|---|---|---|
| 1 | Kalendis Martiis | | Kal. Ianuariis | | Kal. Aprilibus | | Kal. Februariis | |
| 2 | a. d. VI | Nonas Martias | a. d. IV | Non. Ian. | a. d. IV | Non. Apr. | a. d. IV | Non. Feb. |
| 3 | a. d. V | | a. d. III | | a. d. III | | a. d. III | |
| 4 | a. d. IV | | pridie Nonas Ian. | | pridie Nonas Apr. | | pridie Non. Febr. | |
| 5 | a. d. III | | Nonis Ianuariis | | Nonis Aprilibus | | Nonis Februar. | |
| 6 | pridie Non. Mart. | | a. d. VIII | Idus Ianuarias | a. d. VIII | Idus Apriles | a. d. VIII | Idus Februarias |
| 7 | Nonis Martiis | | a. d. VII | | a. d. VII | | a. d. VII | |
| 8 | a. d. VIII | Idus Martias | a. d. VI | | a. d. VI | | a. d.VI | |
| 9 | a. d. VII | | a. d. V | | a. d. V | | a. d. V | |
| 10 | a. d. VI | | a. d. IV | | a. d. IV | | a. d. IV | |
| 11 | a. d. V | | a. d. III | | a. d. III | | a. d. III | |
| 12 | a. d. IV | | pridie Idus Ian. | | pridie Idus Apr. | | pridie Idus Febr. | |
| 13 | a. d. III | | Idibus Ian. | | Idibus Aprilibus | | Idibus Februar. | |
| 14 | pridie Idus Mart. | | a. d. XIX | Kalendas (du mois suivant) | a. d. XVIII | Kalendas (du mois suivant) | a. d. XVI | Kalendas Martias |
| 15 | Idibus Martiis | | a. d. XVIII | | a. d. XVII | | a. d. XV | |
| 16 | a. d. XVII | Kalendas (du mois suivant) | a. d. XVII | | a. d. XVI | | a. d. XIV | |
| 17 | a. d. XVI | | a. d. XVI | | a. d. XV | | a. d. XIII | |
| 18 | a. d. XV | | a. d. XV | | a. d. XIV | | a. d. XII | |
| 19 | a. d. XIV | | a. d. XIV | | a. d. XIII | | a. d. XI | |
| 20 | a. d. XIII | | a. d. XIII | | a. d. XII | | a. d. X | |
| 21 | a. d. XII | | a. d. XII | | a. d. XI | | a. d. IX | |
| 22 | a. d. XI | | a. d. XI | | a. d. X | | a. d. VIII | |
| 23 | a. d. X | | a. d. X | | a. d. IX | | a. d. VII | |
| 24 | a. d. IX | | a. d. IX | | a. d. VIII | | a. d. VI | |
| 25 | a. d. VIII | | a. d. VIII | | a. d. VII | | a. d. V | |
| 26 | a. d. VII | | a. d. VII | | a. d. VI | | a. d. IV | |
| 27 | a. d. VI | | a. d. VI | | a. d. V | | a. d.III | |
| 28 | a. d. V | | a. d. V | | a. d. IV | | pr. Kal. Martias | |
| 29 | a. d. IV | | a. d. IV | | a. d. III | | | |
| 30 | a. d. III | | a. d. III | | pridie Kalendas (du mois suivant) | | | |
| 31 | pridie Kalendas (du mois suivant) | | pridie Kalendas (du mois suivant) | | | | | |

## V. Heures

540 **Le jour** civil des Romains, qui servait à fixer les dates, s'étend de minuit à minuit.
Leur jour naturel est divisé en **12 heures** (horae), du lever au coucher du soleil.
*La durée des heures varie donc tout au long de l'année.*
Seul midi (*meridies*) est fixe, à la fin de la 6me heure.
Le Romain se contentait souvent de désignations vagues : mane, *le matin* ; ante meridiem, *avant midi* ; post meridiem, *après midi.*

**La nuit** est divisée en **4 veilles** (vigiliae), du coucher au lever du soleil.
*Les veilles sont variables comme les heures.*
Seul minuit (*media nox*) est fixe à la fin de la 2me veille.

**Tableau de concordance**
entre les divisions du jour romain
(12 heures et 4 veilles)
et les divisions du jour moderne (24 heures).

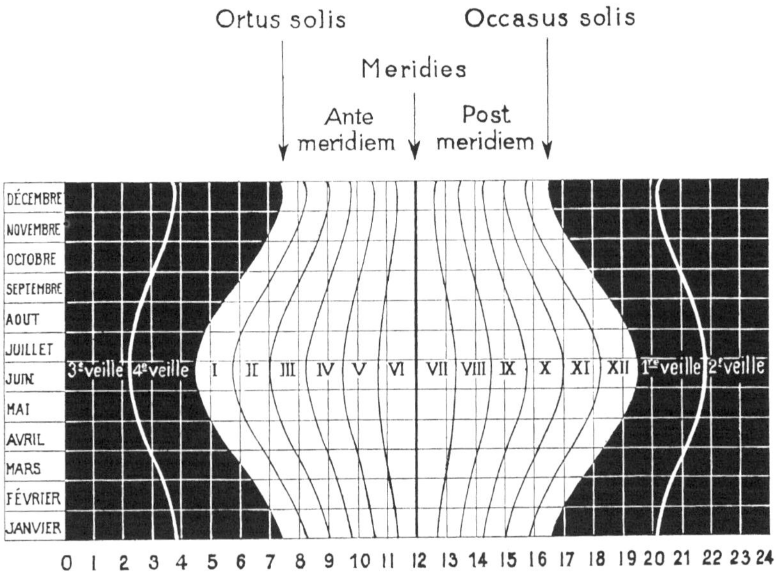

SEPTIÈME PARTIE

# TEMPS PRIMITIFS

## 1. Verbes composés

Ils sont formés grâce aux PRÉFIXES de la liste suivante. **541**
Parmi ceux-ci les uns sont des **prépositions.**
Les autres ne sont utilisés que comme **préfixes.**

### I. *Prépositions*

| | |
|---|---|
| **ab, a, abs** | ab īre, a movēre, abs tinēre. |
| **ad** | ad īre. |

Avec assimilation à la consonne qui suit :

| | | | |
|---|---|---|---|
| af ferre | ac cedere | an nuere | as sequi |
| at tuli | ac quirere | ap pellere | as sentīri |
| al lātum | ag gredi | ar ripere | as sidēre. |

| | |
|---|---|
| Le **d** tombe parfois : | a scendere<br>a spicere. |
| Toutefois on écrit aussi : | ad ferre<br>ad spicere. |

---

Pour te faire une idée plus complète de la formation des mots en latin, tu pourrais recourir au

**Vocabulaire raisonné latin-français**
de Monsieur Gérard COTTON (2[me] édition, Dessain, 1959).

Ce Vocabulaire, qui *groupe les mots d'après leur parenté étymologique,* est un excellent instrument de travail.

Son emploi te donnera **une méthode**
qui te permettra de retrouver la vraie valeur des mots.

Son usage fréquent t'apportera un affinement de l'esprit
avec une ouverture sur le génie de la langue latine.

| | |
|---|---|
| **ante** | ante cedere. |
| **circum** | circum īre, circu īre. |
| **com, con, co (= cum)** | com movēre, con dere, co gnoscere, co optāre.<br>Avec assimilation : col ligere, cor ripere. |
| **de** | de cedere. |
| **ex, e** | ex īre, e ducere. Avec assimilation : ef ferre. |
| **in** | in ferre.<br>Avec assimilation : il lidere, ir rumpere.<br>**in** devient **im** devant *labiale* (b, p, m) :<br>im mittere, im pellere. |
| **inter** | inter esse. Avec assimilation : intel legere. |
| **ob, o, os** | ob esse, o mittere, os tendere.<br>Avec assimilation : of ferre, op ponere. |
| **per** | per ducere. |
| **post** | post ponere. |
| **prae** | prae mittere. |
| **praeter** | praeter īre. |
| **pro** | pro icere, prod īre. |
| **sub, sus, su** | sub esse, sus cipere, su spicere.<br>Avec assimilation :<br>suc currere    sug gerere    sup ponere<br>suf ferre    sum movēre    sur ripere. |

| | |
|---|---|
| **subter** | subter fugere. |
| **super** | super esse. |
| **trans, tra** | trans īre, tra icere. |

II. ***Préfixes***

| | | |
|---|---|---|
| **amb, am** | amb īre, am plecti. | **542** |
| **dis, di, dir** | dis cedere, di mittere, dir imere.<br>Avec assimilation : dif ferre. | |
| **ne, neg** | ne scīre, neg legere. | |
| **por** | por rigere. Avec assimilation : pol licēri. | |
| **re** | re ferre, red īre. | |
| **se** | se cedere. | |

**Changements de la voyelle radicale** en composition.

1. Dans une syllabe terminée par une consonne, **543**

**ă** devient **ĕ** : căptus, acceptus.

2. Devant **ng** et dans une syllabe terminée par une voyelle,

**ă** devient **ĭ** :

tangere, contingere    căpere, percĭpere.

3. Dans une syllabe terminée par une voyelle :

| | |
|---|---|
| **ĕ** devient **ĭ** | tĕnēre, obtĭnēre. |
| **ae** devient **ī** | quaerere, acquīrere. |
| **au** devient **ū** | claudere, conclūdere. |

## 2. Temps primitifs des principaux verbes irréguliers

544 Revois le n. 170 sur la formation des temps primitifs.
Dans la liste suivante les **verbes moins employés** ont la première colonne en caractères ordinaires.
Les **composés** les plus fréquents sont en note ; le verbe simple y est mis pour rappel.
Sauf indication contraire, les composés ont les *mêmes temps primitifs* que le verbe simple.

### A

545

| | | | | |
|---|---|---|---|---|
| abdo, is | abdidi | abditum | abdere | *écarter, cacher.* |
| **abscondo,** is | abscondi | absconditum | abscondere | *cacher.* |
| accendo, is | accendi | accensum | accendere | *allumer.* |
| **addo,** is | addidi | additum | addere | *ajouter.* |
| **adipiscor,** eris | adeptus sum | | adipisci | *obtenir.* |
| **adorior,** īris | adortus sum | | adorīri | *attaquer.* |
| afflīgo, is | afflixi | afflictum | affligere | *abattre.* |
| **ago,** is | egi | actum | agere | *pousser, agir.* |
| **alo,** is | alui | altum | alere | *nourrir.* |
| **aperio,** is | aperui | apertum | aperīre | *ouvrir.* |
| **arceo,** es | arcui | —— | arcēre | *écarter.* |
| **arcesso,** is | arcessīvi | arcessītum | arcessere | *faire venir.* |
| ardeo, es | arsi | —— | ardēre | *brûler.* |
| **arguo,** is | argui | argūtum | arguere | *accuser.* |
| ascendo, is | ascendi | ascensum | ascendere | *monter.* |
| **audeo,** es | ausus sum | | audēre | *oser.* |
| **augeo,** es | auxi | auctum | augēre | *augmenter.* |

### B

| | | | | |
|---|---|---|---|---|
| **bibo,** is | bibi | —— | bibere | *boire.* |

---

**Agere**

1. composés en -ago :
perago, is, perēgi, peractum, peragere, *achever.*

2. composés en -igo :
redigo, is, redēgi, redactum, redigere, *ramener, réduire.*
De même : exigere, subigere.

**Arcēre**

exerceo, es, exercui, exercitum, exercēre, *exercer.*
De même : coercēre.

## C

| | | | | |
|---|---|---|---|---|
| **cado,** is | cecidi | casum | cadere | *tomber.* |
| **caedo,** is | cecīdi | caesum | caedere | *couper.* |
| **cano,** is | cecini | cantum | canere | *chanter.* |
| **capio,** is | cepi | captum | capere | *prendre.* |
| **careo,** es | carui | —— | carēre | *manquer.* |
| carpo, is | carpsi | carptum | carpere | *cueillir.* |
| **caveo,** es | cavi | cautum | cavēre | *prendre garde.* |
| **cedo,** is | cessi | cessum | cedere | *s'avancer.* |
| **censeo,** es | censui | censum | censēre | *estimer.* |
| **cerno,** is | crevi | cretum | cernere | *distinguer, voir.* |
| **cingo,** is | cinxi | cinctum | cingere | *ceindre.* |
| **claudo,** is | clausi | clausum | claudere | *fermer.* |
| **cogo,** is | coēgi | coactum | cogere | *forcer.* |
| **colo,** is | colui | cultum | colere | *cultiver.* |

---

**Cadere**
occĭdo, is, occĭdi, occāsum, occĭdere, *tomber en avant.*
De même, mais sans supin : accidere, concidere, incidere.

**Caedere**
occīdo, is, occīdi, occīsum, occīdere, *tuer.* De même : incīdere.

**Capere**
accipio, is, accēpi, acceptum, accipere, *recevoir.*
De même : concipere, incipere, recipere, excipere, praecipere, suscipere.

**Carpere**
Composés en -cerpere :
decerpo, is, decerpsi, decerptum, decerpere, *cueillir de.*

**Cedere**
accēdo, is, accessi, accessum, accedere, *s'approcher, s'ajouter à.*
De même : concedere, discedere, incedere, succedere, decedere, excedere, procedere, recedere.

**Cernere**
decerno, is, decrēvi, decrētum, decernere, *décider.*
De même : secernere.

**Claudere**
inclūdo, is, inclūsi, inclūsum, inclūdere, *enfermer dans.*
De même : conclūdere, exclūdere.

**Colere**
incolo, is, incolui, incultum, incolere, *habiter.*

| | | | | |
|---|---|---|---|---|
| comperio, is | comperi | compertum | comperīre | *découvrir.* |
| complector, eris | complexus | | complecti | *embrasser.* |
| **condo,** is | condidi | conditum | condere | *fonder.* |
| **consīdo,** is | consēdi | consessum | consīdere | *s'asseoir, siéger.* |
| **consuesco,** is | consuēvi | consuētum | consuescere | *s'habituer.* |
| **consulo,** is | consului | consultum | consulere | *délibérer.* |
| **contemno,** is | contempsi | contemptum | contemnere | *mépriser.* |
| **credo,** is | credidi | creditum | credere | *croire.* |
| **cresco,** is | crevi | cretum | crescere | *croître.* |
| -cumbo, is | -cubui | -cubitum | -cumbere | *se coucher.* |
| **cupio,** is | cupīvi | cupītum | cupere | *désirer.* |
| **curro,** is | cucurri | cursum | currere | *courir.* |
| -cutio, is | -cussi | -cussum | -cutere | *secouer.* |

## D

| | | | | |
|---|---|---|---|---|
| **debeo,** es | debui | debitum | debēre | *devoir.* |
| **decet** | decuit | —— | decēre | *convenir.* |
| dedo, is | dedidi | deditum | dedere | *livrer.* |
| **defendo,** is | defendi | defensum | defendere | *défendre.* |
| **deleo,** es | delēvi | delētum | delēre | *détruire.* |
| **descendo,** is | descendi | descensum | descendere | *descendre.* |
| **desino,** is | desii | desitum | desinere | *cesser.* |
| **dico,** is | dixi | dictum | dicere | *dire.* |
| **diligo,** is | dilexi | dilectum | diligere | *aimer.* |
| **disco,** is | didici | —— | discere | *apprendre.* |
| distinguo, is | distinxi | distinctum | distinguere | *distinguer.* |
| **divido,** is | divīsi | divīsum | dividere | *diviser.* |
| **do,** das | dedi | datum | dare | *donner.* |

---

**Currere**
occurro, is, occurri, occursum, occurrere, *aller au devant de.*
De même : concurrere.

**-cutere**
excutio, is, excussi, excussum, excutere, *secouer, abattre.*
De même : discutere, percutere.

**Dicere**
indīco, is, indixi, indictum, indicere, *annoncer.*
De même : interdicere.

**Dăre**
1. composés en **-dăre,** si le premier élément a deux syllabes :
circumdo, as, circumdedi, circumdătum, circumdăre, *entourer.*
2. composés en **-dĕre,** si le premier élément n'a qu'une syllabe :
edo, is, edidi, editum, edere, *faire sortir, produire.*

| | | | | |
|---|---|---|---|---|
| **doceo,** es | docui | doctum | docēre | *enseigner.* |
| **doleo,** es | dolui | dolitum | dolēre | *souffrir.* |
| **domo,** as | domui | domitum | domāre | *dompter.* |
| **duco,** is | duxi | ductum | ducere | *conduire.* |

**E**

| | | | | |
|---|---|---|---|---|
| **edo,** is | edi | esum | edere | *manger.* |
| **egeo,** es | egui | —— | egēre | *avoir besoin.* |
| **emo,** is | emi | emptum | emere | *acheter.* |
| **eo,** is | ii | itum | ire | *aller.* |
| evādo, is | evāsi | evāsum | evadere | *s'échapper.* |
| **experior,** īris | expertus sum | | experīri | *essayer.* |
| exstinguo, is | exstinxi | exstinctum | exstinguere | *éteindre.* |

**F**

| | | | | |
|---|---|---|---|---|
| **facio,** is | feci | factum | facere | *faire.* |
| **fallo,** is | fefelli | falsum | fallere | *tromper.* |
| **fateor,** ēris | fassus sum | | fatēri | *avouer.* |
| **faveo,** es | favi | fautum | favēre | *favoriser.* |
| ferio, is | —— | —— | ferīre | *frapper.* |

---

**Ducere**
addūco, is, adduxi, adductum, adducere, *amener.*
De même : conducere, deducere, educere, inducere, producere, reducere.

**Emere**
adimo, is, adēmi, ademptum, adimere, *enlever.*
De même : eximere.

**Ire** et composés : n. 187-189.

**Facere**
afficio, is, affēci, affectum, afficere, *impressionner.*
De même : conficere, deficere, efficere, interficere, perficere, reficere.

3 verbes se composent en -facio : calefacio, patefacio, satisfacio.
satisfacio, is, satisfēci, satisfactum, satisfacere, *satisfaire.*
Pour la conjugaison de ces composés, voir n. 183,4.

**Fatēri**
confiteor, ēris, confessus sum, confitēri, *avouer.*
De même : profitēri.

| | | | | |
|---|---|---|---|---|
| **fero,** fers | tuli | latum | ferre | *porter.* |
| **fido,** is | fisus sum | | fidere | *se fier.* |
| figo, is | fixi | fixum | figere | *attacher.* |
| **fingo,** is | finxi | fictum | fingere | *façonner.* |
| **fio,** fis | factus sum | | fieri | *devenir.* |
| **flecto,** is | flexi | flexum | flectere | *plier.* |
| fleo, es | flevi | fletum | flēre | *pleurer* |
| **floreo,** es | florui | —— | florēre | *fleurir.* |
| **fluo,** is | fluxi | fluxum | fluere | *couler.* |
| **fodio,** is | fodi | fossum | fodere | *creuser.* |
| foveo, es | fovi | fotum | fovēre | *réchauffer.* |
| **frango,** is | fregi | fractum | frangere | *briser.* |
| **fruor,** eris | fructus sum / fruitus sum | | frui | *jouir.* |
| **fugio,** is | fugi | fugitum | fugere | *fuir.* |
| fulgeo, es | fulsi | —— | fulgēre | *briller.* |
| **fundo,** is | fudi | fusum | fundere | *répandre.* |
| **fungor,** eris | functus sum | | fungi | *s'acquitter.* |

## G

| | | | | |
|---|---|---|---|---|
| **gaudeo,** es | gavīsus sum | | gaudēre | *se réjouir.* |
| **gemo,** is | gemui | gemitum | gemere | *gémir.* |
| **gero,** is | gessi | gestum | gerere | *porter.* |
| **gigno,** is | genui | genitum | gignere | *engendrer.* |
| **gradior,** eris | gressus sum | | gradi | *marcher.* |

---

**Ferre** et composés : n. 180-182.

**Fidere**

confīdo, is, confīsus sum, confidere, *se confier à.*

**Frangere**

Composés en -fringere :
effringo, is, effrēgi, effractum, effringere, *briser.*

**Fugere**

confugio, is, confūgi, confugitum, confugere, *fuir, se réfugier.*
De même : effugere.

**Gradi**

aggredior, eris, aggressus sum, aggredi, *attaquer.*
De même : egredi, ingredi, progredi, transgredi.

### H

| | | | | |
|---|---|---|---|---|
| **habeo,** es | habui | habitum | habēre | *avoir.* |
| haereo, es | haesi | haesum | haerēre | *être attaché.* |
| **haurio,** is | hausi | haustum | haurīre | *puiser.* |
| horreo, es | horrui | —— | horrēre | *frissonner.* |

### I

| | | | | |
|---|---|---|---|---|
| **iaceo,** is | iacui | —— | iacēre | *être couché.* |
| **iacio,** is | ieci | iactum | iacĕre | *jeter.* |
| **incendo,** is | incendi | incensum | incendere | *incendier.* |
| **increpo,** as | increpui | increpitum | increpāre | *réprimander.* |
| indigeo, es | indigui | —— | indigēre | *avoir besoin.* |
| indulgeo, es | indulsi | indultum | indulgēre | *céder à.* |
| induo, is | indui | indūtum | induere | *revêtir.* |
| **intellego,** is | intellexi | intellectum | intellegere | *comprendre.* |
| **intueor,** ēris | intuitus sum | | intuēri | *regarder.* |
| **irascor,** eris | irātus sum | | irasci | *s'irriter.* |
| **iubeo,** es | iussi | iussum | iubēre | *ordonner.* |
| **iungo,** is | iunxi | iunctum | iungere | *joindre.* |
| **iuvo,** as | iuvi | iutum | iuvāre | *aider.* |

### L

| | | | | |
|---|---|---|---|---|
| **labor,** eris | lapsus sum | | labi | *tomber.* |
| lacesso, is | lacessīvi | lacessītum | lacessere | *harceler.* |
| **laedo,** is | laesi | laesum | laedere | *endommager.* |

---

**Habēre**
prohibeo, es, prohibui, prohibitum, prohibēre, *écarter, empêcher.*
De même : adhibēre.

**Haurīre**
exhaurio, is, exhausi, exhaustum, exhaurīre, *épuiser, vider.*

**Iacĕre**
abicio, is, abiēci, abiectum, abicere, *rejeter.*
De même : conicere, eicere, obicere, subicere, deicere, inicere, reicere, traicere.

**Iungere**
coniungo, is, coniunxi, coniunctum, coniungere, *joindre, réunir.*
De même : adiungere, disiungere.

**Iuvāre**
adiuvo, as, adiūvi, adiūtum, adiuvāre, *aider.*

**Laedere**
Composés en -līdere :
collīdo, is, collīsi, collīsum, collīdere, *entrechoquer.*

| | | | | |
|---|---|---|---|---|
| **largior,** īris | largītus sum | | largīri | *donner, prodiguer.* |
| **lateo,** es | latui | —— | latēre | *être caché.* |
| **lavo,** as | lavi | lautum | lavāre | *laver.* |
| **lego,** is | legi | lectum | legere | *recueillir, lire.* |
| libet | libuit / libitum est | | libēre | *plaire.* |
| **licet** | licuit / licitum est | | licēre | *être permis.* |
| **loquor,** eris | locūtus sum | | loqui | *parler.* |
| luceo, es | luxi | —— | lucēre | *luire.* |
| **ludo,** is | lusi | lusum | ludere | *jouer.* |
| lugeo, es | luxi | luctum | lugēre | *pleurer.* |
| luo, is | lui | —— | luere | *expier.* |

**M**

| | | | | |
|---|---|---|---|---|
| **malo,** mavis | malui | —— | malle | *préférer.* |
| **maneo,** es | mansi | mansum | manēre | *demeurer.* |
| **mereo,** es | merui | meritum | merēre | *mériter.* |
| **mereor,** ēris | meritus sum | | merēri | *mériter.* |
| metior, īris | mensus sum | | metīri | *mesurer.* |
| **metuo,** is | metui | —— | metuere | *craindre.* |
| **minuo,** is | minui | minūtum | minuere | *diminuer.* |
| **misceo,** es | miscui | mixtum | miscēre | *mêler.* |
| misereor, ēris | miseritus sum / misertus sum | | miserēri | *avoir pitié.* |
| **mitto,** is | misi | missum | mittere | *envoyer.* |

**Legere**
1. forme le parfait en -ēgi :
colligo, is, collēgi, collectum, colligere, *rassembler.*
De même : deligere, eligere.
2. forme le parfait en -exi :
diligo, is, dilexi, dilectum, diligere, *chérir, aimer.*
De même : intellegere, neglegere.

**Manēre**
permaneo, es, permansi, permansum, permanēre, *demeurer jusqu'au bout.*

**Merēre**
demereo, es, demerui, demeritum, demerēre, *mériter.*

**Merēri**
demereor, ēris, demeritus sum, demerēri, *mériter.*

**Mittere**
amitto, is, amīsi, amissum, amittere, *perdre.*
De même : admittere dimittere intermittere permittere promittere committere immittere omīttere praemittere remittere.

| | | | | |
|---|---|---|---|---|
| molior, īris | molītus sum | | molīri | *entreprendre.* |
| **moneo,** es | monui | monitum | monēre | *avertir.* |
| mordeo, es | momordi | morsum | mordēre | *mordre.* |
| **morior,** eris | mortuus sum | | mori | *mourir.* |
| **moveo,** es | movi | motum | movēre | *mouvoir.* |

**N**

| | | | | |
|---|---|---|---|---|
| **nanciscor,** eris | nactus sum | | nancisci | *obtenir.* |
| **nascor,** eris | natus sum | | nasci | *naître.* |
| neglego, is | neglexi | neglectum | neglegere | *négliger.* |
| **nitor,** eris | { nixus sum<br>{ nisus sum | | niti | *s'appuyer.* |
| **noceo,** es | nocui | nocitum | nocēre | *nuire.* |
| **nolo,** non vis | nolui | —— | nolle | *ne pas vouloir.* |
| **nosco,** is | novi | notum | noscere | *apprendre à connaître.* |
| nubo, is | nupsi | nuptum | nubere | *se marier.* |

**O**

| | | | | |
|---|---|---|---|---|
| **obliviscor,** eris | oblītus sum | | oblivisci | *oublier.* |
| **offendo,** is | offendi | offensum | offendere | *heurter.* |
| **operio,** is | operui | opertum | operīre | *couvrir.* |
| ordior, īris | orsus sum | | ordīri | *commencer.* |
| **orior,** eris | ortus sum | | orīri | *se lever.* |
| **ostendo,** is | ostendi | { ostentum<br>{ ostensum | ostendere | *montrer.* |

**P**

| | | | | |
|---|---|---|---|---|
| paciscor, eris | pactus sum | | pacisci | *faire une convention.* |
| pango, is | pepigi | pactum | pangere | *fixer.* |
| **parco,** is | peperci | —— | parcere | *épargner.* |

---

**Monēre**
admoneo, es, admonui, admonitum, admonēre, *avertir.*

**Noscere**
cognosco, is, cognōvi, cognitum, cognoscere, *connaître.*
ignosco, is, ignōvi, ignōtum, ignoscere, *ignorer.*

**Orīri** se conjugue comme pati (n. 177).
Adjectif verbal : oriundus.

| | | | | |
|---|---|---|---|---|
| pareo, es | parui | —— | parēre | *obéir.* |
| **pario,** is | peperi | partum | parĕre | *engendrer.* |
| **pasco,** is | pavi | pastum | pascere | *faire paître.* |
| **pateo,** es | patui | —— | patēre | *être ouvert.* |
| **patior,** eris | passus sum | | pati | *souffrir.* |
| **pello,** is | pepuli | pulsum | pellere | *chasser.* |
| pendeo, es | pependi | —— | pendēre | *être suspendu.* |
| **pendo,** is | pependi | pensum | pendĕre | *peser.* |
| **perdo,** is | perdidi | perditum | perdere | *perdre.* |
| pereo, is | perii | peritum | perīre | *périr, être perdu.* |
| perfruor, eris | perfructus sum | | perfrui | *jouir complètement.* |
| **pergo, is** | perrexi | perrectum | pergere | *continuer.* |
| **peto,** is | petīvi | petītum | petere | *demander.* |
| **pingo,** is | pinxi | pictum | pingere | *peindre.* |
| **placeo,** es | placui | placitum | placēre | *plaire.* |
| plaudo, is | plausi | plausum | plaudere | *applaudir.* |
| **-pleo,** es | -plēvi | -plētum | -plēre | *remplir.* |
| **polliceor,** ēris | pollicitus sum | | pollicēri | *promettre.* |
| **pono,** is | posui | positum | ponere | *placer.* |
| **posco,** is | poposci | —— | poscere | *réclamer.* |
| **possum,** potes | potui | —— | posse | *pouvoir.* |
| **potior,** īris | potītus sum | | potīri | *s'emparer de.* |

**Parēre**
appareo, es, apparui, ——, apparēre, *apparaître.*

**Pellere**
impello, is, impuli, impulsum, impellere, *pousser à.*
De même : compellere, depellere, expellere.

**Pendĕre**
Les composés ont le parfait en -pendi :
impendo, is, impendi, impensum, impendĕre, *payer.*

**Petere**
repeto, is, { repetīvi / repetii }, repetītum, repetere, *réclamer, répéter.*
De même : appetere.

**-plēre**
compleo, es, complēvi, complētum, complēre, *remplir, achever.*
De même : explēre, implēre.

**Ponere**
depōno, is, deposui, depositum, deponere, *déposer.*
De même : componere, exponere, proponere, disponere, imponere, reponere.

**Poscere**
deposco, is, depoposci, ——, deposcere, *réclamer.*

| | | | | |
|---|---|---|---|---|
| poto, as | potāvi | potum<br>potātum | potāre | *boire.* |
| **praebeo,** es | praebui | praebitum | praebēre | *fournir.* |
| prehendo, is | prehendi | prehensum | prehendere | *prendre.* |
| **premo,** is | pressi | pressum | premere | *presser.* |
| **prodo,** is | prodidi | proditum | prodere | *livrer, trahir.* |
| **proficiscor,** eris | profectus sum | | proficisci | *partir.* |

## Q

| | | | | |
|---|---|---|---|---|
| **quaero,** is | quaesīvi | quaesītum | quaerere | *chercher.* |
| **queror,** eris | questus sum | | queri | *se plaindre.* |
| **quiesco,** is | quiēvi | quiētum | quiescere | *se reposer.* |

## R

| | | | | |
|---|---|---|---|---|
| **rapio,** is | rapui | raptum | rapere | *ravir.* |
| **reddo,** is | reddidi | redditum | reddere | *rendre.* |
| **rego,** is | rexi | rectum | regere | *diriger.* |
| **relinquo,** is | relīqui | relictum | relinquere | *abandonner.* |
| reor, reris | ratus sum | | reri | *penser.* |
| reperio, is | repperi | repertum | reperīre | *trouver.* |
| **respondeo,** es | respondi | responsum | respondēre | *répondre.* |
| **revertor,** eris | reverti | —— | reverti | *revenir.* |
| **rideo,** es | risi | risum | ridēre | ***rire.*** |
| **rumpo,** is | rupi | ruptum | rumpere | *briser.* |
| ruo, is | rui | rutum | ruere | *s'écrouler.* |

---

**Prehendere**
comprehendo, is, comprehendi, comprehensum, comprehendere, *saisir, comprendre.*
De même : reprehendere.

**Premere**
opprimo, is, oppressi, oppressum, opprimere, *presser, attaquer.*

**Quaerere**
conquīro, is, conquisīvi, conquisītum, conquirere, *rechercher, conquérir.*
De même : inquirere, requirere.

**Rapere**
eripio, is, eripui, ereptum, eripere, *enlever, arracher.*
De même : arripere, corripere, diripere.

**Regere**
erĭgo, is, erexi, erectum, erigere, *dresser, élever.*
De même : dirigere, porrigere.

**Ruere**
obrŭo, is, obrŭi, obrŭtum, obruere, *engloutir, écraser.*

**Rumpere**
corrumpo, is, corrūpi, corruptum, corrumpere, *détruire.*
De même : erumpere, perrumpere.

## S

| | | | | |
|---|---|---|---|---|
| **salio,** is | salui | saltum | salīre | *sauter.* |
| sancio, is | sanxi | sanctum | sancīre | *sanctionner.* |
| **sapio,** is | sapīvi<br>sapii | —— | sapere | *avoir du goût, du jugement.* |
| scindo, is | scidi | scissum | scindere | *déchirer.* |
| **scio,** is | scivi | scitum | scire | *savoir.* |
| **scribo,** is | scripsi | scriptum | scribere | *écrire.* |
| **seco,** as | secui | sectum | secāre | *couper.* |
| **sedeo,** es | sedi | **sessum** | sedēre | *être assis.* |
| **sentio,** is | sensi | sensum | sentīre | *sentir.* |
| **sepelio,** is | sepelīvi | sepultum | sepelīre | *ensevelir.* |
| **sequor,** eris | secūtus sum | | sequi | *suivre.* |
| sero, is | serui | sertum | serere | *entrelacer.* |
| sero, is | sevi | satum | serere | *semer.* |
| sileo, es | silui | —— | silēre | *se taire.* |
| **sino,** is | sivi | situm | sinere | *laisser.* |
| **sisto,** is | stiti | statum | sistere | *arrêter.* |
| **soleo,** es | solitus sum | | solēre | *avoir coutume.* |

---

**Salīre**
desilio, is, desilui, desultum, desilīre, *sauter en bas de.*

**Scire**
nescio, is, nescīvi, nescītum, nescīre, *ne pas savoir.*

**Scribere**
conscrībo, is, conscripsi, conscriptum, conscribere, *écrire, enrôler.*

**Sedēre**
obsideo, es, obsēdi, obsessum, obsidēre, *assiéger.*
De même : possidēre.

**Sentīre**
consentio, is, consensi, consensum, consentīre, *être du même avis.*

**Sequi**
consĕquor, eris, consecūtus sum, consĕqui, *suivre, obtenir.*
De même : adsequi, insequi, prosequi, exsequi, persequi, subsequi.

**Serere**
desero, is, deserui, desertum, deserere, *abandonner.*
De même : conserere, disserere.

**Sistere**
consisto, is, constiti, constitum, consistere, *se tenir ferme.*
De même : desistere, exsistere, obsistere, resistere.

| | | | | |
|---|---|---|---|---|
| **solvo,** is | solvi | solūtum | solvere | *délier.* |
| sono, as | sonui | sonitum | sonāre | *résonner.* |
| sortior, īris | sortītus sum | | sortīri | *obtenir par le sort.* |
| **spargo,** is | sparsi | sparsum | spargere | *répandre.* |
| **sperno,** is | sprevi | spretum | spernere | *mépriser.* |
| **-spicio,** is | -spexi | -spectum | -spicere | *regarder.* |
| **statuo,** is | statui | statūtum | statuere | *placer.* |
| **sterno,** is | stravi | stratum | sternere | *étendre.* |
| **sto,** stas | steti | statum | stare | *être debout.* |
| **stringo,** is | strinxi | strictum | stringere | *serrer.* |
| **struo,** is | struxi | structum | struere | *construire.* |
| **studeo,** es | studui | —— | studēre | *s'appliquer à.* |
| stupeo, es | stupui | —— | stupēre | *être stupéfait.* |
| **suadeo,** es | suāsi | suāsum | suadēre | *conseiller.* |
| **sum,** es | fui | —— | esse | *être.* |
| **sumo,** is | sumpsi | sumptum | sumere | *prendre.* |
| **surgo,** is | surrexi | surrectum | surgere | *se lever.* |

---

**Solvere**
absolvo, is, absolvi, absolūtum, absolvere, *absoudre, achever.*

**Spargere**
dispergo, is, dispersi, dispersum, dispergere, *répandre, disperser.*

**-spicere**
aspicio, is, aspexi, aspectum, aspicere, *regarder.*
De même : conspicere, despicere, inspicere, perspicere, prospicere, suspicere.

**Statuere**
constituo, is, constitui, constitūtum, constituere, *établir.*
De même : instituere, restituere.

**Stare**
1. quand le préfixe a *deux* syllabes, parfait en -stĕti :
circumsto, as, circumstĕti, ——, circumstāre, *se tenir autour.*
2. quand le préfixe n'a qu'*une* syllabe, parfait en -stiti :
praesto, as, praestiti, praestātum, praestāre, *surpasser.*
De même : constāre, instāre (tous deux sans supin).

**Struere**
instruo, is, instruxi, instructum, instruere, *construire, équiper.*
De même : exstruo.

**Suadēre**
persuadeo, es, persuāsi, persuāsum, persuadēre, *persuader.*

## T

| | | | | |
|---|---|---|---|---|
| **taceo,** es | tacui | tacitum | tacēre | *se taire.* |
| **tango,** is | tetigi | tactum | tangere | *toucher.* |
| **tego,** is | texi | tectum | tegere | *couvrir.* |
| **tendo,** is | tetendi | tentum | tendere | *tendre.* |
| **teneo,** es | tenui | tentum | tenēre | *tenir.* |
| tero, is | trivi | tritum | terere | *user.* |
| **terreo,** es | terrui | territum | terrēre | *effrayer.* |
| texo, is | texui | textum | texere | *tisser.* |
| **timeo,** es | timui | —— | timēre | *craindre.* |
| **tollo,** is | sustuli | sublātum | tollere | *lever, enlever.* |
| tondeo, es | **totondi** | tonsum | tondēre | *tondre.* |
| torqueo, es | torsi | tortum | torquēre | *tordre.* |
| **trado,** is | tradidi | traditum | tradere | *transmettre, livrer.* |
| **traho,** is | traxi | tractum | trahere | *tirer.* |
| tremo, is | tremui | —— | tremere | *trembler.* |
| **tribuo,** is | tribui | tribūtum | tribuere | *distribuer.* |
| **tueor,** ēris | tuitus sum | | tuēri | *protéger.* |

## U

| | | | | |
|---|---|---|---|---|
| **ulciscor,** eris | ultus sum | | ulcisci | *venger, se venger de.* |
| urgeo, es | ursi | —— | urgēre | *presser.* |
| uro, is | ussi | ustum | urere | *brûler.* |
| **utor,** eris | usus sum | | uti | *se servir de.* |

---

**Tacēre**
conticeo, es, conticui, ——, conticēre, *se taire.*

**Tangere**
attingo, is, attigi, attactum, attingere, *atteindre.*
De même : contingere.

**Tendere**
contendo, is, contendi, contentum, contendere, *tendre à.*
De même : attendere, intendere, ostendere.

**Tenēre**
sustineo, es, sustinui, sustentum, sustinēre, *soutenir, supporter.*
De même : continēre, obtinēre, pertinēre, retinēre.
Pertinēre n'a pas de supin.

**Terrēre**
perterreo, es, perterrui, perterritum, perterrēre, *terrifier.*
De même : deterrēre.

**Trahere**
detraho, is, detraxi, detractum, detrahere, *retirer, enlever.*
De même : contrahere.

## V

| | | | | |
|---|---|---|---|---|
| **valeo,** es | valui | —— | valēre | *être fort, bien portant.* |
| **veho,** is | vexi | vectum | vehere | *porter, transporter.* |
| vello, is | velli | vulsum | vellere | *arracher.* |
| **vendo,** is | vendidi | venditum | vendere | *vendre.* |
| **venio,** is | veni | ventum | venīre | *venir.* |
| **vereor,** ēris | veritus sum | | verēri | *craindre.* |
| **verto,** is | verti | versum | vertere | *tourner.* |
| **veto,** as | vetui | vetitum | vetāre | *défendre, interdire.* |
| **video,** es | vidi | visum | vidēre | *voir.* |
| vigeo, es | vigui | —— | vigēre | *être en pleine force.* |
| **vincio,** is | vinxi | vinctum | vincīre | *lier.* |
| **vinco,** is | vici | victum | vincere | *vaincre.* |
| viso, is | visi | visum | visere | *visiter.* |
| **vivo,** is | vixi | victum | vivere | *vivre.* |
| **volo,** vis | volui | —— | velle | *vouloir.* |
| volvo, is | volvi | volūtum | volvere | *rouler.* |
| **voveo,** es | vovi | votum | vovēre | *faire vœu.* |

---

**Venīre**
convenio, is, convēni, conventum, convenīre, *se rassembler.*
De même : advenīre, evenīre, invenīre, pervenīre.

**Vertere**
averto, is, averti, aversum, avertere, *détourner.*
De même : animadvertere, convertere, evertere, revertere.

**Vidēre**
provideo, es, provīdi, provīsum, providēre, *prévoir.*
De même : invidēre.

**Vincere**
convinco, is, convīci, convictum, convincere, *convaincre.*
De même : devincere.

# INDEX

Les chiffres renvoient aux *paragraphes*.
Cet Index ne reproduit ni les *prépositions* (n. 321-325) ni les verbes introduisant une *complétive* (n. 373).

**E**



**F**

G



H



I



J



K

# TABLE DES RÈGLES

# TABLE DES MATIÈRES

Pages